O PROCESSO CRIATIVO

Blucher

O PROCESSO CRIATIVO

Transformação e ruptura

Claudio Castelo Filho

O processo criativo: transformação e ruptura
1ª edição: Casa do Psicólogo

2ª edição: Editora Edgard Blücher Ltda.

© 2015 Claudio Castelo Filho

Este livro foi baseado na Tese de Doutorado do autor apresentada no Instituto de Psicologia da Universidade de São Paulo em 2003; e revisado, atualizado e acrescido de novos *insights* para nova edição da Editora Blucher em 2015.

Imagem da capa: Claudio Castelo Filho, acrílica sobre tela, 80 x 100 cm, "Apolo e Dafne" – em coleção particular.

Blucher

Rua Pedroso Alvarenga, 1245, 4º andar
04531-934 – São Paulo – SP – Brasil
Tel.: 55 11 3078-5366
contato@blucher.com.br
www.blucher.com.br

Segundo o Novo Acordo Ortográfico, conforme 5. ed. do Vocabulário Ortográfico da Língua Portuguesa, Academia Brasileira de Letras, março de 2009.

É proibida a reprodução total ou parcial por quaisquer meios sem autorização escrita da Editora.

Todos os direitos reservados pela Editora Edgard Blücher Ltda.

FICHA CATALOGRÁFICA

Castelo Filho, Claudio

O processo criativo: Transformação e ruptura/ Claudio Castelo Filho. - São Paulo: Blucher, 2015.

Bibliografia
ISBN 978-85-212-0977-5

1. Criatividade 2. Grupos – Relacionamento – Treinamento 3. Psicanálise 3. Psicologia social I. Título

15-1086	CDD 153.35

Índices para catálogo sistemático:
1. Processo criativo – fenômenos grupais

Para minha querida Rita e nosso Eduardo

Agradecimentos

Os meus mais sinceros e profundos agradecimentos à Maria Inês Assumpção Fernandes, por suas luzes e sua preciosa amizade.

Também agradeço ao grande apoio de meus pais, pois tive a sorte de ter os melhores que alguém pode desejar.

Minha gratidão aos meus pacientes, que tanto têm me ensinado.

Aos meus queridos irmãos.

Destaco o apoio e o suporte que recebi da Casa do Psicólogo.

Ao Eduardo e à Thais Blucher pelo grande estímulo para essa nova, revisada e atualizada edição.

Conteúdo

Prefácio   11

1. Introdução   15

2. Os conceitos   47

    2.1 Definição dos conceitos   47

    2.2 A psicanálise e o (conflito com o) establishment   120

    2.3 O analista como autoridade   128

    2.4 Narcisismo e social-ismo/Ética e moral   137

    2.5 O gênio; continente e contido;
    transformações em O e em K   164

    2.6 Desenvolvimento dos conceitos nas relações
    do gênio/místico com ele mesmo e com os membros
    de seu grupo   170

3. Ideias que se aproximam na mitologia,
na literatura e nas ciências   223

    3.1 Vernant e a Teogonia. Establishment x renovação.
    Expansão x enrijecimento   227

3.2 *Prometeu*	234
3.3 *Prometeu acorrentado e o espírito livre*	236
3.4 *A obra de arte e Hannah Arendt*	243
3.5 *Shakespeare e a linguagem de êxito*	248
3.6 *Martins e o demônio na fábrica*	249
3.7 *Algumas evoluções a partir da (re)leitura de* As bacantes, *de Eurípedes, e de* Édipo Rei *e* Antígona, *de Sófocles*	257
3.8 *Evolução da apreensão do complexo de Édipo a partir da obra de Bion*	268
4. Cristo, Isaac Luria, Freud, Klein e Bion	273
4.1 *Isaac Ben Solomon Luria*	273
4.2 *Freud, Klein, Bion*	280
5. Reflexões finais: inconclusão	297
6. Uma transformação literária do tema	319
6.1 *O Casulo*	320
Referências bibliográficas	325

Prefácio

Quando meu querido amigo Claudio Castelo me concedeu a honra de prefaciar a nova edição de seu livro, tive a grata oportunidade de "relê-lo pela primeira vez". Quero dizer com isso que não se tratou de uma simples releitura, já que essa nova edição contempla diversas atualizações, revisão de vários trechos, acréscimos consideráveis e aportes clínicos inéditos, baseados em sua experiência psicanalítica e estética dos últimos dez anos. Mas, no entanto, é uma releitura, no sentido de ser uma releitura feita pelo próprio autor, de suas ideias e *insights* expostos na primeira edição do livro. Como em toda cesura, existe uma continuidade e, além disso, uma invariância nas diferentes transformações efetuadas. O desenvolvimento dos processos de elaboração na produção criativa e os campos e estados mentais nela envolvidos são acentuados nesta nova edição, surgindo como resultantes naturais da ampliação da experiência do autor, na última década, na clínica, no estudo e no ensino da psicanálise. Além disso, foram anos muito frutíferos para o Claudio Castelo pintor, com reconhecimento internacional importante e com exposições em diferentes galerias nas grandes capitais da arte mundial. Essa dupla inserção e esse duplo amadurecimento de suas capacidades na apreensão estética na psicanálise e na arte fazem desta nova edição um novo livro. Apesar da densidade de suas observações, inerentes ao tema abordado, a leitura do livro é sumamente agradável e proporciona uma fruição estética análoga à vivenciada diante das boas obras de arte. O estudo, a leitura e o ensino da obra de Bion são compartilhados pelo autor de uma forma generosa, denotando um processo de elaboração criativa do pensamento "bioniano" na mente privilegiada de Claudio. Essa mesma elaboração e criatividade aparecem no uso dos diferentes materiais clínicos que surgem, no texto, como sonhos/associações livres à medida que as ideias são expostas. Sabemos que a dimensão estética tem um lugar destacado na intuição clínica, teórica e escrita de Bion. Essa dimensão se faz presente novamente neste "novo" livro de Claudio.

Em diferentes conferências e seminários, Bion disse que, devido às limitações da linguagem humana, um psicanalista teria muito mais qualidade em sua capacidade comunicativa se pudesse musicar, esculpir ou pintar aquilo que teria a dizer. Pena que à grande maioria de nós, psicanalistas, não foi concedido nenhum desses dons. Por isso, devemos receber com alegria a possibilidade de sermos testemunhas presenciais de alguém que possui tal capacidade, que faz da sua escrita uma pintura, ao lermos, com deleite, o livro que Claudio Castelo "expõe". Como seu leitor habitual e amigo, sei que posso estar sujeito a certa suspeição em meu entusiasmo nada disfarçado. Sei também que seus inúmeros leitores e apreciadores de seu pensamento não considerarão excessiva minha admiração.

Aos demais, especialmente aqueles que ainda não tiveram a oportunidade de ler o livro em sua 1ª edição, só lhes resta um caminho, por certo bem prazeroso, para dirimir essa dúvida.

Boa leitura a todos!

Dr. Renato Trachtenberg

Médico psiquiatra e psicanalista;
membro fundador e titular em função didática da
SBPdePA (Porto Alegre),
membro titular da APdeBA (Buenos Aires) e
membro fundador e pleno do CEPdePA (Porto Alegre)

1. Introdução

Este trabalho diz respeito ao relacionamento entre o grupo e seus membros, mais especificamente, às peculiaridades que caracterizam certos indivíduos que dele fazem parte. A riqueza de um grupo se deve àquilo que cada membro pode acrescentar e enriquecer de acordo com o que lhe é característico e único. Enquanto os grupos anseiam por um enriquecimento dessa natureza, também se comportam, paradoxalmente, na direção de anular e até mesmo aniquilar tudo o que possa ser diferente, procurando a homogeneização. Isso se torna ainda mais crítico ou conflitante quando o membro do grupo é excepcionalmente dotado.

Destaco nesta obra as relações que se estabelecem entre indivíduos criativos, percebidos seja como gênios, seja como místicos, *e os grupos de que são membros.* Como permanecer sendo o que se é no grupo? Discuto a questão da continência das ideias geniais no indivíduo excepcional (gênio/místico), da continência do gênio e das ideias que ele veicula no grupo em que se insere, da continência do indivíduo genial relativa ao posicionamento do grupo a

16 INTRODUÇÃO

partir daquilo que publica. Relaciono essa questão ao problema da criatividade.[1]

Todo o embasamento teórico e metodológico será feito pela psicanálise, em especial pelo pensamento de Sigmund Freud, de Melanie Klein e, mais especificamente, pelos aportes trazidos a esse ramo de investigação científica feitos por Wilfred R. Bion. Outras abordagens desse tema, feitas por inúmeros autores renomados, existem certamente. Entre eles, encontram-se nomes como os de André Green, Hannah Segal e Ernst Kris, para citar apenas alguns ilustres pensadores. A metodologia de pesquisa que escolho, todavia, baseia-se sobremaneira no desenvolvimento do pensamento psicanalítico (tanto de Freud quanto de Klein) feito por Bion. Este autor não só abordou e desenvolveu os pensamentos desses baluartes da psicanálise, como também acrescentou sua visão muito peculiar, o que, a meu ver, provocou uma verdadeira revolução e expansão no pensamento psicanalítico. É um esforço para salientar a contribuição específica dessa linha de pensamento e das evoluções que realizei, sem pretensão de referir-me a todos os demais enfoques existentes sobre esses fenômenos, pois acabaria produzindo um imenso (possivelmente infinito) compêndio em meio ao qual as contribuições específi-

---

1 De certa maneira, esta obra pode ser usada como resposta a uma demanda feita por Thomas Kuhn no posfácio (1969) de *A estrutura das revoluções científicas* em que diz: "[...] terminarei sublinhando a necessidade de um estudo similar [...] das comunidades correspondentes em outras áreas. Como se escolhe uma comunidade determinada e como se é aceito por ela, trate-se ou não de um grupo científico? Qual é o processo e quais são as etapas da socialização de um grupo? Quais são os objetivos coletivos de um grupo; que desvios, individuais ou coletivos, ele tolera? Como é controlada a aberração admissível? Uma compreensão mais ampla da ciência dependerá igualmente de outras espécies de questões, mas não existe outra área que necessite de tanto trabalho como essa [...]". Essas questões são abordadas por Bion através dos conceitos de narcisismo e social-ismo, conforme veremos adiante.

cas que pretendo salientar e desenvolver, certamente, passariam despercebidas.

Contribuições pessoais provindas de minha experiência clínica, de pesquisador, professor, supervisor de atendimentos psicanalíticos individuais e em instituições, além de minha atividade como artista plástico (pintor e desenhista), também são trazidas.

Poderíamos indagar o que teria a psicanálise com prática clínica em atendimentos individuais, baseando-se em tais autores, a contribuir com o tema na área de Psicologia Social. Para responder a essa questão, espero contar com a paciência e boa vontade do leitor para que perceba meu propósito, principalmente porque terei de me deter em alguns conceitos psicanalíticos desenvolvidos a partir da prática clínica em psicanálise (de atendimentos individuais). Freud, contudo, já alertava que conhecer a psicologia individual era conhecer a psicologia social. Na introdução de *Psicologia das massas* (FREUD, 1921), ele escreve:

> *A oposição entre psicologia individual e psicologia social ou coletiva, que à primeira vista pode parecer muito profunda, perde grande parte de seu significado quando a submetemos a um exame mais demorado [...]. Na vida anímica individual aparece integrado sempre, efetivamente, "o outro", como modelo, objeto, colaborador ou adversário e, desse modo, a psicologia individual é, ao mesmo tempo e por princípio, psicologia social em sentido amplo, mas plenamente justificado.*

Em *A questão da análise leiga*, Freud diz sobre a psicanálise:

18 INTRODUÇÃO

> *Como "psicologia profunda", uma teoria do inconsciente mental, pode tornar-se indispensável para todas as ciências que se ocupam da evolução humana e suas instituições mais importantes tais como a arte, a religião e a ordem social. Ela já permitiu a essas ciências, em minha opinião, considerável auxílio na solução de seus problemas. Mas são apenas pequenas contribuições comparadas com aquilo que pode ser alcançado se historiadores da civilização, psicólogos da religião, filólogos e assim por diante concordassem em manejar o novo instrumento de pesquisa que está a serviço deles* (FREUD, S., 1926, SE 20, p. 248).

Meu interesse, neste livro, está focado na maneira pela qual características específicas de um indivíduo pertencente a determinado grupo, ou mesmo em relação à totalidade do grupo de que faz parte, podem mobilizar significativas repercussões nesse conjunto e as dinâmicas sociais que podem se verificar.[2]

Valho-me, como analogia, de uma referência de Norbert Elias em seu livro *A sociedade de corte*,[3] em que o autor busca eliminar a clivagem que havia entre a História e a Sociologia. Até a época em que Elias escreveu sua tese, a História era concebida como um suceder de relatos de realizações de indivíduos por pessoas isoladas de seu contexto, principalmente por governantes, tais como reis ou príncipes. O suceder dos eventos era relacionado unicamente às consequências

---

2   Possivelmente, André Green classificaria este trabalho como uma "abordagem psicanalítica das obras de arte e das produções culturais", pois não se trata propriamente de psicanálise, a qual, só ocorre, efetivamente, nos consultórios (GREEN, 2002, p. 307).

3   ELIAS, N. *A sociedade de corte*: investigação sobre a sociologia da realeza e da aristocracia de corte. Rio de Janeiro: Jorge Zahar, 2001.

das realizações desses indivíduos, desconsiderando o contexto social em que tinham lugar. Todavia, a Sociologia parecia ser um emaranhado de leis sociais em que os indivíduos, os seres humanos que faziam parte dos grupos sociais em questão, pareciam ser apenas títeres das leis sociais (como se as sociedades às quais pertenciam não fossem, efetivamente, constituídas por esses indivíduos de carne e osso). Norbert Elias propõe o conceito de figuração[4] para articular a História e a Sociologia. Uma figuração específica surgiria ou ganharia destaque em função do contexto social e das demandas de um grupo. A partir desse conceito, uma figuração como rei pode ser algo que dure muito mais tempo que indivíduos singulares; entretanto, Elias faz referência à necessidade de se verificar como indivíduos singulares investiram, com suas características próprias, essas figurações. Veremos como Luís XIV, na corte de Versalhes, usou da figuração que lhe foi atribuída e reformulou-a, a seu modo, e como o grupo lhe outorgou tal posição. A figuração de rei já existia antes de Luís XIV. Havia uma evolução social (com o mercantilismo, a centralização do Estado, o empobrecimento da nobreza, a perda de sua efetiva função militar e de governo e a ascensão econômica da burguesia). O autor chama a atenção para como um indivíduo específico, que reconhece – às vezes, sim, mas nem sempre – a situação social do grupo em que estava inserido, do qual também é membro, e a figuração que lhe foi atribuída, pode, com sua personalidade e ações individuais, reformular a própria figuração e a situação do grupo. Esse indivíduo, todavia, não age clivado do grupo, como poderemos ver adiante (quando trato do conceito de identificação projetiva). Luís XIV, segundo Elias,

---

4   Tenho ciência de que outras denominações para essa situação existem em psicologia social. Vou ater-me aos conceitos psicanalíticos dos autores nos quais me baseio e, neste caso mais específico, àquele proposto pelo sociólogo Norbert Elias. Meu propósito é salientar as contribuições e acréscimos feitos por essas correntes de pensamento (particularmente com Bion) e aquilo que pude expandir a partir delas.

20 INTRODUÇÃO

não foi um gênio ou um místico, tal como aqueles sobre os quais falarei, mas teve tino e sagacidade suficientes para se valer das condições e do contato com mentes privilegiadas que sua época lhe propiciou, imprimindo sua marca indelével na figuração, no grupo e na história.

Um dos conceitos psicanalíticos que norteará este trabalho será o de identificação projetiva, tal como proposto por Melanie Klein em seu artigo *Notas sobre alguns mecanismos esquizoides* (1946). Expandindo-o, está o decisivo desenvolvimento dos conceitos de continente ($♀$) e contido ($♂$) propostos por Bion[5] e a oscilação das posições esquizoparanoide e depressiva (também conforme Klein, mas de acordo com a evolução deste pensamento alcançada por Bion com sua teoria sobre o pensar). Os conceitos de *narcisismo* e *social-ismo* também serão fundamentais e serão desenvolvidos no capítulo 2. Nesse ponto, por enquanto, considero que podemos prosseguir sem a explicitação deles, com exceção dos conceitos de narcisismo e social-ismo, sobre os quais farei uma primeira introdução ao dizer que se trata, de modo bastante simplificado, do conflito existente entre um indivíduo e o grupo no qual está inserido e é membro. Como permanecer sendo quem se é em meio ao grupo? Como manter a própria individualidade em meio ao coletivo? Preservar os interesses pessoais em detrimento do coletivo ou preservar os interesses grupais em detrimento das próprias necessidades (tal como em uma guerra, na qual um membro da coletividade põe em risco a própria existência para a preservação do grupo ou dos ideais deste)? Viver as próprias convicções a despeito das expectativas e possíveis punições grupais caso não se corresponda àquilo que é determinado e esperado (situação mais visível nas questões das minorias[6])?

---

5   BION, W. R. 1962, 1963, 1965, 1970.

6   O desenvolvimento da capacidade de tolerar frustração e o sentimento de solidão é uma questão fundamental para o desenvolvimento da autonomia do in-

Há alguns anos, ouvi no Auditório Lucy Koch, da Sociedade de Psicanálise de São Paulo, uma conferência da escritora Lygia Fagundes Telles. Segundo minha lembrança, a escritora comentava o que lhe acontecia quando estava no processo de escrita de um livro. Relatava que não criava os personagens; eles surgiam e a ela se impunham. Adquiriam existência própria e passavam a dialogar com a escritora. Estabelecia-se uma intensa atividade em sua mente, fora de seu controle. Os personagens ficavam a conversar com Lygia e decidiam eles próprios qual seria seu destino.

Lygia dizia que, se alguém percebesse o que acontecia na sua cabeça, certamente a internaria em algum hospício. Todavia, continuava a ir ao banco, à feira, ao supermercado. Enquanto realizava essas atividades triviais, o movimento permanecia na sua mente. Descrevia vivências muito próximas a estados alucinatórios ou delirantes, que todavia não a levavam a perder a cabeça.[7]

---

     divíduo e de suas verdadeiras potencialidades. Também é o que permite fazer escolhas e experimentar o amor real e ser amado por aquilo que realmente é.

7   No capítulo "Dream and Poetry", do livro *The Theatre of the Dream*, de Salomon Resnik (1987), encontrei as seguintes passagens que se aproximam muito do que ora desenvolvo. Primeiramente, uma citação que faz de Wilhelm Dilthey: "[...] Os Antigos já tinham observado o *parentesco* entre a imaginação do poeta e sonhos, alucinações e visões [...] Demócrito disse que não se poderia conceber um grande poeta que não fosse possuído por certo delírio divino. Platão declarou que jamais seria possível que a produção da inteligência artística comum pudesse se igualar àquela da divina loucura [...] Horácio chamou o entusiasmo poético de uma 'amabilis insania' [...] Schiller fala de 'delírio temporário' como algo a ser encontrado em criadores originais [...] Do grande Pinel, França não tem sido por um longo período de tempo o centro da ciência, mas também de fantasias psiquiátricas que podem muito bem ser comparadas às fantasias de 'nossos filósofos da natureza'". (Grifo do autor) Adiante, o autor continua: "A capacidade de sonhar 'com os olhos abertos' e a dimensão metafórica da realidade personifica e integra a 'dimensão onírica da vida cotidiana'. A fantasia criativa participa do encontro com a natureza e com o mundo do outro. O que caracteriza o encontro é a *intencionalidade* da men-

Esse episódio estimulou-me a fazer algumas reflexões sobre o processo criativo de escritores, pintores, dramaturgos, cientistas etc. e a relação com o contexto social do qual são parte.

Wilfred Bion propõe (o que trabalharei no desenrolar do livro) que o aparelho para pensar se desenvolve para dar conta dos pensamentos que precisam ser pensados, os pensamentos precedendo, desta forma, o aparelho para pensar. A mente se desenvolveria justamente para lidar com os pensamentos. Os pensamentos não precisariam de um autor, ao passo que as mentiras, sim,[8] como discutiremos adiante.

---

sagem, ou seja, o desejo de descobrir e descobrir-se, de encontrar o significado da existência, de experimentar a sensação de ser profundamente atingido por algo que alguém acabou de criar, ou simplesmente descobrir, algo que já existia, mas que nunca havia sido percebido antes, ou que nunca tivéssemos nos deparado. Dizer 'estou surpreso, chocado, [...] nunca vi, senti, ou percebi antes [...]' é tornar evidente o autoevidente, desvelar a presença de um mundo que já existia antes, mas que acabou de ser revelado aos nossos sentidos. Pode-se vincular esse fenômeno a um tipo de seletividade perceptível que tem ao mesmo tempo um caráter pessoal e cultural. [...] *Toda experiência fora do comum, o que quer que seja extraordinário nos assombra ou nos aterroriza. [...] A experiência da descoberta é um modo de desmascarar o desconhecido, de iluminar as trevas: uma experiência que expressa através da sensação de assombro [...] O maravilhoso e o sinistro são dois aspectos da mesma complexa realidade: é apenas através da presença de um que se percebe o outro [...] Cada descoberta está investida com risco e perigo. O ato de penetrar o desconhecido tem um sentido transgressivo"* (Grifos do original).

8 Em *Attention and Interpretation* (BION, 1970, p. 100), o autor escreve: "Os únicos pensamentos para os quais um pensador é absolutamente essencial são as mentiras. A assunção tácita de Descartes de que pensamentos pressupõem um pensador é válida apenas para a mentira". Nessa concepção, os "autores" que nomeio, como Bion, Freud, Proust etc., não são os autores das ideias. Podem ser "autores" dos livros nos quais comunicam as ideias que apreenderam (mas não as inventaram). Divulgam os pensamentos que captam, mas não os "autores" dos pensamentos propriamente. Ao que captam e transmitem, ao realizarem suas obras, contudo, modulam conforme suas personalidades e seus talentos para transmitirem da forma mais vívida e eficaz para que o leitor, expectador, público, alcance e compartilhe aquilo que lhes foi "revelado" (*lan-*

Em uma entrevista concedida em 1977, o dramaturgo e ator americano Sam Shepard definiu seus personagens como *vozes* que se manifestam no inconsciente, *estenografadas* pelo autor (cf. artigo de Mariangela Alves de Lima, publicado em *O Estado de S. Paulo*, em 11 de dezembro de 2001).

Em "Colóquio com os personagens", conto de Pirandello publicado no livro *Kaos*, o autor inicia o texto contando ter fixado na porta de seu gabinete um aviso com os seguintes dizeres:

> *Suspensas, a partir de hoje, as audiências a todos os personagens, homens e mulheres, de qualquer classe social, de qualquer idade, de qualquer profissão, que fizeram o pedido e apresentaram qualificações para serem admitidos em algum romance ou conto.*
>
> *N.B. Pedidos e qualificações estão à disposição dos senhores personagens que, não tendo vergonha de expor, num momento como este, a miséria de seus casos particulares, terão a bondade de se dirigirem a outros escritores, caso os encontrem.*

Apesar do aviso, logo na manhã seguinte, o autor depara com um personagem atrevido, sentado em seu gabinete, que se lhe impõe. O personagem, em um determinado ponto, em meio aos inúteis esforços do autor para se livrar dele, avisa: "Quer fazer-me saltar pela janela? Não irei machucar-me; e entrarei novamente em seu gabinete pela outra".

---

guage of achievement, ou linguagem de êxito, ou de consecução, ou de alcance, de acordo com traduções propostas, conforme um pressuposto de Bion em *Attention and Interpretation*).

24 INTRODUÇÃO

Quando desiste de enxotar seus personagens, o autor se dá conta – deixando isso implícito no evoluir da escrita – de que eles surgem para ajudá-lo a elaborar uma penosa situação que estava vivendo: a partida de seu filho para o *front* na Primeira Guerra Mundial.

A poeta Adélia Prado afirma, durante uma conferência, que, se um escritor é maior que sua obra, esta não vale grande coisa. Carlos Drummond de Andrade seria uma "titiquinha" perto de sua obra. Aqui, parece haver uma indicação de Adélia de que um verdadeiro escritor não passaria de uma espécie de antena receptora, capaz de capturar os pensamentos que estariam disponíveis, procurando alguém para pensá-los e transmiti-los, na mesma linha sugerida por Bion. Não estou, absolutamente, referindo-me a qualquer fenômeno sobrenatural, mas à capacidade de uma pessoa de usar a observação e a intuição para capturar os pensamentos e propagá-los, tornando-os públicos. De acordo com Bion, os pensamentos só poderiam ser pensados havendo tolerância à frustração, ou seja, existindo a possibilidade de considerar a experiência efetivamente vivida e não aquela que se desejaria viver.

O método para alcançar tal feito, de acordo com Bion, seria a disciplina de afastar memórias e desejos, de modo que a mente pudesse estar aberta e fosse continente para os pensamentos. Corresponde a uma condição mental semelhante à descrita no livro *A arte cavalheiresca do arqueiro zen*;[9] ou ao ensinamento de Charcot para Freud, através do qual o primeiro sugeriu ao segundo que observasse, observasse, até que o que estivesse sendo observado dissesse do que se tratava. O verdadeiro artista não teria a pretensão de criar ou inventar alguma coisa. Ele se permitiria observar e se deixar penetrar por aquilo que precisaria ser

---

9 HERRIGEL, E. (original alemão de 1975).

intuído, aproximando-se da vivência descrita por Lygia Fagundes Telles. A grandeza e perenidade de uma obra estariam relacionadas ao quanto de verdade o escritor ou artista teria sido capaz de alcançar e transmitir. Essa verdade não seria algo que ele criaria, mas algo capaz de intuir e comunicar de modo eficaz, coincidindo com o que, na psicanálise atual, se chamaria de linguagem de êxito (BION, 1984).

Os estados de mente a serem considerados se aproximariam de situações de natureza psicótica; tais estados, alucinados e delirantes, não comprometeriam, no entanto, a preservação da consciência (visão binocular).[10]

No estado criativo, a capacidade de intuir e alucinar estaria a serviço da configuração adequada e da comunicação eficaz daquilo que fosse intuído; ao passo que, num surto psicótico, por exemplo, a alucinação promoveria uma não apreensão da realidade, uma evasão do contato com ela.[11]

Nesse contexto, poder-se-iam considerar questões referentes ao narcisismo e ao social-ismo (conceitos de Bion) e aos conflitos que se podem estabelecer entre o grupo e aqueles de seus membros que se dispõem a ter contato com o que seria real,[12]

---

10 Ver BION, 1967, p. 109.

11 Conforme o que desenvolvi em minha dissertação de mestrado *Transformações em alucinose na experiência clínica em psicanálise* (PUC – SP, 2001) e em diversos outros artigos publicados.

12 "Onde mora a verdade do homem? A verdade não é aquilo que se demonstra. Se neste terreno, e não em um outro, as laranjeiras desenvolvem sólidas raízes e se carregam de frutos, este terreno é a verdade das laranjeiras. Se esta religião, se esta cultura, se esta escala de valores, se esta forma de atividade, e não outras tais, favorecem no homem essa plenitude, libertam nele um grão-senhor que ele ignorava, é que esta escala de valores, esta cultura, esta forma de atividade são a verdade do homem. A lógica? Que ela se vire para dar conta da vida."

equivalendo a experiências descritas por místicos que entrariam em relação direta com evoluções do que seria a realidade última[13] (comumente chamada por místicos de Deus ou divindade, e que Bion chamou de "O"). Bion diz que o grupo se organiza para possibilitar o aparecimento de um gênio[14] (que, para ele, equivale ao

---

SAINT-EXUPÉRY, A. *Terre des hommes*, p. 159. Tradução livre minha.

13 Einstein afirmou de modo bastante eloquente em 1931 que: "A crença em um mundo externo independente do sujeito que o percebe é a base de todas as ciências naturais" (apud MILLER, 1996, p. 122).

14 Ernst Kris, em *Psicoanalisis del Arte y del Artista*, escreve a propósito da inspiração: "Uma ação ou influência especial imediata do espírito de Deus ou de algum ser divino e sobrenatural [...] se apodera de uma pessoa. Esta se converte em instrumento da divindade, e suas obras estão 'inspiradas' do mesmo modo que os livros da Bíblia, que se acredita terem sido escritos sob a influência divina e que conservarão um lugar especial na essência religiosa do homem. Dessa concepção [...] chamarei 'o significado metafórico pleno da inspiração', que se baseia na substituição imediata da respiração pela influência espiritual, derivam todos os significados figurativos da palavra". A diferença, no que tange à concepção de Kris, daquela que contemplo neste trabalho em relação a estados inspirados é que para ele, do vértice científico que adota, constituem-se manifestações do inconsciente, e na concepção que formularei estão associados a vivências de fatos selecionados (ver adiante) que levam a um *insight*. Essas vivências, decorrentes da operação que Bion chamou de função alfa, é que constituem a separação entre consciente e inconsciente. O desenvolvimento dessas ideias aparecerá no decorrer do trabalho. O conceito de gênio também tem uma origem similar. De acordo com a *Encyclopaedia Britannica* (1958), seu significado mais remoto, queria dizer o *genius* do patrono da casa e da mãe da casa (Juno) que eram venerados. Não eram as almas de um casal casado ou de qualquer membro morto de uma família, mas eram as formas masculina e feminina do poder do clã ou da família que tinham o poder de se perpetuarem através da reprodução e que se mantinham nos chefes das famílias ou clãs e eram transmitidos a seus sucessores. O *genius* frequentemente era representado por uma cobra ou por um jovem fazendo um sacrifício. Com o crescimento do individualismo e com a prevalência das ideias gregas que concernem um guardião do espírito ou *daimon*, o *genius* perdeu seu significado original e tornou-se um tipo de personificação dos desejos naturais e apetites de um indivíduo. Todavia, o significado continuou mudando. O *genius* tornou-se um tipo de anjo da guarda, um *self* mais elevado. Também foi concebido como o

místico/messias, capaz de ter acesso direto a evoluções de "O"[15]) que possa trazer progresso ao grupo. Ao mesmo tempo, o grupo teme que o novo que possa ser alcançado e transmitido pelo gênio venha a colocá-lo diante do desconhecido, arrebentando com a ilusão de segurança proporcionada pelo conhecimento estabelecido e pela ordem social. Podemos ter em vista os fenômenos que se deram com Sócrates, Cristo, Galileu, Darwin e Freud. O grupo anseia por algo real e disso necessita: que alguém se disponha a entrar em contato com o desconhecido e possa trazer evolução, progresso. Ao mesmo tempo, teme profundamente o que isso pode trazer de "des-ordem" em relação ao estabelecido. Embora haja no grupo um anseio pelo novo, as reações mobili-

---

temperamento ou caráter do indivíduo. Na concepção grega, o *genius* era um espírito guardião de um indivíduo. A concepção mais moderna (em inglês) originou-se a partir de *As mil e uma noites* como equivalendo a seres antropoides sobrenaturais, criados de um fogo súbito. Costumeiramente, o termo passou a designar habilidades criativas em um altíssimo grau. O livro *Hereditary Genius*, de Sir Francis Galton, apareceu em 1869, apresentando as primeiras evidências estatísticas de que gênios, que são medidos por realizarem feitos extraordinários, tendem a ocorrer nas mesmas famílias (herança). Desde então, verificou-se que questões de educação e condições sociais eram significativas para o aparecimento de pessoas destacadas. Contudo, permanece como consenso a ideia de que o gênio, como alguém capaz de algo extraordinário, é inato. A possibilidade de usufruto e desenvolvimento dessas habilidades depende, em alguma extensão, de oportunidades e treinamento que o indivíduo em questão possa encontrar. Ainda de acordo com a *Britannica*, o gênio é mais do que talento, envolve criatividade, originalidade e a habilidade para pensar e trabalhar em áreas não previamente exploradas e, consequentemente, proporcionar para a posteridade algo de valor que sem ele a humanidade não teria alcançado nem tomado posse. L. M. Terman cunhou o termo *gênio potencial* para crianças cuja performance indicada através de testes padronizados de inteligência é de um nível não alcançado por mais do que uma criança em duzentas da população em geral. Esse parâmetro, contudo, logo foi criticado por L. S. Hollingworth, que o considerou o padrão estabelecido por Terman uma garantia muito baixa para uma designação tão extrema.

15 Ver adiante, no capítulo sobre os conceitos, uma melhor exposição desta ideia.

28   INTRODUÇÃO

zadas por esse novo, se ele for genuíno,[16] costumam ser de temor e hostilidade.

Observa-se a ambiguidade do grupo para com seus membros criativos, sejam artistas, sejam cientistas, manifestada por uma atitude de reverência distante, ou de rechaço odioso. O artista que desconcerta, ou o cientista que desorganiza crenças e sistemas, para ser enquadrado, deixando de produzir mais perturbação nos espíritos ou na ordem estabelecida, pode ser crucificado; ou então, para se acomodar, é institucionalizado, coberto de honrarias e cargos. Torna-se uma espécie de monumento vivo, é enterrado em plena vida, passando a não mais incomodar. Ou, ainda, enterram-se o artista e sua obra em vida, para glorificá-lo depois de morto, de modo que a turbulência promovida por sua obra possa ser contida ou fossilizada.

Bion, em *Attention and Interpretation* (1970), propõe três tipos de vínculos que se podem estabelecer entre o gênio/místico e o grupo: o comensal, o simbiótico e o parasitário; tais características de vínculo levam a crescimento, estagnação ou implosão e destruição para ambas as partes.

Na página 95, vemos:

> *Por comensal quero dizer uma relação na qual dois objetos compartilham um terceiro com benefícios para os três. Por simbiótico eu entendo uma relação na qual um depende do outro com benefício mútuo. Por para-*

---

16   Faço aqui a distinção entre o genuinamente novo e aquilo que se pretende uma novidade. É muito diversa a condição daquilo que realmente é daquilo que pretende ser. O que se pretende novidade é um embuste, ou seja, é produzido para ter a aparência de algo novo; mas trata-se, efetivamente, de uma jogada de "marketing" (produzido ou não deliberadamente).

sitário pretendo representar uma relação na qual um depende do outro para produzir um terceiro, destrutivo para os três.

Na página 104 do mesmo livro, Bion acrescenta: "O vínculo entre uma mente e outra que leva à destruição de ambas é a mentira". Mais adiante:

O grau de falsidade depende de o relacionamento com O ser comensal, simbiótico ou parasitário [...]

Na simbiose, o pensamento e o pensador correspondem-se e modificam um ao outro através da correspondência. O pensamento prolifera e o pensador se desenvolve. Em um relacionamento parasitário entre pensamento e pensador há uma correspondência, mas a correspondência é categoria 2, significando que a formulação é conhecidamente falsa mas é mantida como uma barreira contra a verdade, a qual é temida como sendo aniquiladora para o continente ou vice-versa. A falsidade prolifera até que se torne uma mentira. A barreira da mentira aumenta a necessidade por verdade e vice-versa.

A posição comensal muda quando o pensamento e o pensador se aproximam. Em termos mais usuais, uma situação crítica surge quando uma "descoberta" ameaça. É frequentemente dito que as esperanças messiânicas estavam ativas de modo mais do que usual quando do nascimento de Jesus e é digno de nota que mais de um investigador frequentemente parece estar se aproximando de uma descoberta na época que a descoberta é feita.

30 INTRODUÇÃO

> *A resistência do pensador ao pensamento não pensado é característica do pensar da categoria 2. O problema crucial parece ser a relativa força da ideia messiânica e da personalidade que está para "contê-la".* (p. 116.)

A categoria 2 refere-se a uma formulação, a qual, mesmo que aparentemente científica, tem como função impedir o surgimento da verdade.[17] Em última instância, Bion considera que toda e qualquer teoria científica é sempre pertencente à coluna 2, ou seja, é algo falso, visto que a realidade última, a coisa em si, é inalcançável e, por conseguinte, o que se propõe como esclarecimento em ciência é sempre uma aproximação mais ou menos distorcida da realidade. A postura efetivamente científica reconheceria sempre o caráter precário e transitório de suas proposições. A categoria 2 (ou coluna 2) torna-se um problema quando uma ideia, hipótese, teoria ou sistema dedutivo científicos são usados como se fossem A Verdade, com o intuito de impedir o surgimento de qualquer conhecimento que venha substituí-los ou que evidenciem suas contradições e inconsistências.

Na página 96, ainda sobre a relação comensal:

> *Comensal é ilustrado ao supor que o episódio ocorrido em uma época e em uma sociedade (tal como na Inglaterra elisabetana) em que a linguagem atingiu um pon-*

---

17 Bion está se referindo à sua "Grade" (BION, 1963), sistema de notação científica no qual pretende, à maneira da tabela periódica da química, localizar os elementos de psicanálise e os níveis de desenvolvimento (ou ausência de) da capacidade de pensar. Para maiores esclarecimentos sobre a Grade, recomendo a leitura de seus livros *The Grid* e *Elements of Psycho-analysis* ou, ainda, meu artigo "A Grade de Bion", publicado na *Revista Psychê*, mencionados nas Referências bibliográficas.

to de desenvolvimento no qual o homem comum estava inspirado para falá-la bem: aquilo que era para ser expresso e o veículo para sua expressão se beneficiaram da cultura à qual pertenciam. [Certamente, Bion se refere ao fabuloso período da cultura inglesa que teve Shakespeare como seu maior expoente.] (Tradução livre do autor)

É possível considerar igualmente as hipóteses de intensos sentimentos hostis que podem ser mobilizados no grupo (como inveja e rivalidade) pelo indivíduo que teria, como propõe Bion, a capacidade de entrar em contato direto, aparentemente sem intermediários, sem recorrer a raciocínios, com o que ele chamou de evoluções de "O" (ou realidade última), o equivalente de experiências místicas e que teria a capacidade de traduzir em palavras ou em linguagem acessível aos demais aquilo a que pôde ter acesso. Evoluções[18] de "O" são captações intuitivas que revelariam algo da essência de um fenômeno, um vislumbre perceptivo acompanhado de uma intensa experiência emocional. O *talento* estaria relacionado à capacidade de transformar em linguagem – de modo a possibilitar ser compartilhado com os demais – a experiência e o *insight* vislumbrados pelo "criador". O "criador" seria capaz de "amarrar", organizando em um texto (ou em linguagem plástica, matemática ou musical), os elementos que percebe constantemente unidos, vislumbrados nas evoluções de "O" a que teria acesso. Em um documentário científico, ouvi uma citação atribuída a Albert Einstein: ele "pensava, pensava, pensava. Pensava 99 vezes e não via nada; não pensava nada e então via tudo!".

---

18   Este e outros conceitos serão apresentados detalhadamente adiante.

32   INTRODUÇÃO

Sentimentos de ódio, inveja e perseguição, manifestos ou não, por parte dos demais membros do grupo que não teriam acesso às evoluções de "O", a não ser intermediados pelo gênio (ou artista intuitivo ou místico) podem levar a ações hostis ou de aniquilamento em direção a este; ao mesmo tempo pode haver admiração por tal capacidade, propiciação de condições, anseio e esperança de que tais alcances possam ocorrer a outro, o que poderia levar a maior conhecimento e qualidade de vida para o grupo – tudo isso expressa a dicotomia e ambivalência que permeiam os vínculos que podem operar nessas relações. Temores por parte do gênio quanto a consequências pessoais a que possa ser submetido se publicar aquilo a que teve acesso constituiriam o outro lado da questão. Darwin, que tinha uma posição estabelecida na sociedade de seu tempo, relutou inúmeros anos antes de publicar sua teoria da evolução. Precipitou-se, todavia, quando desconfiou que outro jovem cientista pudesse estar se aproximando de seus *insights* e, temendo perder a paternidade da descoberta, publicou (já com idade avançada) seu livro que, como sabemos, provocou um grande tumulto. Ainda hoje, nos Estados Unidos, existem comunidades em que é proibido o ensino da Teoria de Darwin.

Um conhecido artista plástico[19] narrou-me o seguinte episódio, que me autorizou a divulgar: um milionário de aproximadamente quarenta anos, filho de uma importante personalidade ligada a influentes instituições das artes plásticas, entusiasmou-se pela obra desse artista e, em rompante de euforia, decidiu que iria utilizar toda sua influência e a de seus pais para promover o trabalho do artista, que considerou genial. Começou a esboçar planos e tinha muitos meios para realizá-los. O artista se surpreendeu quando, no dia seguinte, recebeu um telefonema do referido milionário no

---

19   Solicitou que seu nome não fosse divulgado.

qual ele dizia ter mudado de ideia por considerar que um artista só podia ficar famoso depois de morto!

Essas situações revelam no indivíduo e no grupo os conflitos entre o que se nomeia como narcisismo ⇔ social-ismo.

Em *A parte e o todo*, Heisenberg (apud BION, 1992, p. 60), o físico da mecânica quântica, responde ao ser arguido sobre a influência da física na situação geral:

> *Não: a influência da física tem sido simplesmente de modificar a potência do homem com o poder de usar a bomba atômica. Ela não tem aspecto político, mas avanços na física têm consequências políticas.*

Ele complementa, para deixar mais claro o que tem em mente: "todo instrumento carrega em si o espírito através do qual foi criado". Bion comenta, de acordo com sua teoria, a capacidade do homem de criar ferramentas, como uma armadura defensiva hipertrofiada do estegossauro que o levou à extinção. Questionado sobre qual seria o resultado do impacto de um ramo especial da ciência moderna (física) sobre diferentes tradições velhas e poderosas, Heisenberg propõe uma leitura alternativa a esta questão: "Qual será o impacto de velhas tradições poderosas sobre este ramo especial da ciência moderna?".

A sina da teoria heliocêntrica proposta por Aristarco de Samos e confirmada por Arquimedes e Plutarco, que desapareceu durante 2 mil anos, apesar de poder ser verificada pela observação, tendo sido completamente deslocada por outra teoria e só reaparecendo em Copérnico, evidenciaria, segundo Bion (*Cogitations*, 1992, p. 154), que, mais do que em função da predominância de determi-

34 INTRODUÇÃO

nadas escolas de pensamento, fantasias desempenham papel muito grande ao darem suporte a determinado ponto de vista científico, ou mesmo ao precipitarem seu vislumbre (ou a impossibilidade dele). A manutenção de sistemas ou sua revogação dependeria de duas vertentes: uma realista, tal como se pode ver na manutenção das leis newtonianas na física, mesmo após o comportamento do periélio de Mercúrio tê-las mostrado inadequadas, não havendo ainda surgido um Einstein para propor a Teoria da Relatividade para substituí-las; e outra, emocional, que se relaciona com as fantasias. Segundo Bion, "É notório que há a mais forte resistência à derrocada de um sistema científico estabelecido, mesmo quando este sistema foi, ele próprio, temido, odiado e rejeitado no seu começo" (*Cogitations*, p. 156).

Max Planck observou com tristeza, na sua *Scientific Autobiography* (apud KUHN, 1960), que "uma nova verdade científica não triunfa convencendo seus oponentes e fazendo com que vejam a luz, mas porque seus oponentes finalmente morreram e uma nova geração cresce familiarizada com ela". Fenômenos similares podem ser observados no avanço do conhecimento psicanalítico em direção ao desconhecido e na observação de reações de natureza religiosa, na defesa de dogmas já estabelecidos em teorias que no seu surgimento foram, em si, promotoras de tumulto e reações violentas. Citemos, por exemplo, Freud e suas teorias, que passaram a ser vistos como ícone e dogmas (a ciência, propriamente, é morta quando isso ocorre); ou recordemos a reação a Melanie Klein e sua posterior entronização por grupos de kleinianos. Bion se esforçou para escrever de um modo tal que seus conceitos permanecessem abertos e não saturados, mas logo observou que grupos de seguidores procuravam transformá-lo em um messias enquanto grupos de detratores, perturbados pela abertura para o infinito e o desconhecido, procuravam denegri-lo ou, então, cumulá-lo de honras. Uma das maneiras de tentar aniquilá-lo, segundo biógrafos e contemporâneos, era apresentá-lo como monstro sagrado, inacessível. Os potenciais pacientes que pensassem em procurá-lo eram desestimulados a fazê-lo sob o argumento de que jamais conseguiriam horário com ele, de tal forma no Olimpo se encontrava. Ao se dar conta desses movimentos, mudou-se para a Califórnia. Sua presença nesse estado americano e a revolução (na prática do trabalho, e não associada a qualquer tipo de militância política) que provocou na estagnada "médica" e religiosa psicanálise americana foi tal que resultou em processos judiciais.

Considero, talvez, que o que mais fomenta inveja e ódio é a percepção da integridade de uma pessoa para consigo mesma, o acesso que ela possa ter àquilo que lhe é próprio e ao proveito das qualidades psíquicas não sensoriais a que pode, desse modo, ter acesso. O usufruto desse tipo de riqueza é aquele que mais mobiliza inveja e ciúmes. Também é, de acordo com a observação e prática psicanalítica, aquilo que mais mobiliza admiração.

Na literatura, ocorre-me o que aconteceu com Proust que teve de pagar para publicar os primeiros volumes de sua *À la Recherche du Temps Perdu*, pois os editores que encontrou, incluindo Gide (que se retratou posteriormente), consideraram seu trabalho obra de um *dandy* esnobe, fútil e oco. Proust se ressentia de suas amigas e inspiradoras de suas personagens, como a Condessa de Chevigné, uma das fontes para a Duquesa de Guermantes, que achava o livro chatíssimo e algo completamente entediante, e jamais se disporia a lê-lo. Solicitado por Proust, Jean Cocteau selecionou passagens da *Recherche* para mostrar à Condessa, as quais se relacionavam diretamente a eventos que ela teria inspirado. A Senhora de Chevigné reagiu com desdém e horror, não querendo saber de nada. Consolando Proust, desolado pelo desprezo de sua conhecida, Cocteau teria dito ao escritor que não era natural se esperar que uma formiga entendesse de tratados de etologia sobre formigueiros ou por eles se interessasse.

36 INTRODUÇÃO

Qual é, então, a questão levantada? Em última instância, é como um indivíduo permanecer no grupo, estar no grupo, permanecendo o que é, sendo ele mesmo. Estar no grupo sem perder a individualidade. Para dar um exemplo do que tenho em mente, ocorre-me uma situação que se desenrolou na cidade de Los Angeles, Estados Unidos, há alguns anos. Logo após o início da epidemia da AIDS, uma gangue de moças, muito famosa, dessa cidade, estabeleceu como critério de ingresso que, além das surras e humilhações a que se costumava submeter nos rituais de iniciação, a candidata deveria ter relações sexuais com um soropositivo, desprovida de qualquer proteção, como prova de valentia.

Nessa circunstância, poderíamos ver, de acordo com o vértice proposto por Bion, que o *narcisismo* (que poderia ser verificado no desejo de ser importante) não coincide com o amor pelo e do *self* e que o *social-ismo* (representado pela ânsia de agradar e atender às expectativas do grupo em detrimento da própria existência) não corresponde a amor pelo ou do grupo. A ânsia de ser importante destrói o indivíduo e o grupo. A garota quer ser importante, mas sua própria pessoa real não tem importância para ela mesma. O acatamento da expectativa e submissão ao grupo levará à sua destruição. Está tudo investido em um narcisismo destrutivo e, ao mesmo tempo, investido e fragmentado social-isticamente em todos os elementos do grupo. O vínculo estabelecido entre o indivíduo e o grupo (e vice-versa) é parasitário. O resultado é a psicose.[20]

---

20 Um artigo publicado no caderno Folha Ilustrada do jornal *Folha de S.Paulo*, de 15 de fevereiro de 2003, p. 15, analisa o documentário "The Gift", sobre "barebacking", ou seja, sexo sem proteção, apresentado no Festival de Cinema de Berlim, que narra, entre outras, a história do jovem Kenny. Kenny afirma haver procurado se contaminar com o vírus HIV porque vivia em São Francisco, Califórnia, onde os portadores desse vírus são muito organizados e, consequentemente, segundo o jovem, aqueles que não são HIV positivos ficam muito isolados. Kenny se contaminou, deliberadamente, em várias festas "barebacking"

No que tange à situação dos escritores, pintores, cientistas em geral, o problema pode se revelar similar. O grupo pode ansiar pelo surgimento de uma pessoa criativa que lhe proporcione progresso. Teme, por outro lado, que a inovação surgida possa provocar uma ruptura no *establishment* e uma des-ordem. Como já mencionei anteriormente, um dos modos para anular ou esvaziar o caráter revolucionário (significando um *insight* profundo que não permite que as coisas possam mais ser vistas como eram antes) consiste em assimilar o autor ao *establishment*, cumulando-o de honrarias e cargos burocráticos, de modo a torná-lo inócuo ou mumificado. Outra maneira seria crucificá-lo em vida para, em seguida à sua morte, apropriar-se de suas ideias e incorporá-las ao *establishment*, esvaziando o seu sentido perturbador da ordem. Como diria o personagem de Tomasi di Lampedusa, o Príncipe de Salina, no romance *O leopardo*: "Tudo precisa mudar para que tudo fique como está", referindo-se às estratégias que sua classe social deveria adotar para permanecer no poder (assimilando o elemento novo, a burguesia endinheirada e emergente, referindo-se em um episódio, entre outros, ao casamento de seu sobrinho Tancredi, um príncipe arruinado, com Angelica, filha de um milionário e grosseirão novo rico, nos meados do século XIX).

Galileu e Copérnico ou ainda Colombo não eram revolucionários no sentido militante, não são figuras engajadas politicamente. A reviravolta que surge com eles se deve a um profundo *insight*, que lança por terra o que se considerava conhecido, revelando a imensidão do desconhecido e a mesquinhez e insignificância da humanidade diante de sua pretensão e desejo de importância, o que nos tira do centro do universo (delírio de grandeza e de autorreferência narcísico, correspondente a situações mentais dos primórdios da infância) e denuncia nossa pequenez diante da vas-

---

realizadas com essa finalidade, tendo como objetivo pertencer a um grupo.

38 INTRODUÇÃO

tidão cósmica. Colombo tirou-nos o chão de baixo de nossos pés ao revelar que a tão conhecida Terra, aquela sobre a qual pisamos, era igualmente uma incógnita, não só por haver continentes desconhecidos, mas por ser esférica e não plana.[21] Pode-se conceber

---

21 Em *As estruturas das revoluções científicas*, de Thomas Kuhn, lemos à p. 189: "Consideremos, por exemplo, aqueles que chamaram Copérnico de louco porque ele proclamou que a Terra se movia. Não estavam, nem pouco, nem completamente errados. Parte do que entendiam pela expressão 'Terra' referia--se a uma posição fixa. Pelo menos, tal terra não podia mover-se. Do mesmo modo, a inovação de Copérnico não consistiu simplesmente em movimentar a Terra. Era antes uma maneira completamente nova de encarar os problemas da Física e da Astronomia, que necessariamente modificava o sentido das expressões 'Terra' e 'movimento'. Sem tais modificações, o conceito de Terra em movimento era uma loucura. Por outro lado, feitas e entendidas essas modificações, tanto Descartes como Huyghens puderam compreender que a questão do movimento da Terra não possuía conteúdo científico". Nesse sentido, verificamos que a revolução ocorre na própria maneira de se perceber a realidade e modifica os significados das próprias palavras. Um aspecto, a meu ver, não considerado por Kuhn, é a angústia desencadeada por tal situação e o horror vivido por não existirem parâmetros definitivos e certos. Kuhn considera que a teoria heliocêntrica de Aristarco permaneceu sem consequências devido à ausência de impasses do sistema ptolomaico nos problemas que surgiram até o tempo de Copérnico. Somente a existência de anomalias, ou seja, problemas que não encontravam solução no sistema ptolomaico à época de Copérnico, fez com que os novos paradigmas por ele propostos pudessem ter repercussões, pois havia reais impasses que demandavam esclarecimentos (na verdade, segundo o próprio Kuhn, mesmo os paradigmas propostos por Copérnico, como o heliocentrismo, só vieram a ter verdadeira consequência, mais de cem anos depois). Nos tempos de Aristarco, não havia verdadeiras questões que pudessem se beneficiar de sua proposta heliocêntrica. É uma explicação racional, a de Kuhn, para o fato de uma teoria ter repercussão em determinado momento e não em outro. Dentro dessa óptica, parece-me que Kuhn desconsidera completamente o caráter emocional que acompanham essas descobertas e também as consequências emocionais decorrentes delas (ver, anteriormente, o que escrevi a propósito do comentário de Planck). Um sistema político, assim como um sistema de crenças, não abre mão de seu *status* sem grandes resistências. Na verdade, parece-me que Kuhn não verificou que um sistema político é quase sempre inseparável de um sistema de crenças (científicas ou

a angústia e o ódio de seus contemporâneos por tê-los remetido a um mundo completamente desconhecido, apesar de estarem pisando sobre o próprio. O reconhecimento desse desconhecido teria possibilitado, por sua vez, a expansão do conhecimento, a integração (no sentido de se conhecerem, saberem da existência uns dos outros) dos povos no planeta e do mundo conhecido. Colombo acabou no mais completo ostracismo. Sua reputação só foi restabelecida muito tempo depois. Galileu por pouco não foi queimado e passou preso, em sua casa, o resto dos seus dias.

---

religiosas). A mudança em um sistema de crenças costuma abalar ou ameaça seriamente o sistema político assim como a queda de sistemas políticos costuma possibilitar reviravoltas nos sistemas de crença (vide a Santa Inquisição). Do ponto de vista da experiência clínica, é notável como os indivíduos aferram-se a convicções a despeito do enorme sofrimento que possam lhes causar. A experiência dificilmente consegue modificar sistemas de crença e, mesmo quando isso ocorre, somente com muita dificuldade os indivíduos conseguem se separar (lentamente) dos hábitos vinculados às crenças que já verificaram obsoletas. A angústia diante da necessidade de se conhecer um mundo novo a cada nova mudança de perspectiva costuma ser considerável e geralmente só é transposta em situações em que o sistema vigente coloca o indivíduo em condições muito adversas ou sofridas. A neurose é uma situação muito sofrida e é indissociável de um sistema de soluções que com o decorrer do tempo mostra-se inadequado ou mesmo perigoso para as verdadeiras necessidades de uma pessoa. Mas basta ter um pouco de experiência clínica para perceber como as pessoas se agarram a sistemas que lhes causam prejuízos e que, mesmo quando percebem dispor de recursos mais desenvolvidos do que aqueles dos quais se valem nos sistemas neuróticos, dificilmente toleram deixá-los de lado. Um dos fatores que leva uma pessoa a permanecer em um sistema neurótico fechado é a crença de que aquele modo de funcionar a identifica. Ela pensa saber quem é por aquele modo de funcionar. Ao levantar-se o sistema de funcionamento, a pessoa sente como se não existisse ou não tivesse algo com o que se reconhecer, tal como no conto "O espelho", de Machado de Assis. Revoluções políticas como a francesa ou a russa ocorrem, em geral, quando a situação se torna extremada. Na verdade, a Revolução francesa foi um movimento burguês que ocorreu quando a classe dos burgueses se viu sem alternativa. Mesmo esses, por mais prejudicados que pudessem estar, hesitaram consideravelmente antes de pôr em marcha um processo que não sabiam de que forma poderia acabar.

40 INTRODUÇÃO

Outra situação é a do falso criador que pretende aproveitar-se de sua condição, de captar o que os outros não teriam captado para subjugar e escravizar o grupo (outra vez o conflito entre o narcisismo e o social-ismo), em um vínculo parasitário. Certamente, para haver efetiva submissão do grupo, é preciso compactuar com o falso gênio.

Outras circunstâncias podem permitir um proveito mútuo da condição do gênio/místico, o grupo se beneficiando dele e, ao mesmo tempo, propiciando mais condições para que continue seu desenvolvimento e sua expansão. O diretor de uma grande empresa na Alemanha informou-me que, só em Berlim, existem mais de trezentos doutores em ciência, trabalhando em pesquisa pura para essa empresa.[22] Seria preciso um modelo meio rudimentar para descrever essa situação. Há o investimento na expectativa de que algo novo possa surgir. Ao mesmo tempo, haveria a expectativa de que o que venha a surgir possa imediatamente ser apropriado pelo *establishment* no anseio de evitar que este possa sofrer alguma ruptura. Isso não impede, contudo, que o *establishment* perca de vista ou até rejeite importantes descobertas que ele próprio patrocinou. O microcomputador (PC) foi desenvolvido por gente que trabalhava na Xerox nos anos 1960. A Xerox desprezou completamente o alcance potencial dessa invenção. Os criadores do PC acabaram saindo da Xerox por falta de oportunidade de expansão, fundaram a Apple e, posteriormente, a Microsoft. Do mesmo modo, Saddam Hussein foi, possivelmente, "inventado" pelos Estados Unidos para neutralizar o Irã nos anos 1970 e, da mesma forma, Osama Bin Laden para fazer o mesmo em relação aos russos no Afeganistão. O *establishment* tem a fantasia de se apropriar daquilo e daquele que viabiliza a produção, mas a vida também costuma ser surpreendente.

---

22 Não é, obviamente, algo desinteressado. Os interesses no mercado são de primeira ordem.

Há nações que investem pesadamente em arte, cultura e ciência, e também num alto grau de escolarização, para que os cidadãos melhor dotados possam emergir e contribuir com o grupo. Sempre há, contudo, o temor de que o que venha a surgir possa abalar o *establishment* (ou o conhecido, como ocorre com os problemas gerados com o desenvolvimento da genética) ou do surgimento de gênios do mal. A evolução dependerá dos vínculos que operem no grupo em cada momento determinado (parasitário, comensal ou simbiótico).

O investimento pesado que uma nação ou um agrupamento possa fazer na esperança de propiciar condições para que um gênio aflore não garante, contudo, que tal gênio possa surgir; depende do acaso apresentar um talento. O jornalista e professor J. Jota de Moraes em seu curso "Chaves para compreender a música", oferecido pela Sociedade de Cultura Artística de São Paulo em 2002, citando Pierre Boulez,[23] relatou o esforço feito na Inglaterra

---

23 Em "L'esthétique et les fetiches" (in *Panorama de l'Art Musical Contemporain*, de Claude Samuel), Boulez escreve (p. 411-2): "Existe, de fato, uma relação dialética entre a história e o indivíduo: a história que, depois dele, não terá mais o mesmo rosto que antes de sua aparição; um 'gênio' é ao mesmo tempo preparado e inesperado. Ele é preparado, pois não saberia ser independente de sua época; tal como disse Malraux: 'É vendo pintura que alguém se torna pintor; é escutando música que alguém se torna músico, não é possível tornar-se músico no absoluto' [...] Esse condicionamento terá o seu papel irremediavelmente, não importa o que se faça para se separar dele [...] De alguma maneira, as relações de um criador e a tradição poderiam se simbolizar pela propulsão dentro e por um meio dado. Permito-me retomar a formulação de Pierre Souvtchinsky: 'Seria talvez vão buscar para a história das artes um outro método que não aquele em que se deveria recorrer à história política e social. Mais ainda que esta última, ela deveria ser compreendida como um processo ininterrupto, e como uma sequência de fatos, de eventos descontínuos e distintos [...]'. Se se admite plenamente o papel que possui no desenvolvimento do gênio criador a evolução social e técnica, se se concebe o fenômeno da cultura como um processo dialético, aparentemente contínuo, e se se reconhece toda

42   INTRODUÇÃO

para o surgimento de um grande músico *inglês* nos séculos XVIII e XIX (para que se pudesse contrapor à existência de destacados talentos musicais na Itália, Áustria e Alemanha). Apesar de todos os esforços e de todas as condições criadas para a emergência de tal indivíduo, isso não ocorreu. Situação similar é descrita por J. B. Mello e Souza no prefácio "A Grécia antiga e poesia dramática" da tragédia *Electra*, de Eurípedes.[24] Neste, Mello e Souza ressalta o extraordinário movimento criativo da Grécia, sobretudo no século V a.C. com a produção das tragédias de qualidade ímpar e aquilo que se seguiu. Escreve:

> *Em vão Aristóteles expôs, na sua Poética, as normas que lhe pareciam imprescindíveis para que uma tragédia fosse, de fato, um momento de beleza artística e moral, capaz de produzir impressões duradouras e profundas, como as que promanavam das peças antigas. As regras*

---

a importância do 'meio' e da 'época' que determinam a formação criadora de cada geração seguinte, não se deve deixar de compreender que, apesar de todas as 'preparações', a aparição de um grande criador é sempre um fato inesperado e imprevisto [...] É exatamente isso que derrota os fetichistas: o inesperado, para o qual lhes faltam antenas. A evolução histórica, tal como a encaram, está muito longe daquela que a realidade nos propõe. Pobres de imaginação, eles se revelam incapazes de conceber a história de outra maneira que não um ovo no qual sonham se enclausurar; mas a história não se deterá para levar em consideração seus gostos de Museu Grévin. A imaginação, esta 'rainha das faculdades', irá sempre dos fetichismos, ela saberá interpretar a tradição, e provocará, a partir daí, esse 'choque criador' de que fala P. Souvtchinsky. Longe de ser uma recusa da história, o imprevisível e o imprevisto são suas mais brilhantes manifestações". Tradução livre do francês, minha. O Museu Grévin é o conhecido museu de cera de Paris. Boulez usa o termo fetichista para se referir a alguém incapaz de mudar os hábitos, que não renuncia aos gostos que lhe foram inculcados desde a infância, cheio de argumentos falaciosos e de má-fé que justificariam a perseverança de suas opiniões e julgamentos preconceituosos.

24   Eurípedes, *Electra, Alceste, Hipólito*. Ediouro, Ed. Tecnoprint S.A., s.d.

preconizadas pelo ilustre sábio estagirita não deram outro resultado senão o de animar alguns autores gregos, e mais tarde alguns romanos (entre eles Sêneca), a compor longas e maçudas tragédias destinadas exclusivamente à leitura, ante a absoluta impossibilidade de exibir no teatro [...].[25]

A natureza precisa colaborar, afinal, talentos não nascem em qualquer esquina. O esforço empreendido no sentido de propiciar o desabrochar de um gênio potencial não é, todavia, algo desprezível, muito pelo contrário. As universidades inglesas, tais como Cambridge, empenham-se em aproveitar as mentes brilhantes que possam surgir. Só um dos *College* de Cambridge, por exemplo, tem dezenas de cientistas seus laureados com prêmios Nobel.

A contrapartida da situação anteriormente descrita da Inglaterra parece ser a do Brasil. Arnaldo Niskier, da Academia Brasileira de Letras, comentou, em palestra proferida em junho de 2002, que indivíduos superdotados, sem meios para desenvolver seu talento de maneira mais construtiva, por falta de acesso à educação, cultura e de condições sociais, acabam por desenvolvê-los no mundo do crime. Citou, como exemplo, o traficante Fernandinho Beira-Mar,

---

25 Harold Bloom, em seu livro *Gênio* (BLOOM, 2002), escreve no prefácio: "Ninguém haveria de implicar com a ideia de se estudar o contexto de uma obra. Mas reduzir literatura, espiritualidade ou ideias a um historicismo tendencioso é algo que não me interessa. As mesmas pressões sociais, econômicas e culturais produzem, simultaneamente, obras imortais e obras datadas. Thomas Middleton, Philip Massinger e George Chapman vivenciaram a mesma energia cultural que, supostamente, moldou Hamlet e Rei Lear. Mas as 25 melhores peças de Shakespeare (de um total de 39) não são obras datadas. Se não conseguimos outro meio de explicar Shakespeare (ou Dante, Cervantes, Goethe, Walt Whitman), por que não retomar o estudo da antiga ideia de gênio? Habilidade não é algo inato; genialidade o será, necessariamente".

44 INTRODUÇÃO

segundo Niskier, um verdadeiro gênio que, sem outra opção na vida, acabou utilizando seus extraordinários recursos na criminalidade.[26]

Após esta introdução, como abertura, formulo os passos que pretendo desenvolver.

Primeiramente, farei um desenvolvimento teórico dos conceitos apresentados, começando, como já mencionei, pelo de *identificação projetiva*, as posições *esquizoparanoide* e *depressiva*, prosseguindo com *continente* e *contido*, a teoria sobre o pensar de Bion, narcisismo e social-ismo, "common sense" e os fenômenos de grupo (interno e externo).

Em seguida, farei uso de reflexões tiradas da mitologia, da literatura, tanto científica quanto de ficção, além da minha prática de trabalho para substanciar meu vértice. As situações vividas por Freud, Klein e Bion nos contextos sociais em que fizeram suas contribuições são elas próprias fontes de elementos para reflexão. Jesus Cristo e Isaac Luria são contrapontos na história do judaísmo.

---

26 Recordo-me de um episódio ocorrido com um destacado cientista, docente de uma importante instituição brasileira. Ele havia sido aceito para um renomado pós-doutorado em Cambridge. As vagas eram restritíssimas e pouquíssimos estrangeiros conseguiam ser aceitos. Após o primeiro ano em Cambridge, recebeu um convite extraordinário para estender seu pós-doutorado por mais um ano. Para sua surpresa, teve sua bolsa, patrocinada pelo governo brasileiro, cortada (falta de verba). Precisou interromper. Estava visitando-o e a sua família, na Inglaterra, quando ele ficou sabendo do corte. Em outro episódio mais recente, divulgado pela televisão, uma menina de dez anos, de família extremamente humilde e reconhecida como superdotada, foi impedida de ingressar na Universidade de Minas Gerais, por não possuir certificado de conclusão de curso secundário. Algo muito diverso do que costuma ocorrer nos Estados Unidos, onde o que se verifica, em geral, é o imediato investimento do estado e da comunidade quando emergem indivíduos com tais aptidões (volta e meia somos informados de crianças de pouquíssima idade que já são PhD e fazem parte de importantes instituições científicas).

Finalmente, um capítulo de reflexões finais a partir da investigação sobre o apresentado. Minha pretensão é trazer algo para, quem sabe, ajudar um pouco na evolução do pensamento e das ideias.

Como última formulação, acrescento uma ficção que desenvolvi a partir da releitura de *O processo*, de Franz Kafka, que me surgiu de modo inesperado enquanto escrevia este trabalho, à maneira referida por Sam Shepard em que me senti como um estenógrafo do que me apareceu como um todo pronto e que está relacionado ao conflito entre o narcisismo e o social-ismo.

2. Os conceitos

Neste capítulo há uma revisão dos conceitos de que me valho, tendo em vista ficar clara a articulação que faço com eles para desenvolver meu trabalho. Apresento-os para que se possa apreciar a maneira como os apreendo na minha experiência pessoal de maneira que fique sem muitos pontos obscuros a trama teórica sobre a qual me baseio. Considero que o conhecimento de como articulo esses conceitos é essencial para a compreensão deste trabalho.

2.1 Definição dos conceitos

2.1.1 Narcisismo e social-ismo

Cito Bion para esclarecer os polos por ele propostos.

> *Mas parece-me que as dificuldades são causadas por se fazer uma divisão entre instintos do ego por um lado, e instintos sexuais por outro. Uma divisão mais frutífera é*

aquela entre narcisismo por um lado, e aquilo que eu devo chamar socialismo por outro. Por estes dois termos desejo indicar os dois polos de todos os instintos. Esta bipolaridade dos instintos refere-se à sua operação como elementos na realização da vida do indivíduo como indivíduo e como elementos em sua vida como um animal social, ou, como Aristóteles o descreveria, como animal "político". A menção exclusiva da sexualidade ignora o fato marcante de que o indivíduo tem um problema ainda mais perigoso a resolver na operação de seus impulsos agressivos, os quais, graças a esta bipolaridade, pode impor a ele a necessidade de brigar por seu grupo com a possibilidade essencial de sua morte, enquanto ela também impõe a ele a necessidade de ação no interesse de sua sobrevivência. Não precisa haver conflito, mas a experiência mostra que, de fato, há tal conflito – não entre sexualidade e instintos do ego, mas entre seu narcisismo e seu socialismo, e esse conflito pode se manifestar não importando quais instintos estejam dominantes no momento.

O ego está envolvido, visto ser o ego que estabelece uma conexão entre realidades externas e internas. É, portanto, dentro do ego que o conflito entre narcisismo e social-ismo deve ocorrer (to be fought out). Essa luta contribui para com as forças que levam, em certas circunstâncias, à cisão – e, em casos extremos, ao enfraquecimento e finalmente à destruição do ego. Mas o ego também está sob ataque, porque ele é parte da personalidade que leva ao conhecimento das demandas conflitantes do grupo e do indivíduo e é, portanto, sentido como sendo causa da dor nas experiências do indivíduo por *conta do contato do ego tanto com as realidades externas ou grupais e as realidades internas ou egocêntricas – quer dizer, por causa de seu contato com as demandas do narcisismo e do socialismo. Há, assim, em casos extremos, um enfraquecimento ou mesmo destruição do ego através de ataques fragmentadores que derivam dos impulsos individuais primitivos que buscam satisfação para ambos os polos de sua natureza e se voltam contra o órgão psíquico que parece frustrar a ambos. Portanto, a aparição, notada por Freud, do ódio à realidade – agora ódio do ego que faz vínculo com a realidade – característica do paciente severamente perturbado nas psicoses.*

Será assinalado que esse ponto de vista demanda uma revisão de nossas ideias de neuroses narcísicas e psicoses: elas devem ser consideradas casos nos quais o narcisismo primário se acasala com um igualmente forte "socialismo" ou necessidade de ser membro do grupo.[1]
(BION, 1992, p. 105-6.)

Mas suponham que seus impulsos em relação a si mesmo, digamos, impulsos amorosos, tornem-se narcísicos; então, todos os seus outros impulsos se tornarão social-izados, e ele se fragmentará em um "grupo". *Amor do* self *não precisa ser narcísico; amor do grupo não precisa ser social-ístico.* Em um polo está um objeto: no outro polo, uma infinidade de objetos. Em um polo estará um objeto para o qual um grupo de emoções será dirigido: no outro polo um número de emoções será dirigido a uma infinidade de objetos cuja quantidade se deve à fragmentação de um objeto (BION, 1992, p. 122. Grifo do autor).

---

1   "[...] *equally strong 'socialism' or group membership*" no original.

O problema psicanalítico é o problema do crescimento e sua resolução na relação entre continente e contido, repetido no indivíduo, par e finalmente grupo (intra e extrapsiquicamente). (BION, *Attention and Interpretation*, p. 15-6.)[2]

2.1.2 Reverie e função alfa

Reverie é a denominação dada por Bion à capacidade de digerir, sonhar as experiências emocionais. No princípio, os fatos costumam ser sentidos como intoleráveis ou indigestos pela mente incipiente do bebê. A mente pouco desenvolvida busca um continente, através de identificações projetivas, como será melhor explicitado adiante, para conter e transformar essas vivências em algo que possa ser tolerável e aproveitado. Geralmente, nos primórdios da vida, essa função é exercida pela mente da mãe (quando tem desenvolvimento mental para exercê-la). Pode-se traçar um paralelo com a função física do amamentar. A mãe ingere alimentos sólidos impossíveis de serem absorvidos pelo bebê e os transforma em leite, que ele pode assimilar. Com a experiência, o bebê que se desenvolve poderia expandir sua capacidade digestiva para alimentos que anteriormente não era capaz de digerir. Isso ocorreria, igualmente, com as experiências mentais se a mãe[3] tiver essa condição mental desenvolvida. A mãe seria capaz de intuir (pelo contato com suas próprias vivências) e sonhar as experiências em curso que compartilha com seu rebento. Sonhar significaria poder reconhecer, na experiência que se desenrola, quais seriam os elementos que se apresentariam constantemente unidos. A reunião

---

2   Sugiro aos interessados na obra deste autor, em português, que leiam a tradução feita por Paulo César e Ester Sandler de *Cogitações*.

3   Em análise, seria a função do analista.

constante desses elementos seria percebida através de uma imagem onírica, que sintetizaria, como em uma equação matemática,[4] o essencial, a alma daquele evento. Esses elementos essenciais podendo ser reconhecidos, poderiam ser nomeados (fazendo uma "amarração" com o nome dado para que os elementos não se dispersem) e, posteriormente, poder-se-ia verificar qual o sentido que se lhes poderia atribuir.

Abrindo parênteses aqui, pois concerne ao âmago deste trabalho, os gênios (ou místicos) teriam, pelo menos em parte do funcionamento mental deles, extraordinária capacidade para *reverie*, pois seriam capazes de transformar experiências brutas, dados sensoriais em percepções não sensoriais. Fazendo essa captação, isto é, digerindo os dados sensoriais e transformando-os em abstrações, seriam capazes de formular, expressar em linguagem, seja ela científica, matemática, artística, ou outra, o que perceberam. Assim, revelam algo (ou vértices de observação) da realidade até então nunca percebido. A captação se dá com a experiência emocional que a *reverie* é capaz de elaborar e transformar em elementos passíveis de serem sonhados. Vislumbrada a percepção na forma de sonho (seja em vigília, seja no sono), na maioria das vezes através de imagens visuais, ela é, então, nomeada. A partir dessa nomeação, pode ser feito um trabalho intelectual (a *reverie* não é um trabalho intelectual) de organização dessa percepção e nomeação, através da formulação de equações matemáticas, de sistemas dedutivos científicos ou representações artísticas (literatura, artes plásticas, cinema, teatro etc.). Mitos, tais como o do Éden ou da Torre de Babel, também têm essa qualidade. São a transformação de experiências humanas em uma expressão que representa de forma sintética, tal como uma equação matemática, os *insights* obtidos através da experiência. A diferença entre os mitos (que são

---

4   Ver Bion, *Cogitations*, p. 127-30.

uma espécie de sonho de uma coletividade) e as equações matemáticas está no nível de representação da experiência. Os mitos ainda guardam, na sua maneira de expressar, o *background* sensorial de onde foram abstraídos. Já as formulações matemáticas perderam esse *background* ficando completamente abstratas – o que lhes permite o encontro de realizações muito mais abrangentes.[5]

---

5   Bion evidenciou um problema sério na apresentação de teorias científicas psicanalíticas, dizendo que elas eram fracas, por conta da forma em que são enunciadas. Ressaltou que a teoria edípica, conforme *formulada* (não na essência) por Freud, é fraca porque muito próxima dos elementos narrativos do mito ao qual está associada. Um exemplo em que isso está evidente foi a dificuldade inicial de muitos antropólogos em reconhecer a situação edípica como universal por conta de culturas em que o incesto com a mãe ou com o pai não era interditado. Mas havia interdições de incesto com os tios ou outras figuras do clã ou da tribo. Uma formulação matemática como uma relação de três em que um está excluído seria bem mais forte, por permitir um encontro muito maior de realizações não antecipadas na formulação da teoria. Da mesma forma, o teorema de Pitágoras, conforme propõe em *Transformations* (1965), seria uma formulação da situação edípica e teria se originado da experiência emocional correspondente a ela, que se perdeu de sua origem, assim como toda e qualquer formulação matemática. Para os que se interessarem por essa questão, recomendo os livros de Bion *Elements of Psychoanalysis* e, sobretudo, *Transformations*. A forma narrativa dos enunciados também proporciona uma grande Babel na comunicação entre psicanalistas (incluindo a do psicanalista com sua própria produção), diferentemente do que ocorreria na comunicação entre químicos, físicos ou músicos, em que a linguagem de cunho matemático permite a eficácia na troca de ideias e na manipulação dos elementos na ausência concreta deles (por meio de equações ou pauta musical, que permitem antecipar elementos, moléculas, reações ou sons, harmonias, dissonâncias, ainda não encontradas em realizações ou experimentos já realizados). A busca de uma linguagem de êxito (*language of achievement*), seja matemática, seja estética para a psicanálise, foi uma tarefa na qual se empenhou até o final de seus dias. A situação edípica pode, se não estiver atrelada aos elementos sensoriais da narrativa mítica, ser percebida em questões como a gagueira ou de desenvolvimento de escrita e leitura, visto que não seria tolerável a junção de diferentes elementos, uma letra com outra, uma palavra com outra, para formarem um terceiro, um sentido, de modo amoroso e harmonioso. A inveja e o ciúme atacando a relação de dois que podem formar um terceiro (sentido),

A transformação dos dados sensoriais em não sensoriais, como assinalei, não é uma operação intelectual e não depende da vontade. Está vinculada à operação da função alfa. A possibilidade de sonhar as vivências, transformando dados sensoriais em elementos oníricos, ao serem organizados por um fato selecionado,[6] pode levar a uma experiência que corresponde ao que Bion denominou de "transformação em O". A organização desses *insights* em um sistema dedutivo científico é uma operação intelectual, racional, o que Bion chamou de transformações em K[7] (ou em conhecimento). O gênio tem acesso direto às evoluções de O (que equivalem às experiências dos místicos religiosos, ou ao Eureka de Arquimedes, de uma revelação direta sem intermediação de raciocínios, que são, por sua vez, produzidos *a posteriori*, instrumentando algo que foi captado intuitivamente, em formulações de K), os demais costumam ter acesso apenas às transformações em conhecimento (K[8]). Um exemplo disso é o uso do computador. A maioria de nós não tem a menor noção dos fundamentos do funcionamento desse aparelho. Segue, dogmaticamente, as instruções que lhe são dadas. Com algum esforço, poderia aprender noções de física que dessem um conhecimento intelectual a respeito desse funcionamento. Todavia, não é da mesma qualidade de experiência que certos gênios têm em vislumbrar conexões entre átomos e uma série de elementos invisíveis em extraordinários *insights*. Pode-se ler os livros do famoso astrofísico Stephen Hawkins, mas apenas tomar, de modo dogmático, o que ele escreve (ou dizer que é coisa de louco). Alguém, como Hawkins ou Einstein, é capaz de "ver",

---

  assim como o pai não poderia ter relações com a mãe para produzir um bebê rival etc.

6   Ver adiante (em 2.6.1 – Genialidade e loucura) o esclarecimento deste conceito.

7   *Knowledge* em inglês.

8   Mais esclarecimentos sobre os conceitos aqui mencionados ocorrerão ao longo deste capítulo.

captar a partir de dados sensoriais, o que não é alcançável sensorialmente e formular para o resto dos seres humanos o que vislumbrou. São capazes de transformações em "O" e de formulações em conhecimento (transformações em K). Acontece frequentemente que, visto que as transformações em "O" envolvem intensas experiências emocionais, elas costumam ser percebidas como ameaças ou vírus perigosos. As transformações em K já existentes, isto é, o que já é conhecido e estabelecido, podem ser usadas para prevenir, impedir novas transformações em O (vividas como perturbadoras e promotoras de desassossego) através do que Freud chamou de racionalizações.

Nenhuma vivência em transformação em O pode ser comunicada. É uma experiência individual e intransponível. Quem a vive procura meios para transmiti-la. Esses meios jamais correspondem à experiência vivida da mesma maneira que se tem um sonho e posteriormente se procura contar como ele foi. Toda vivência de transformações em O é primeiramente percebida por imagens visuais e organizada em sonhos e pensamentos-sonho. O trabalho ocorre no esforço de transportar essa percepção de qualidade onírica e emocional para uma linguagem que possa ser comunicada aos demais. A linguagem que pode ser usada é sempre uma transformação (uma apresentação daquilo que foi vivido em O) em K. Para falarmos de um sonho ou de uma sessão de análise em que trabalhamos fazemos formulações que nunca correspondem à experiência propriamente. São as formulações em K. Este trabalho, por exemplo, é uma transformação em K; é um esforço para comunicar algo que faz sentido em minha experiência. Considero, contudo, que ele só fará realmente sentido se o leitor puder fazer uma transformação em O daquilo que ler, ou seja, se fizer um reconhecimento em sua experiência, se der sentido emocional àquilo que estiver lendo, se as ideias "encarnarem" na vivência do leitor. Se isso não ocorrer, poderá ter em mente, se o julgar razoavelmente bem escrito, somente uma apreensão racional, intelectual do que pretendo comunicar.

A apreensão intelectual não é desprezível. Na maior parte do tempo, valemo-nos dela para usar o telefone, o computador, acender uma lâmpada. A verdadeira apreensão emocional do que ocorre, porém, alguns poucos puderam alcançar em O e formular em K. Outro número não muito amplo de pessoas pode alcançar essas intuições através de novas vivências em O que dão sentido às formulações em K feitas pelos primeiros. A terceira possibilidade se dá quando a maioria de nós pode ter algum acesso racional ao que nos é comunicado e se valer desse entendimento intelectual para fins práticos. Por fim, pode-se considerar que a maior parte da humanidade se vale daquilo que os primeiros puderam alcançar sem ter a menor ideia (ou o menor interesse) de como as coisas se passam.

Toda comunicação científica é feita através de formulações em K. O problema em relação a elas se dá quando se tornam preconceitos (coluna 2 da Grade), em vez de se tornarem preconcepções não preenchidas que podem encontrar uma experiência que as signifique.

Vejamos o que diz o físico Heisenberg a esse propósito:

> *O que frequentemente acontece na física é que, a partir de algum fragmento de uma situação experimental, tem-se um sentimento de como a situação experimental geral é, ou seja, chega-se a algum tipo de imagem [picture]. Pois bem, deveria haver aspas em torno da palavra "imagem" [picture]. Essa "imagem" permite adivinhar como outros experimentos podem surgir. E, natural-*

mente, então, tenta-se dar a essa imagem alguma forma definida em palavras ou fórmula matemática. Assim, o que com frequência acontece posteriormente é que a formulação matemática da "imagem", ou a formulação da "imagem" em palavras, revela-se algo mais com característica de equívoco. Ainda assim, as conjecturas experimentais são mais para corretas, isto é, a "imagem" fatual que se tinha em mente era muito melhor que a racionalização que se tentou transcrever na publicação.[9]

Essa é uma situação que parece ser inescapável. Um dos problemas abordados por Bion e por este trabalho é o da linguagem de êxito, ou seja, como achar uma linguagem que possa ser eficiente para transmitir aquilo que se vislumbra.[10]

Todos nós dispomos, em algum nível, da condição de transformar dados concretos da experiência em *insights*, isto é, da função alfa (α) (ver adiante). Todavia, a condição de certos indivíduos em algum aspecto é extraordinária – refletindo aquilo que se costuma chamar de talento. Pode haver, contudo, algo inusitado, pois pesso-

---

9 Apud MILLER, 1996, *Insights of Genius*. Compare o conteúdo desta citação com o que está proposto no item 2.6.3 Psicanálise, ciência e artes plásticas.

10 Na página 74 de *Revelações do inacabado*, André Green escreve algo próximo: "Leonardo [da Vinci], criador genial, exerce, entre outras atividades – mas esta é por certo a que o define –, uma arte não linguística: a pintura. Tacitamente, esta dá a si mesma como objetivo ser uma 'arte da alma'. Aliás, seus escritos atestam fartamente que *ele está convencido de que a representação pictórica é muito mais apropriada do que a representação verbal para cumprir tal função.* [...] A comunicação que se estabelece entre a arte da alma e a ciência da alma permite conceber as relações de ambas no cerne de uma teoria de conjunto da representação, cuja formulação, porém, terá de ser confiada à linguagem, embora o domínio da representação se situe fora da linguagem. *Portanto, a linguagem está a serviço da representação, e não o contrário*" (grifo do autor).

as com grande capacidade de abstração em um campo podem ser extremamente ingênuas em outros aspectos da vida.

Quando a condição de transformar dados concretos da experiência da vida (sejam percepções dos sentidos ou emoções) é muito prejudicada, ocorre a psicose. Na psicose, aquilo que se percebe não é reconhecido como percepção, mas como coisa em si. O que se vê é igual ao que é. Em uma condição mais favorável, as percepções são reconhecidas como representações de coisas em si, mas não são confundidas com coisas em si.

Cabe ressaltar que toda teoria científica é também uma percepção, uma busca de representação de como as coisas são, não corresponde à realidade última. A convicção de que uma teoria corresponderia à descrição de realidade última corresponderia a um afastamento de quem assim se posiciona de uma postura científica em direção a um vértice religioso ou coincidência com ele (o dogma corresponde à verdade última e é inquestionável). Quando não explicitada, a característica de fé religiosa de tal postura, poder-se-ia dizer que a indiferenciação da percepção de uma teoria científica da descrição da realidade última corresponderia a um estado psicótico, conforme o vértice teórico que aqui exponho. Esse vértice teórico de que me valho, por sua vez, tal como qualquer outra abordagem científica, é apenas uma tentativa de descrição[11] dos fenômenos tal como seriam. Como tentativa, é sempre algo transitório do qual podemos nos valer enquanto não surgir outra teoria que se evidencie mais eficiente, a partir da prática, como percepção/descrição de como as coisas são.[12]

---

11 Uma *transformação*, de acordo com o que proponho a seguir.

12 Ver, adiante, o posicionamento de Popper sobre essa questão e o problema de rejeição ao novo conforme a abordagem proposta por Bion.

Aquilo que é capaz de transformar dados sensoriais concretos em elementos que representam (mas não se confundem com coisas em si) seria o que Bion chamou de função alfa. Corresponde, portanto, como já mencionei anteriormente, a uma função digestiva mental, da mesma maneira que alimentos em forma bruta são transformados no aparelho digestivo, propriamente, em proteínas, carboidratos, vitaminas etc., passíveis de assimilação e aproveitamento por parte do organismo. A função alfa "digere" os dados concretos, sensoriais da experiência, os quais Bion chamou de elementos beta (β), transformando-os em elementos alfa (α), capazes de serem armazenados pela mente para constituírem sonhos e pensamentos. A função alfa só é capaz de operar em indivíduos com um mínimo de tolerância a frustrações. A tolerância à frustração pode ser exemplificada e representada na capacidade de um bebê de reconhecer a ausência de um seio ansiado. Um bebê que não tolere essa ausência alucina a presença de um seio (seja idealmente bom e gratificante, seja idealmente mau e tantalizante) que não distingue do seio real ausente. Um bebê mais tolerante, com algum desenvolvimento mental, ao visualizar um seio ansiado, passa a reconhecê-lo como imagem de algo que está, na verdade, ausente. Essa imagem seria o protótipo do pensamento, do símbolo. Ela representa, mas não é.

Só os elementos alfa se prestam a serem pensados. Os elementos beta podem apenas ser expelidos através de identificações projetivas. A expulsão de elementos beta (através de transformações projetivas e, em especial, em alucinose – ver adiante) pode gerar pensamentos se encontrarem uma outra mente capaz de processá-los (no caso do bebê, se a mãe tiver uma mente suficientemente desenvolvida) e sempre mobiliza emoções.

A profissão de psicanalista é muito árdua, pois, basicamente, implica a condição do profissional de tolerar constantes expulsões, por parte de seus pacientes, de elementos beta pelas identificações projetivas, que buscam um continente capaz de processá-los, de transformá-los em elementos alfa, passíveis de serem pensados. Essa situação mobiliza intensas experiências emocionais nos continentes receptores buscados e demanda capacidade para pensar em meio à intensa turbulência de sentimentos. As identificações projetivas ocorrem com o uso de atuações por parte dos analisandos durante as sessões analíticas (ou na vida externa deles, gerando reações de seus entornos que em geral são adversas para eles). Isso é muito mais predominante do que se costuma pensar. Muito do que se pensa serem "associações livres" são, de fato, manipulações ou mesmo objetos concretos na aparente forma de palavras atirados contra a mente do analista, que precisa ter suficiente desenvolvimento psicoemocional para reconhecer essa situação, de modo que consiga lidar com elas de maneira mais apropriada do que se se deixar iludir pela aparente "comunicação sofisticada" por parte do analisando. São pensamentos que não puderam ser processados e pensados pelos analisandos, e, sendo assim, não se distinguem de objetos sólidos que são evacuados por não poderem digerir, em busca de algo que os transforme em representações propriamente (e não coisas em si). A situação do psicanalista, quando está com seus pacientes em seu consultório, equivale àquela em que se encontra um general que precisa manter a condição de pensar enquanto se encontra sob intenso bombardeio. Caso sucumba à violência das emoções mobilizadas pelos obuses, não sendo capaz de contê-las (isto é, assimilá-las, não reprimi-las ou procurar se ver livre delas), tenderá a fazer qualquer coisa para se evadir das emoções penosas estimuladas pelo contexto, o que, com toda certeza, não levaria à tomada de uma atitude mais pertinente e adequada às necessidades do momento. Pelo contrário, muito provavelmente conduziria a uma reação desastrosa. Para que essa atividade de analisar possa ser exercida de modo real, é necessário razoável desenvolvimen-

60 OS CONCEITOS

to psíquico (portanto emocional) por parte do analista. Para tal exercício profissional, torna-se imperativo a mais longa e profunda análise pessoal do analista, com muitos anos de duração e uma altíssima frequência ao divã (quatro, cinco vezes por semana). Essa análise (como qualquer análise) precisa, necessariamente, ser feita com um profissional que esteja com um desenvolvimento emocional (psíquico) maior que o do analisando, caso contrário, o profissional, não tolerando as identificações projetivas de seus pacientes, devolve-as com violência, não produzindo pensamento (*insight*), perpetuando a psicose.[13]

Vejamos o que Bion menciona a respeito do trabalho onírico alfa, o qual rebatizou, de modo mais curto, de função α.

> *A função do trabalho onírico α (dream-work-α) é produzir algo que mantenha (bear) uma relação com uma ideia que seja análoga à relação que uma partícula elementar mantém com um átomo em física. A função do elemento*

---

13 Para uma mãe ser capaz de auxiliar no desenvolvimento psíquico-emocional de seu filho, necessita ter condição emocional, um desenvolvimento psíquico maior que aquele de seu filho, tal como um professor precisa ter condição mais evoluída em determinadas questões para ser capaz de abrir caminho para seus alunos. O maior desenvolvimento não implica em alguém ser melhor ou pior que o outro, implica maior desenvolvimento das capacidades. A tolerância às experiências emocionais é uma condição que necessariamente o analista precisa desenvolver e possuir de modo suficiente para exercer sua função, diferentemente de questões de natureza teórica, alguém pode ensinar algo que não pratica. O analista só pode ajudar seu analisando a suportar as próprias experiências emocionais se ele mesmo for capaz de assimilar as suas; caso contrário, haverá uma pseudoanálise (algo que é sobre psicanálise, mas não é psicanálise conforme a abordagem que faço aqui) e o analista tenderá a funcionar de maneira superegoica, normativa, religiosa, ou mesmo policial. Na ausência de desenvolvimento do analista, suas limitações tenderão a ser "justificadas" por meio de acusações ao paciente.

α, da qual estamos nos ocupando numa discussão do método científico, é a posição central no aparato pelo qual o indivíduo aprende alguma coisa. Similarmente, a função do elemento β, que nos concerne, é a comunicação dentro do grupo [...] Sem elementos α não é possível conhecer coisa alguma. Sem elementos β não é possível ignorar nada: eles são essenciais para o funcionamento da identificação projetiva; qualquer ideia não desejada é convertida em elemento β, é ejetada da personalidade e então se torna um fato do qual o indivíduo não está ciente, apesar de poder estar ciente dos sentimentos de perseguição estimulados por ele. Reservo o termo "conhecimento" para a soma total de elementos α e β. [...] elementos α são, por definição, indispensáveis para o aparato que capacita o indivíduo a conhecer algo. Mas também são algo que ele sabe que são elementos de dados sensoriais assimilados; eles são seu conhecimento (BION, 1992, p. 182-3. Tradução livre do autor).

2.1.3 A função do sonho para Freud e para Bion

Houve uma grande modificação no modo de considerar a função do sonhar no pensamento proposto por Bion em relação ao proposto por Freud.

A atividade de sonhar está associada à função alfa que transforma dados sensoriais em elementos alfa, como já mencionei. Os elementos alfa é que são utilizados na formação de sonhos e pensamentos-sonho. São, em geral, equivalentes a imagens visuais. São os cenários e figurinos que foram abstraídos de experiências

62 OS CONCEITOS

de vida que perderam a característica de concretude (ou coisa em si); portanto, possuem qualidade simbólica tal como os elementos cenográficos de uma peça de teatro, de um filme ou de um quadro.

Antes do sonhar, não existe diferença entre consciente e inconsciente, entre mundo interno e mundo externo, entre realidade psíquica não sensorial e realidade sensorial. Na ausência da função alfa, o indivíduo se depara com uma tela de elementos beta que por sua vez só se prestam a ser evacuados por de identificações projetivas.

A função alfa e o sonhar são condições sem as quais qualquer processo criativo está impossibilitado de ocorrer.

Bion fez uma inversão do pensamento de Freud sobre a função dos sonhos e como eles se constituem. Para ele, o sonho não é o resultado de um processo de ideias latentes. *É o próprio ato de sonhar que vai constituir o que é consciente e o que é inconsciente, o manifesto e o latente.* O indivíduo incapaz de sonhar não é capaz de constituir, separar consciente de inconsciente. Não há dentro nem fora, tampouco há distinção entre realidade psíquica e realidade externa. Desse modo, também não é capaz de dormir nem de acordar. Como ele diz em *Desenvolvimento do pensamento esquizofrênico*, p. 42 (em *Estudos psicanalíticos revisados – Second thoughts,* 1967): "O paciente [...] se move não num mundo de sonhos, mas num mundo de objetos que comumente são o conteúdo dos sonhos". É através da atividade da função alfa que os elementos sensoriais podem ser processados, digeridos, tornando-se elementos alfa, capazes de ser reunidos para produzirem sonhos e pensamentos. Os elementos alfa correspondem a imagens visuais.[14]

---

14 Uma pessoa em transformações em alucinose não tem qualquer dúvida. O que ela percebe é o que existe. Suas percepções não são representações, mas coisas

O sonho para Bion, seja durante a vigília, seja durante o sono, organiza em imagens visuais um *insight*. Primeiro, esse *insight* se apresenta de forma visual (uma conjunção constante). Só podemos ter acesso ao que percebemos através dessa captação imagética proporcionada pelo sonho. A partir daquilo que vemos em uma imagem onírica é que se poderá organizar um discurso, uma ideia que dá sentido àquilo visto na imagem, não o contrário. O sonho, nesse sentido, não é uma deformação de sentidos latentes reprimidos; sua configuração em imagens visuais é o primeiro processo de sintetização das experiências sensoriais e emocionais sofridas por uma pessoa. É "olhando" para essa organização que se poderá atribuir palavras àquilo que se está vendo pela primeira vez. Portanto, o sonho, invertendo aquilo que propôs Freud, faz com que surjam palavras para que se possa falar o que nele se mostrou e não é uma deformação de palavras tendo em vista um recalque. As palavras, que surgem para se falar do que se vê, são, por sua vez, outro tipo de transformação que se referem a um "O" ou realidade última. O "O" propriamente é inexprimível e dele, quando possível, conseguimos falar somente através das transformações[15] possíveis (em imagem, em palavras, em música – uma coisa não se torna outra, todas essas maneiras buscam expressar O, são transformações de[16]

---

em si. Os elementos alfa podem constituir imagens e pensamentos que representam, mas não são. Os elementos alfa e os sonhos e pensamentos por eles constituídos não são coisas em si, mas abstrações. Em "Common Sense and Scientific Intuition", p. 15 de *Insights of Genius,* A. Miller escreve: "Representar fenômenos significa literalmente re-(a)presentá-los [*re-presenting*] seja através de um texto, imaginação visual ou combinação de ambos".

15 Ver adiante sobre a teoria das transformações.

16 Saliento a diferença de transformações *de* O com transformações *em* O. As transformações em O são vivências íntimas e intransponíveis correspondentes a sentir-se em comunhão (*at-one-ment*) com a coisa em si. Para se falar das vivências de transformações em O é preciso apelar para as diferentes representações dela, ou seja, transformações de O, que podem ser em mitos, sonhos, equação matemática, teoria científica, música e assim por diante.

O, que, por sua vez, não foi transmutado em nenhuma dessas expressões).

Cito Bion em *Learning from experience*:

> O "sonho" tem muitas das funções da censura e da resistência. Essas funções não são o produto do inconsciente, mas instrumentos através dos quais o "sonho" cria e diferencia consciente de inconsciente.
>
> Resumindo: o "sonho" junto com a função alfa, a qual torna o sonho possível, é central para a operação da consciência e da inconsciência, do que depende o pensamento ordenado. A teoria da função alfa do "sonho" tem os elementos do ponto de vista representados pela teoria clássica da psicanálise, isto é, censura e resistência estão representadas nela. Mas, na teoria da função alfa, os poderes da censura e da resistência são essenciais para a diferenciação do consciente e do inconsciente e ajudam a manter a discriminação entre os dois. Essa discriminação deriva da operação do "sonho", o qual é uma combinação em forma narrativa dos pensamentos oníricos, cujos pensamentos, por sua vez, derivam da combinação de elementos alfa. Nessa teoria, a habilidade para "sonhar" preserva a personalidade daquilo que é virtualmente um estado psicótico. Ela, portanto, ajuda a explicar a tenacidade com a qual o sonho, tal como representado na teoria clássica, defende-se contra a tentativa de tornar o inconsciente consciente. Tal tentativa parece ser indistinguível da destruição da capacidade de sonhar até o ponto em que essa capacidade está relacio-

nada à diferenciação do consciente do inconsciente e à manutenção da diferença estabilizada.

Cito ainda *Cogitations:*

> *O cerne do sonho não é o conteúdo manifesto, mas a experiência emocional; os dados sensoriais, pertinentes à experiência emocional, são trabalhados pela função α de maneira que sejam transformados em material adequado para o pensamento inconsciente de vigília [...] (p. 233).*
>
> *[...] Será novamente observado que esse curso de ação difere do ponto de vista aceito da análise. Não é usando material consciente para interpretar o consciente; é usar o inconsciente para interpretar um estado de mente consciente associado a fatos dos quais o analista está ciente (p. 240).*

Faço aqui uma pausa na apresentação teórica para expor uma **situação clínica** para que o leitor possa "visualizar".

Primeiro parêntese clínico

Estou em minha sala com um analisando. Trabalhamos juntos há um tempo razoável. Ele fala uma porção de coisas e há um tom de lamento e queixa. Vejo-me sem ter o que dizer. Nenhuma ideia me ocorre. Percebo-me completamente estéril por muitos e muitos minutos. Deixo a coisa correr solta, a despeito de verificar que o analisando está em uma situação desconfortável e um tanto sofrida. Gostaria de fazer algo útil, mas estou convencido, por minha experiência, de que me submeter ao desejo de ajudar o analisando é obstrutivo, e que todo esforço no sentido de encontrar, "na marra", algo para poder aliviá-lo ou explicar o que se passa acaba tornando-se um estorvo e uma barreira para o alcance de alguma coisa mais substanciosa que possa manifestar-se, que teria real serventia. Continuo silencioso.

Observo o espaço da sala. Vejo o analisando deitado no divã à minha frente, ouço-o falar e vejo-me um tanto desalentado, sem perspectiva. Tomo nota desse sentimento que experimento. Talvez ele possa me ajudar a perceber algo, considerando o que estaria indicando. Permaneço olhando o analisando falar, deitado à minha frente, e subitamente tomo um grande susto (sem que o manifeste abertamente). Vejo passar à minha frente, no espaço que há entre meus pés e o divã, um homem magro, de cabelos louros cacheados e camiseta vermelha. Ele atravessa o espaço entre nós, olha-me com desdém, fazendo caretas, micagens e um gesto com as mãos que indicaria pouco caso de mim, do analisando e do que se passa no consultório.

Quando digo vejo, quero dizer literalmente isso: vi mesmo, senti a presença concreta desse homem passar por mim. Não foi algo imaginado no sentido de eu perceber, no momento exato em que ocorria, que se tratava de algo produzido pela minha imaginação, mas uma presença factual, real, diante de meus olhos por segundos, se tanto, e que desapareceu como se tivesse saído instantaneamente pela porta. Fico alguns momentos perplexo. Enlouqueci? Resolvi tomar aquela aparição como uma imagem-sonho, um pensamento-sonho, que revelaria algo essencial do que estaria se passando. Poderia ter tomado, se fosse de um vértice místico-religioso, como uma aparição de outro mundo, mas preferi crer que se tratava de algo produzido no encontro que estava tendo com o analisando.

Comento que considerava que não estávamos a sós na sala, que havia alguém mais, além dele e de mim. O analisando sente que tal percepção era verdadeira e indaga-me, intrigado, como eu sabia daquilo. Digo-lhe que sabia por que havia visto alguém passar entre mim e ele. "*Viu?*", diz o analisando um tanto assustado. Digo que sim, que vi em carne e osso, e descrevo a figura que havia percebido. Acrescento que poderia ser uma loucura minha, mas que considerava não ser esse o caso – ele, no entanto, não precisava descartar a hipótese de que eu tivesse ficado louco e que, se assim verificasse, deveria tomar as providências correspondentes. Mas eu achava que não.

O analisando diz que não entende, mas sente que o que eu dizia era verdade.

Após um silêncio, em que o analisando parece estar espantado por ter confirmado minha percepção, eu indago: "Quem você acha que poderia ser?". Ele responde que na sua juventude teria dito que era o "*Outro*". "E quem é o Outro?". Ele responde: "*O Diabo!*".

Fico um tempo sem ter o que dizer, e em seguida verifico que surge com vigor em mim a ideia que comunico, levando em consideração o clima prévio da sessão, de desalento e falta de esperança.

> *De fato há um diabo invejoso aqui, que procura desmotivar-nos e tratar tudo o que fazemos como algo desdenhável, inútil e sem relevância, deixando-nos sem esperança (no inferno). Ele esforça-se para provar que todos os nossos esforços darão em nada, e procura intrigar e arruinar sua relação comigo e, sobretudo, um relacionamento amoroso e criativo de você com você mesmo, além daquele que você pode ter comigo.*

O que se desenvolveu em seguida no nosso trabalho evidenciou que essa manifestação/captação abriu um enorme espaço e *insight* sobre muita coisa importante para a dupla. Abriu caminho para que o analisando pudesse visualizar e fazer contato com dimensões suas que considerava infernais, assustadoras e inaceitáveis, mas sem as quais toda sua criatividade estava severamente prejudicada. Ao que parece, minha possibilidade de ver o diabo, de não fugir dele, nem de perder a cabeça por tê-lo avistado, teria permitido que o analisando também se dispusesse a encará-lo, a conversar com ele, e assimilar essas potências primordiais, das quais não pode tampouco prescindir.

Em *Attention and interpretation*, Bion (1977, p. 35-6) escreve:

> *Receptividade alcançada pelo despojamento de memória e desejo (o que é essencial para a operação de "atos de fé") é essencial para a operação da psicanálise e outros procedimentos científicos. É essencial para que se experimente alucinação ou o estado de alucinose.*
>
> *Não percebo este estado como um exagero de uma condição patológica e tampouco natural; considero que seja mais um estado sempre presente, mas sobreposto por outros fenômenos que o obscurecem. Se esses outros elementos puderem ser moderados ou suspensos, a alucinose torna-se demonstrável; sua completa profundidade e riqueza são acessíveis apenas por meio de "atos de fé". Os elementos da alucinose para os quais se pode ser sensível são as manifestações mais grosseiras e de importância secundária; para apreciar a alucinação o analista deve participar do estado de alucinose [...] Antes que interpretações de alucinações possam ser dadas, que por sua vez*

são elas próprias transformações O→K, é necessário que o analista sofra em sua própria personalidade a transformação O→K. Usando o meio de afastar memórias, desejos, e operações da memória, ele pode aproximar-se do domínio da alucinose e dos "atos de fé" e, somente por meio desses últimos, pode tornar-se uno (become atone) com as alucinações de seus pacientes para então efetuar transformações O→K.[17]

Sendo assim, fica ressaltada a importância do desconhecido em psicanálise (e nas demais ciências e atividades criativas). O afastamento de memórias e desejos permite o espaço para a irrupção do desconhecido, cuja evolução pode ser captada por meio da capacidade de "visualizar" proporcionada pela manutenção dessa disciplina e pelo foco naquilo que não se sabe. As teorias e conhecimentos prévios que possam "explicar", em uma situação de causa e efeito, a situação ou narração do presente devem ser esquecidos durante os atendimentos, pois impediriam as transformações em O e as captações do que possa evoluir. As teorias e conhecimentos prévios *esquecidos* podem, quando muito, funcionar como preconcepções, e caso encontrem uma realização na experiência também podem "evoluir", e os seus próprios sentidos terão sido alterados por essa evolução quando isso ocorrer. É outra maneira de considerar o adágio que diz que a teoria na prática é outra. Para que isso possa ser mesmo constatado, só afastando-as e esquecendo-as durante a prática. De qualquer modo, o importante não é a manu-

---

17 Por fé, Bion quer dizer fé de que há uma realidade última e verdadeira – o desconhecido, incognoscível, o "infinito sem forma". Deve-se acreditar nisso em cada objeto de que a personalidade possa estar ciente: a evolução da realidade última representada por O resulta em objetos dos quais o indivíduo pode estar ciente (1977, p. 31).

70 OS CONCEITOS

tenção das teorias. Se elas forem preconcepções (não conscientes) à espera de realizações, podem ser importantes instrumentos de sondagem e investigação para aquilo que não é sabido e que pode vir a evidenciar as incongruências ou inutilidades delas mesmas; caso contrário, são apenas entulho diante dos olhos do observador.

Em reflexão posterior à sessão da primeira situação clínica, dei-me conta de que a imagem condensava as ideias "Corisco, o diabo louro", "Saci Pererê" (personagens históricos e folclóricos), do texto sociológico "A aparição do demônio na fábrica, no meio da produção" (Martins, 1994), do personagem "Louco" dos quadrinhos da turma da Mônica, de Mauricio de Sousa, que tem os cabelos louros desarrumados, e da aparição do fantasma revelador em *Hamlet*. No texto de Martins (voltarei a ele adiante), a mudança do processo de produção em uma fábrica de cerâmica, do artesanal para o industrial nos anos 1950, em que os operários deixaram de ter o conhecimento completo do processo de fabricação das peças para saberem apenas o da etapa específica em que passaram a atuar, juntamente com a grande quantidade de perdas com peças quebradas ocorridas durante o ajuste de um modo de produzir para outro, além da instalação de vigilância policialesca na linha de produção, teria levado essa população a enxergar o diabo rondando pelos corredores da fábrica, que, por sua vez, só desapareceu depois de um sacerdote comparecer para benzê-la. O diabo, na minha leitura, teria materializado a situação mental dos trabalhadores. Meu conhecimento prévio desses personagens e do texto teórico, completamente esquecido e inconsciente durante o atendimento, teria servido de preconcepção para a situação que se desenrolou na sessão. Ele evoluiu e teria se apresentado na forma da aparição que vi. De certa forma, corresponde à ideia dos restos diurnos de Freud, que se organizam plasticamente em um sonho ou em uma imagem-sonho equivalente a um fato selecionado para permitir a visualização de um *insight* alcançado, conforme a atualização dessa teoria de Freud feita por Bion (1992, p. 233). Sem essa visualização e a amarração dela por meio de uma nomeação da conjunção constante que ela expressa, o *insight* se perderia. O sonho não tem um conteúdo latente inconsciente. É o próprio sonhar que faz surgir o latente e o manifesto, o inconsciente e o consciente. Aquilo que seria o discurso racional latente deformado pelo processo onírico seria, de fato, criado posteriormente ao próprio sonhar (visualizar), e procuraria amarrar, por meio de nomeação, a conjunção constante percebida (imagem[ns]) e expressá-la por meios racionais – transformação de O para K.

2.1.4 As posições esquizoparanoide e depressiva de Melanie Klein

No decorrer de sua obra, e organizadas e definidas de modo mais claro a partir do artigo "Notes on Some Shizoid Mechanisms", de 1946, Melanie Klein postula a existência de duas posições no desenvolvimento mental: a posição esquizoparanoide e a posição depressiva.

Inicialmente, pensou-se que haveria uma evolução linear da posição esquizoparanoide para a depressiva. Melanie Klein, todavia, já estava usando o termo "posição" e não "fase", de modo a caracterizar mais um estado de mente que meramente uma etapa do desenvolvimento. Mesmo assim, durante algum tempo, a ideia de passagem de PS[18] (posição esquizoparanoide) para D (posição depressiva) foi tomada por alguns psicanalistas quase como um critério de "cura". Melanie Klein alertava, no entanto, que estados

---

18 A partir da nomenclatura original em inglês *paranoid-schizoid (PS)* e *depressive (D)*.

de desintegração egoica poderiam ser experimentados em diferentes etapas da vida e sempre que situações difíceis se apresentassem. Melanie Klein ressalta o caráter de fantasia onipotente desse mecanismo e, no contexto de seus trabalhos, predomina em relação a ele a ideia de um funcionamento patológico quando não se trata de pequenos bebês que o empregam. Com Bion isso muda, pois ele vai salientar uma função de comunicação nas identificações projetivas.

Bion vai ressaltar a necessidade de oscilação entre essas posições, em um movimento pendular, como condição essencial para a saúde e o crescimento mental. A fixação em qualquer um dos lados significaria grave avaria mental. Daí, a formulação PS ⇔ D.

Na verdade, o que significa? Significa que a cada integração depressiva, a cada *insight* que alcançamos, um novo mundo desconhecido se descortina com uma infinidade de elementos nunca antes verificados, entre os quais não se percebe qualquer relação. Havendo tolerância a essa vivência angustiante e persecutória que é estar diante do novo (pelo menos nunca visto) e desconhecido, pode haver, eventualmente, uma evolução para a percepção de elementos que integrem aquela dispersão. Isso ocorrendo, há uma precipitação dos elementos dispersos em uma configuração que os une, levando a uma nova vivência depressiva (pela conjunção dos elementos até então dispersos). Alcançado um *insight*, logo em seguida, dá-se uma nova vivência de dispersão, de fragmentação esquizoparanoide diante do novo campo desconhecido que se vislumbra a partir da conjunção que acabou de ser feita e assim por diante. Por exemplo: as imagens captadas pelo telescópio Hubble possibilitam a percepção de situações até então nunca imaginadas. Ao mesmo tempo que revelam algo nunca visto, propõem novos problemas também nunca pensados. Como juntar os novos dados que foram obtidos? Há uma integração depressiva, uma satisfação de perceber algo completamente novo e, ao mesmo tempo, instala -se uma angústia, de natureza persecutória, diante dos infinitos novos enigmas colocados por essas mesmas percepções. Tolerar o que eu acabo de descrever seria característico de uma mente saudável e capaz de se expandir. Se as vivências persecutórias diante do desconhecido forem intoleráveis para a personalidade, ela se recusará a aproximar-se do que seja novo e nunca visto, o que acarretará enrijecimento para a mente e, em última instância, senilidade. O estado de mente mais favorável ao indivíduo, dentro desse enfoque, tanto para confrontar as necessidades de vida quanto para ter acesso à qualidade de vida, seria aquele em que se pode deprimir sem se ficar perseguido (ou se perseguindo por estar deprimido), e em que se pode estar perseguido sem ficar deprimido (ou ficar se deprimindo por estar perseguido). A esses estados de mente, correspondentes às posições de Melanie Klein, nos quais essas vivências podem ser contidas e toleradas, Bion[19] chamou de "paciência" e "segurança" para desvencilhá-los das conotações psicopatológicas dos termos esquizoparanoide e depressivo.

Uma ilustração de uma situação mental que tenderia à senilidade (inseparável do desejo de acomodação e conforto), na minha apreciação, pode ser verificada nas pessoas que moram em Nova Jersey, Estados Unidos, logo do outro lado do rio Hudson, de onde avistam o *skyline* de Manhattan, Nova York. Os habitantes de Nova Jersey[20] podem pegar uma balsa, pagando cinquenta centavos de dólar, para, em questão de vinte minutos, encontrarem-se em plena Manhattan – a capital do mundo, a "Roma" de nosso tempo. Contudo, parte da população nunca faz isso. Permanece em Jersey sem jamais conhecer Nova York, situada bem ali ao lado. Suponho, nesse modelo, que a visita a Manhattan colocaria as pessoas diante da necessidade de reavaliar tudo o que pensavam existir. Nova

---

19 Em *Attention and Interpretation*, p. 124.
20 As situações descritas aqui devem ser percebidas como *modelos*.

Jersey, vista a partir de Manhattan, nunca mais seria a mesma. A percepção do mundo também se alteraria. Apenas o encontro do que há para ser visto na própria pequena ilha poderia revolucionar a cabeça delas. O mundo não seria mais o mesmo, seria completamente novo e estranho (vivência esquizoparanoide).

Em visita a uma amiga que morava na Central Park West, ao lado do Museu de História Natural, em Manhattan, conheci sua faxineira, brasileira como a proprietária do imóvel. Essa senhora, a faxineira, apesar de morar em Newark (cidade vizinha a Nova York, como Osasco está para São Paulo) há mais de vinte anos, vivia imersa na comunidade de brasileiros que lá se instalaram e, mesmo sendo uma pessoa de classe média (padrão americano), nunca se interessara por aprender inglês, por saber dos costumes da nação na qual habitava todo aquele tempo (seus filhos já eram universitários). Tampouco conhecia qualquer coisa de Manhattan. Sabia chegar aos locais onde trabalhava a partir da indicação da estação de metrô. Não tinha interesse em conhecer nada do que estivesse na superfície. Isso poderia ser entendido como angústia de se deparar com o diferente, com o novo e desconhecido, que poderia promover uma reviravolta em suas concepções de mundo e em seus valores.

Em outro contexto, mas em similares condições mentais, uma pessoa diferenciada recebeu um convite, por questões de trabalho, para visitar uma empresa em Londres. Lá chegando, visitou a empresa e conheceu o equipamento necessário para o serviço no qual trabalhava. Logo em seguida, tomou o avião de volta para o Brasil, sem ter demonstrado o menor interesse em conhecer essa importantíssima cidade – também capital do mundo –, sede do Reino Unido. O desejo de conforto, de não ser perturbado pelo desconhecido, em geral, costuma levar a uma deterioração mental, a um apego ao *establishment* e a todo tipo de preconceito. Todavia, entrar em contato com o diferente e o não conhecido implica na mobilização de sentimentos e angústias que podem ser vividos como intoleráveis e desagregadores. A expansão e o crescimento mentais estão associados a experiências emocionais muito perturbadoras. Para o contato com o novo e desconhecido, é necessária uma condição emocional para tolerar o desassossego, a dúvida, a falta de certezas.

A babá de um dos meus irmãos, no fim dos anos 1960, resolveu entrar para um convento. Quando de sua ordenação, minha mãe foi visitá-la e indagou se estava contente com a escolha que fizera. A nova freira respondeu que estava muitíssimo satisfeita, pois *daquele dia em diante não precisaria mais pensar.*

Quanto à ilusão de que as coisas podem permanecer as mesmas, submetidas a esse tipo de controle, vale a pena recordar o episódio vivido por diversas monjas enclausuradas quando da primeira visita do Papa João Paulo II ao Brasil, à cidade de São Paulo. A elas foi permitido sair da clausura para vê-lo em um evento no Ginásio do Ibirapuera. Quando saíram do convento, algumas dessas senhoras, que estavam isoladas do mundo havia mais de cinquenta anos, ficaram chocadas por não mais encontrarem a cidade que conheciam. Havia desaparecido e no seu lugar estava algo completamente novo e estranho, causando-lhes horror.

Outra consequência para uma pessoa que acaba optando por esse tipo de "proteção" contra a angústia de viver é a impossibilidade de abandonarem tal escolha, caso se arrependam. Como seus equipamentos mentais não se desenvolvem, ou mesmo se atrofiam por falta de uso e por total incapacidade de improvisação (possível somente pela integridade/integração dos aspectos egoicos), tornam-se inaptas para a vida fora do abrigo da instituição religiosa

76 OS CONCEITOS

(substituta das figuras parentais das pessoas que, de certa maneira, permanecem sem sair da infância).[21]

A maioria das situações que acabo de descrever pode parecer uma postura moralista que censuro em quem assim procede e considero que poderia viver de outra maneira mais aceitável. *Não se trata disso.* Essas pessoas não podem fazer diferente por não tolerarem o nível de angústia com que teriam de conviver se fossem forçadas a viver de modo diverso do que fazem. Elas fazem o que podem e vivem de acordo com o que lhes é possível. O que estou mencionando, a meu ver, equivale aos modos neuróticos descritos por Freud em sua obra; na verdade, seus pacientes não suportavam entrar em contato com as experiências emocionais relativas a certas situações. Como Freud observou e fez a distinção, não tinha sentido recriminá-las por suas neuroses e fobias, chamá-las

---

21 Outra circunstância na qual pode ser considerado um estado de despreparo para a vida é a seguinte: quando fui ao Nepal no fim dos anos 70, visitei o templo da Deusa Kumari. Essa deusa se manifesta em meninas. A Kumari é escolhida entre garotas por volta de quatro anos de idade que se submetem a diversas provas de coragem e também de beleza física. A garota escolhida é, então, sagrada Kumari. Ela não é uma representante da deusa, *ela É a deusa*! Isso irá perdurar até a menarca da garota, quando torna-se ex-deusa (outra menina, passa, então, a encarnar a deusa). Seu *status* social de ex-Kumari é maior do que o do resto da população: todavia, dificilmente encontrará um homem que se disponha a casar-se com ela. Há um tabu que vaticina a morte a todo aquele que se casa com uma ex-Kumari. O que ocorre é que a moça, ex-divindade, volta a viver com sua família de origem, tornando-se um tremendo estorvo para esta em uma população pobre, pois, durante o tempo em que foi deusa, era protegida de todas as formas: todas as suas necessidades eram atendidas sem que precisasse fazer qualquer esforço, até mesmo falar ou andar (pois a Kumari costuma ser carregada em andor). Durante todo este tempo, nada aprendeu a fazer e não tem qualquer condição de improvisar diante dos fatos com que se depara. Considero que o tabu de não casar com a ex-Kumari está, na prática, associado ao problema da incapacidade da moça, nesta condição, de gerenciar um lar, cuidar de filhos e ter uma família. Se ela própria não deixou de ser um bebê (psiquicamente) como poderia funcionar como mãe e esposa?

de degeneradas ou muito menos forçá-las a se conduzir de outro modo. Crises de intensa angústia (ou paralisia histérica) seriam desencadeadas.

Neurose e psicose são maneiras encontradas e conseguidas a duras penas que permitem a uma pessoa sobreviver. Tornam-se arranjos problemáticos à medida que ficam anacrônicos e insuficientes. Uma armadura era um valioso instrumento de sobrevivência na Idade Média. Nos dias atuais, contudo, caso um soldado vá à guerra equipado com uma, dificilmente sobreviverá. O próprio instrumento de sobrevivência pode tornar-se uma ameaça à vida. Além do mais, o ambiente dentro de uma armadura é, certamente, bastante inóspito. Contudo, por mais desconfortável que possa ser a vida dentro de uma armadura, por mais equivocado possa ser esse método de defesa e organização nos dias atuais, uma pessoa que dele se vale não suportará abrir mão dele se não considerar que possa se valer de algum outro modo ou método mais eficaz e favorável. Forçar o abandono dos meios que se dispõe para, bem ou mal, organizar-se e sobreviver pode levar a um desastre, ao desespero, a um colapso desagregador.

A resistência manifesta pelos pacientes a mudanças ou a renitência com que se agarram a modos muito complicados de viver está, a meu ver, intimamente ligada às situações que explicitei no parágrafo anterior. Ninguém vai querer (ou poder) abandonar algo se não sentir que conta com outro recurso que compense e dispense o precedente.

Segundo parêntese clínico

Tenho em mente uma situação clínica em que uma paciente descreve uma relação muito desfavorável com um companheiro de muitos anos. Ele é descrito como despótico, irresponsável, sem senso de realidade, extremamente arrogante, funcionando como se fosse o dono do mundo. Malgrado todas as queixas e mazelas feitas por ela, não consegue tolerar a ideia de separar-se desse homem. Considera que isso a levaria a um desastre e que não teria recursos para sobreviver; seria uma mudança desastrosa. Na minha observação, contudo, é uma mulher bastante inteligente e capaz, mas não é assim que se considera.

No decorrer de nosso trabalho, acabei verificando que a paciente estava "certa". Durante uma conversa, a paciente narrou um sonho cheio de aparentes conotações sexuais e mais uma porção de outros elementos. Todavia, o que verifiquei ser o elemento mais significativo era uma enorme profusão de elementos díspares e desconexos. Uma verdadeira pulverização. Os elementos supostamente simbólicos ou sexuais eram apenas, a meu ver, tentativas de dar alguma unidade a toda aquela dispersão. Não eram elementos simbólicos tais como poderiam ser considerados em uma abordagem psicanalítica "clássica".[22] Percebi e disse à paciente que ela não sentia que tivesse efetivamente chegado a uma integração pessoal. Os elementos ainda estavam dispersos. Usei como modelo a situação de países europeus como a Alemanha e a Itália. Esses países até 150 anos atrás não haviam se constituído como unidades, não formavam uma identidade única. Eram uma porção de principados e ducados autônomos que muitas vezes guerreavam entre si. Entretanto, hoje em dia, formam

---

22 Essa distinção é proposta por Bion em *Transformations* (1965) e *Attention and Interpretation* (1970), em que ele passa a considerar os *acting-out* (*acting-in*) parte fundamental do próprio trabalho analítico e mesmo o seu cerne. Não são mais considerados resistência à análise, mas a matéria-prima da própria atividade analítica. Passa a operar no campo dos pensamentos em busca de um pensador, portanto ainda não transformados em representações propriamente, não operando mais no campo consciente/inconsciente, mas no do finito/infinito. E não necessariamente com o inconsciente, no sentido dinâmico, mas inconsciente no sentido do nunca visto, ou nunca percebido.

nações que, apesar de possuírem dialetos diversos e consideráveis diferenças de uma região para outra, têm um povo se reconhece como parte de uma unidade/identidade maior, nacional e integradora como a Alemanha ou a Itália. Todos sentem que são alemães ou italianos, fazendo parte de algo que os integra. No entanto, há outras nações que só podem ser chamadas assim em virtude de uma organização forçada, que vem de fora ou é imposta de cima para baixo por um ditador ou por uma metrópole, como foi o caso das colônias africanas ou do Oriente Médio. Quando a metrópole se retirou, essas nações organizadas artificialmente, na maioria das vezes, desagregaram-se, fragmentaram-se. Outras, como a Índia, conseguiram se manter e seus diferentes povos reconheceram o que tinham em comum para se organizar. A língua que os une é a da metrópole (inglês), mas houve a percepção dos elementos agregadores e comuns que levaram à constituição e ao reconhecimento de uma identidade nacional. Em outros lugares, como na Iugoslávia, com a morte do ditador (Tito), houve desagregação e desastre (guerra sanguinária) que conhecemos. Disse à paciente que ela temia muito abandonar o esquema em que vivia, pois acreditava que o que a mantinha minimamente agregada eram os recursos externos e a submissão a um modo de funcionar que lhe era "imposto" por outro. Caso deixasse de submeter-se à vontade alheia e não mais procurasse corresponder às expectativas de funcionamento que julgava pesar sobre si, considerava que nada teria para substituir isso, pois não acreditava possuir uma organização própria, pessoal, suficientemente desenvolvida para poder prescindir daquela que lhe é "imposta".[23] De certo modo,

---

23 Certamente não tenho como verificar a veracidade de seus relatos quanto ao seu marido. Não dá sequer para saber se ele, de fato, existe. Considere-se, no entanto, que suas descrições possam se aproximar dos fatos: não é o que há de mais relevante. O que procuro ressaltar é o uso que faz deles, quer correspondam, quer não à realidade externa, para organizar seu mundo e funcionamento mentais.

80 OS CONCEITOS

procura uma figura autoritária e prepotente que a conduza, pois não sente que possua um eixo condutor próprio para orientar-se, tendo em vista a falta de unidade e dispersão em que se encontra e vive.[24]

A paciente chora e sente-se profundamente emocionada. Diz-se muito compreendida, apesar de aquilo tudo ser uma grande novidade para ela mesma e que estava, naquele momento, dando sentido a muita coisa.

Na sessão seguinte a paciente relata que, apesar de lhe parecer uma situação triste perceber-se sem ter conseguido organizar-se em um todo, e verificar que não se sente íntegra (no sentido de inteireza, mas também de sinceridade consigo mesma), viveu, pela primeira vez em sua vida, a experiência de nela haver realmente alguém, existir algo, mesmo que desarrumado e constituído de modo precário. Sentia-se aliviada por finalmente sentir que, de fato, ela existia.

Uma situação que acho problemática, por exemplo, pode ser percebida nas campanhas de amamentação que vemos na mídia. É verdade que o aleitamento proporciona uma série de vantagens para a mãe e para o bebê, desde que a mãe possa suportar a experiência emocional do aleitamento. Caso contrário, a experiência, do ponto de vista psíquico, pode resultar em algo muito mais desastroso. A mãe coagida moralmente a amamentar pode

---

24 O sucesso dos movimentos religiosos fanáticos e fundamentalistas, quer tenham uma denominação propriamente religiosa, quer estejam travestidos por uma nomenclatura ideológica de qualquer ordem, está diretamente associado ao temor de uma desagregação psicótica. A moral violenta estabelecida de fora para dentro elimina a angústia da dúvida e dá um modo de funcionar aos indivíduos que não podem ter um discernimento próprio, que independe de contato com os próprios sentimentos e ausência de certezas, implicando em responsabilidade pessoal, que, no caso dos fundamentalismos, fica atribuída aos líderes ou à divindade com quem esses se confundem.

acabar se forçando a um comportamento que lhe é extremamente ansiógeno, colocando-se diante de vivências que, para ela podem ser extremamente persecutórias. O resultado, penso, certamente será mais danoso para ela e para o bebê, que acabará por encontrar uma mente materna sem condições suficientes para ajudá-lo a lidar com suas angústias. Ao contrário, terá de lidar com uma mãe muito mais ansiosa por se ver forçada a se conduzir daquela maneira para não ser percebida como má. Nesses casos, pode ser muito mais propício a mãe oferecer a mamadeira.

Considero que a situação de poder manter a mente curiosa e aberta é mais vantajosa e útil (do ponto de vista prático da vida) para quem pode tolerar as correspondentes vivências emocionais, assim como me parece mais vantajosa a situação da mãe, que pode amamentar ao seio e da criança que pode usufruir dessa possibilidade. Todavia, isso não pode ser um critério de valor ou de obrigação moral. Da mesma forma, certamente, neurose ou psicose não são critérios de valor moral ou de superioridade e inferioridade. Ninguém, contudo, há de negar que é mais favorável (do ponto de vista prático, de qualidade de vida) para um indivíduo (ou uma comunidade) viver de modo não neurótico ou não psicótico.

Uma psicanálise que procure forçar o abandono de modos de funcionar de um paciente ou que procure desmontar os equipamentos de que ele se vale por serem "anacrônicos", "psicóticos" e "neuróticos", sem considerar o desenvolvimento e a existência de outros modos de funcionar de que ele possa se valer, pode levar o paciente ao desespero ou ao abandono do trabalho. O paciente pode ficar *moralmente* constrangido a desfazer-se dos recursos que, com grande esforço e penar, conseguiu organizar (por mais precários que possam parecer ao analista ou a terceiros), ao mesmo tempo que se sente extremamente desamparado por não encontrar outras possibilidades para funcionar. Pode acabar tornando-se uma

82   OS CONCEITOS

imitação grosseira de modelos que lhe impõe o analista[25] ou fragmentar-se em um surto psicótico. Um analista que funcione desse modo não estará fazendo algo muito diferente daquilo que realizou um presidente americano ao querer, de modo violento, "modernizar" o Iraque, impondo ao povo daquele país aquilo que chama de "democracia" (do modo mais antidemocrático possível, tanto no Iraque quanto nos EUA). Nesse contexto, o analista coloca-se como uma autoridade moral, uma criatura superior "iluminada".

Retomemos o contexto de enrijecimento mental pelo temor ao desconhecido. Estados religiosos podem também ocorrer (e frequentemente é o que sucede) em instituições supostamente científicas, em que o medo do novo e da des-ordem podem prevalecer, como desenvolverei, de forma mais minuciosa, adiante. O temor de que surja um membro que se destaque ou meramente apresente um pensamento divergente do pensamento do grupo é uma expressão do fenômeno religioso[26] em curso. A tendência a homogeneizar o pensamento grupal, de modo a estabelecer um padrão de como os seus participantes devem se comportar e o que devem pensar (não estou considerando aqui um mínimo necessário de organização para que possa haver uma convivência civilizada) decorreria da instauração de um enquadramento moral de conduta, do moralmente certo e do moralmente errado. A suposta harmonia grupal é, na realidade, uma ficção, pois os membros desse tipo de grupo geralmente passam a mentir,[27] de modo a aparentar o que deles é espe-

---

25   O analisando, tal como em certos grupos religiosos e igrejas, passa a imitar a linguagem e os modos de seu analista, tornando-se membro de uma seita. Observa-se a estereotipia.

26   A condição de mente religiosa a que me refiro diz respeito ao dogmatismo, à interdição da curiosidade e da dúvida quanto ao estabelecido como verdade.

27   Tenha-se em vista numerosos pastores de proeminentes igrejas homofóbicas americanas que acabaram denunciados por garotos de programa de quem eram fregueses, ou por aplicativos de celulares para encontro entre homos-

rado. Isso leva, também, a um empobrecimento do grupo, visto que aquilo que seria peculiar a cada um dos seus membros, que poderia enriquecer os demais, desaparece, ou fica enterrado em prol de um suposto ideal grupal. Em última instância, o que é propriamente rejeitado é a própria ideia de grupo, visto que, para haver um grupo de seres humanos, é necessária a existência de diferentes membros participantes, o que implica diferentes mentes e diferentes pontos de vista. Não sendo tolerados quaisquer pontos de vista diversos de um hegemônico com o pretexto de manter a integridade do grupo, o que se rejeita, efetivamente, é o próprio grupo, não havendo tolerância da experiência de eu/não eu.[28]

2.1.5 Identificação projetiva

Há alguns anos ouvi de uma paciente a seguinte história: ela tinha uma colega que havia adotado um bebê. O bebê havia permanecido desde o nascimento até aproximadamente os seis meses de idade em uma instituição do tipo Febem. Minha paciente se achava um tanto preocupada em razão de alguns comentários da mãe adotiva. Ela estava se achando com muita sorte, pois a criança *era um anjo*, quase não chorava e era muito quietinha. De acordo com a experiência da paciente, crianças muito boazinhas são sinal de que alguma coisa não está indo bem. Procurou comunicar à

---

sexuais em que tinham seus perfis. Ou ainda os casos de pedofilia na igreja católica e da extensa rede de prostituição masculina em Roma cujos principais clientes naquela cidade eram os altos prelados do Vaticano.

28 Contudo, o grupo pode sentir que não dispõe de outros meios para manter-se coeso ou minimamente estruturado, que não seja pelo uso da força ou da pressão moral. A estrutura, nesse caso, costuma ser um arremedo de articulação ou organização que permita, ao menos, a sobrevida e alguma funcionalidade ao grupo. As organizações "religiosas" podem ser necessárias, na falta de outros recursos, para a continuação do grupo ou de indivíduos.

mãe esse seu ponto de vista, mas não se sentiu ouvida e achou que, naquele instante, ela sequer podia considerar o que lhe informava. Passaram-se três meses até ocorrer o seguinte episódio: a criança acordou no meio da noite dando um grito lancinante. Seguindo-se ao grito, estabeleceu-se um choro desesperado, violento e ininterrupto. A mãe, sobressaltada, correu até o bebê e o examinou cautelosamente, pois era profissional da área médica. Examinou minuciosamente, mas não encontrou nada que justificasse o que estava ocorrendo. Ficou desesperada. Colocou a criança no colo e se arrumou afobadamente para correr até um pronto-socorro, enquanto o berreiro da criança prosseguia. Já descia transtornada as escadarias para pegar o carro quando lhe ocorreu uma reflexão. Para que estava correndo até o pronto-socorro? Não era profissional da área médica? Não havia examinado minuciosamente o bebê sem nada achar de evidente que pudesse esclarecer aquilo? E se esperasse um pouco? Se ficasse um pouco com seu bebê para ver o que acontecia? Caso nada mudasse, poderia, então, ir ao hospital. Voltou para dentro de casa e ficou com o bebê no colo um longo tempo, praticamente uma hora inteira, enquanto ele se esgoelava. Falou com o bebê e o ninou enquanto o observava. Após esse tempo, o bebê adormeceu e passou o resto da noite tranquilo, acordando sem qualquer problema e de bom humor no dia seguinte.

Penso que, de modo muito resumido e sintético, a paciente descreveu, fundamentalmente, um trabalho de análise. A paciente e eu já estávamos trabalhando há cerca de dez anos por ocasião do relato. A narrativa, além de se referir ao evento propriamente dito, também estaria se referindo, no meu modo de ver, a uma condição de mente, que estava se desenvolvendo, da paciente em relação a si mesma (em vez de se evadir, buscar autoridades messiânicas que resolvessem algo por ela, ou fazer qualquer coisa para se livrar de uma situação angustiante, poder se acolher e às suas angústias, de modo a refletir sobre elas e elaborá-las), começava a se tornar capaz de ficar em contato consigo mesma no lugar de procurar se desvencilhar de suas vivências (rompendo, desse modo, consigo mesma). Considero que é igualmente possível que contenha uma observação sobre a condição do analista que pôde permanecer trabalhando com ela e ir desenvolvendo sua capacidade analítica no decorrer desses longos anos. Durante esse período, várias crises com episódios dramáticos e turbulentos foram vividas pela paciente na sala do consultório. Pode-se dizer que verdadeiros surtos eclodiram durante as sessões, mas que puderam ser tolerados e digeridos pela dupla.[29]

Melanie Klein, em "Notas sobre alguns mecanismos esquizoides" (1946), propõe um mecanismo de funcionamento mental que chamou Identificação Projetiva. A identificação projetiva consiste basicamente na fantasia inconsciente e onipotente de que aspectos não desejados ou temidos da personalidade possam ser expelidos de dentro do *self* e empurrados para dentro de outro continente que deles se encarregue. Há, junto com isso, a fantasia de que os aspectos cindidos, expulsos e empurrados para dentro de outrem possam penetrar as intimidades da mente do outro de modo a controlá-la desde dentro, para dele obter tudo o que desejar. O que ocorre concorrentemente é a vivência de empobrecimento de si, visto que, além das partes rejeitadas e não desejadas (que não são, todavia, realmente dispensáveis), são também projetados aspectos valorizados pela personalidade, que sente tê-los perdido. Há também o medo de que essas partes sejam engolfadas pela personalidade do outro, ou do objeto para dentro do qual sejam colocadas, que passaria a controlá-las e assim por diante. Os aspectos cindidos, expulsos e empurrados no objeto, por sua vez, também ficariam revoltados por tal tratamento, procurando vingar-se da expulsão que sofreram. Uma das principais consequências a serem

---

29 Ver Bion, mudança catastrófica, em *Transformations*, cap. 1.

86   OS CONCEITOS

ressaltadas é o sentimento de perseguição (de igualmente ser invadido por aspectos malignos de outras personalidades, e de ser por esses controlado, tal como podemos ver no temor do mau olhado ou em todo tipo de magia).

A situação do bebê, anteriormente citada, descreve o funcionamento das identificações projetivas.

Em seu livro póstumo, editado por sua esposa Francesca, *Cogitations*, páginas 159-60, Bion faz um sucinto sumário sobre esse conceito:

> *Identificação projetiva é o nome dado por Melanie Klein à sua descoberta de um mecanismo através do qual o paciente cinde e expele uma parte de sua personalidade e a projeta dentro de um objeto externo. Essa parte pode ser percebida sendo tanto boa quanto ruim; ela mantém sua identidade em seu novo habitat e é sentida como controlando a pessoa ou coisa para dentro da qual é projetada; essa parte rejeitada pelo paciente é, então, sentida como persecutória para ele. Ao mesmo tempo, o mecanismo – até o ponto em que é sentido como um fato e não uma fantasia onipotente – leva o paciente, estando ainda identificado com a parte cindida e expelida, a sentir-se confundido com a pessoa ou coisa para dentro da qual projetou essa parte de si mesmo.*

O importante romance de Julien Green, *Se eu fosse você*, do qual se valeu Klein (em *On Identification*, 1955) para o desenvolvimento e ilustração de seu *insight* sobre identificações projetivas, também faz uma excelente descrição literária desse funcionamento psíquico. Nele, o personagem Fabien, insatisfeito com seus atributos pessoais e com suas condições de sua vida, faz um pacto com o diabo. Torna-se capaz, por uma fórmula mágica, um tipo de feitiço, de se apropriar do corpo de outras pessoas, sua alma sendo transferida para dentro da outra personalidade, enquanto a pessoa invadida passaria para dentro do corpo que Fabien ocupava até então. Havia apenas um problema: Fabien não deveria esquecer o próprio nome e nem da fórmula capaz de transferi-lo de um corpo para outro. No decorrer do romance, vamos percebendo as seguidas decepções vividas pelo personagem a cada vez que se apoderava de alguém. Primeiramente, do próprio chefe, de quem invejava a riqueza e a posição social. Logo descobriu que tinha um corpo velho e cheio de doenças. Transferiu-se para outros corpos, com constante decepção, pois a vida das outras pessoas nunca era o que lhe parecia de início. Cada um tinha suas próprias dificuldades e dramas. Cada vez que roubava a vida de alguém, sofria, também, o processo de perder gradualmente o contato com quem de fato era. Em uma das invasões, Fabien se apropriou do corpo de um brutamontes, pouco inteligente. Ocorreu que a estupidez do sujeito tomou conta de Fabien, que percebeu seu pensamento prejudicado, tornando-se violento e obtuso. Acabou por cometer um crime. Não morreu na pele do grandalhão porque foi salvo pelo demônio, que o ajudou a lembrar-se de seu nome e da fórmula mágica que o possibilitou invadir outro corpo, escapando daquele com o qual cometera o homicídio. Um outro sujeito, cujo novo corpo acabara de invadir para escapar da condenação, será morto em seu lugar. O demônio recomendou a Fabien que tomasse cuidado quando escolhesse invadir alguém, não deixando de levar em conta a inteligência da pessoa escolhida, caso contrário, tendo uma mente limitada, ficaria impedido de pensar com clareza e de agir com maior pertinência diante das situações que se apresentassem. De qualquer maneira, Fabien, desapontado e deprimido por todas as tentativas

88 OS CONCEITOS

que se revelaram frustrantes na sua expectativa de ter uma vida que seria melhor que a sua, buscou reencontrar seu próprio corpo e sua própria vida. Mas tudo se tornou débil na sua lembrança de quem de fato era. Finalmente, com muita dificuldade e sofrimento, conseguiu se reencontrar, voltando para seu próprio eu inicial, que ficara desacordado desde que trocara de persona com o chefe. Reinstalado em si novamente, despertou nos braços da mãe para, então, em seguida, morrer apaziguado.

Dou outro exemplo: relatando uma situação de vida, uma analisanda disse-me que, toda vez que entrava no carro com o marido e era ele quem dirigia, sentia-se muito mal, pois considerava que o marido o fazia de modo extremamente insensato e perigoso. Segundo sua versão, já cansara de se queixar a ele sobre isso e não mais lhe comunicou a queixa para evitar estresse. Ainda assim, ao entrar no carro e se ver dentro dele com o marido fazendo barbaridades ao volante, ela ficava extremamente angustiada, aflita e estressada. Nessa situação, considero que o suposto marido procurava fazer com que a esposa contivesse, suportasse e digerisse sentimentos, experiências emocionais penosas dele, que vive como intoleráveis. Elas são fantasiosamente projetadas para dentro da mulher para que ela as processe como costumam fazer os bebês em relação às mães. Aproveito para ressaltar uma situação que não me parece ter ficado efetivamente clara. De fato, não são os sentimentos dele que são passados de dentro de si para o outro.[30] Identificações projeti-

---

30 Retomando essa situação de acordo com a Teoria das Transformações proposta por Bion, conforme desenvolvimento que faço adiante, em análise, posso considerar que essa pessoa também precisa desse "marido" para justificar seu mal-estar. Ela viveria mal "por causa do marido". Também revelaria uma submissão a aspectos autoritários de si mesma que exige tolerar o intolerável. Toda essa situação pode ser igualmente vista como reveladora das relações dessa pessoa com ela mesma. Foi feita, durante o atendimento da cliente, uma verificação a nível transferencial (transformação em movimento rígido) da-

vas, como *definem* e ressaltam Klein e Bion, são *fantasias*. Cria-se uma situação em que sentimentos dessa ordem (penosos) são estimulados no outro e, de certa forma, "verificaria-se" qual a condição que o outro tem para processá-los. Como veremos adiante, em um desenvolvimento desse conceito feito por Bion, existe também a fantasia de que, se tais sentimentos puderem ser elaborados de modo favorável no interior do outro, eles poderiam ser reintrojetados pacificados, transformados em algo benigno e tolerável. Isso pode ocorrer em um nível de identificações projetivas "normal"[31] ou "realístico" que não rompam com o *continente*, ou que possa haver um continente suficientemente capaz de contê-las. Nessas experiências, ocorreria, de algum modo, uma tentativa de comunicação dos sentimentos (que seriam "transladados") que não têm nome, que não alcançaram alguma forma de representação, e não são distinguíveis de coisas em si e de objetos concretos, sobre os quais não se tem propriamente uma consciência; lida com eles ao "empurrá-los" para dentro de um outro, um continente, que soubesse o que fazer com eles. Esse modo de operar já é característico de aspectos mais primitivos da personalidade, normais para um bebê, mas, quando permanecem predominantes na vida adulta, são de natureza psicótica.

Pessoas com funcionamento mental em que prevalecem os

---

quela queixa para verificar se não se referiria ao modo como a paciente estaria experimentando seu contato com o analista. A paciente não considerou que isso tivesse pertinência e mencionou que estava confortável e se sentindo à vontade para conversar. Ao analista também pareceu ser assim. Nesse sentido, considerando uma transformação em movimento rígido, que corresponderia ao campo da transferência na análise clássica, a conversa não evoluiu. Quando abordada do ponto de vista das suas relações consigo mesma (transformações projetivas) houve desenvolvimento e a conversa foi produtiva.

31 BION, W. R. (1967). A theory of thinking. *Second Thoughts*. London: Karnac, 2007.

90 OS CONCEITOS

aspectos psicóticos da personalidade sobre os não psicóticos (estando os aspectos não psicóticos a serviço dos psicóticos[32]) são capazes de usar sua percepção da realidade de modo a configurar situações no ambiente em que se encontram, que estimulam reações emocionais nas pessoas circundantes. Essas reações acabam por fornecer substrato para uma convicção de que a identificação projetiva é um fato e não uma fantasia. O contato com a realidade existe; seu uso é que é peculiar. A percepção da realidade sendo utilizada para substanciar fantasias onipotentes e alucinações.[33]

2.1.6 Verificando a operação da fantasia de identificação projetiva em certos fenômenos de grupos

Proponho-me a salientar como poderiam ser verificados certos fenômenos em que operam as fantasias onipotentes de identificação projetiva, e como podemos observar – apesar de se tratar de fantasias – suas consequências fatuais.

Retomemos Norbert Elias, em *A sociedade de corte* (a obra, tese de pós-graduação desse importante sociólogo, teve má recepção entre seus contemporâneos e não pôde ser defendida com a ascensão do nazismo, tendo sido publicada somente trinta anos depois de escrita, na Inglaterra e não na Alemanha). Nesse livro, Elias ressalta o fato de que, no século XVII, os títulos de nobreza na França – que durante a Idade Média e até o fim da Renascença significavam, na prática, poder político e militar, isto é, um conde, marquês, duque ou príncipe eram efetivamente governantes e chefes militares de suas províncias – estavam vazios dos significados

---

32 "Differentiation of the Psychotic from the Non-Psychotic Personalities". *Second Thoughts*, op. cit.

33 BION, W. R., 1962, p. 32.

que haviam possuído até então, quando a supremacia do rei sobre os demais nobres era fraca e mais de natureza simbólica. Com a tomada efetiva do poder pelos reis, mais especificamente por Luís XIV, que se tornou monarca absoluto, a nobreza deixou de ter verdadeiro poder político e de suserania. A terra, de onde provinha a maior fonte de renda da nobreza, perdeu muito de seu valor. A verdadeira riqueza passou a ser o dinheiro que era ganho no comércio e na indústria que começavam a florescer. Por legislação real, os nobres eram proibidos de exercer tais atividades. O rei era o único membro da nobreza que continuava a amealhar grande quantidade de riqueza e dinheiro em virtude do seu direito de recolher impostos. A nobreza não pagava impostos, mas também não tinha direito de participar das atividades produtivas realmente capazes de gerar dinheiro e lucro. Assim, os títulos de nobreza não diziam mais grande coisa. Não era, contudo, de interesse do rei que a nobreza desaparecesse. Manter o prestígio e certo poder (outorgado pelo soberano) era uma maneira de manter equilibrada a balança com os burgueses ascendentes e enriquecidos pelo comércio. O rei, construindo Versalhes, procurou manter a alta nobreza, que até a sua infância, através das frondas, representara verdadeira ameaça à sua soberania e mesmo à sua sobrevivência física, sob o seu teto, tal como uma filha tutelada por um pai vigilante. Isso também tinha como intuito manter os nobres longe de suas propriedades rurais de maneira que elas não se tornassem verdadeiramente produtivas e rentáveis. Em Versalhes e nos outros palácios reais, a jogatina e as extravagâncias da moda eram estimuladas. Por fim, boa parte da alta nobreza estava arruinada, passando a viver na dependência de pensões e cargos designados pelo rei. As altas patentes das forças armadas ainda eram ocupadas pelos nobres; contudo, não se tratava mais de tropas a serviço dos próprios nobres e de seus feudos, como outrora. Os generais e marechais estavam a serviço do rei e podiam por ele ser destituídos a qualquer instante e até mesmo ser definitivamente impedidos de exercer essas funções caso caíssem em desgraça junto ao soberano (ver "La chute de Chamillart" nas *Mémoires* de St. Simon, p. 159-82).

Retomando: a alta nobreza na França (diferentemente daquela da Alemanha, que vem a sofrer o mesmo processo quando de sua unificação no século XIX) está esvaziada de real sentido e função. Os títulos não poderiam tornar-se completamente despojados de sentido; afinal, um duque, para ser um duque, precisa também aparentar sê-lo. Visto que o sentido de governante, chefe de um estado, estava perdido, era preciso manter a *aparência* para conservar-se duque. Consequentemente, precisava-se viver de acordo com os padrões de seu estamento: para condizer com este, necessitava ter uma casa (*hôtel particulier*) na cidade (Paris) que correspondesse à sua grandeza. Havia toda uma regra de etiquetas que determinava como deveria ser a casa de um duque: desde as dimensões, a distribuição, a quantidade de apartamentos e salões, jardins, número de criados, cavalos, carruagens etc. Os enfeites e ornamentos também eram específicos, de tal forma que um marquês não poderia colocar em sua residência adornos que só aos duques caberiam. Também precisariam manter seus castelos no campo, assim como os apartamentos que ocupassem nos palácios reais de acordo com os mesmos critérios. O modo de vestir também acompanhava esses ditames. Duques que, por sua vez, não fossem de sangue real, não poderiam ter palácios das dimensões daqueles que o eram (o termo *palais*, por sinal, só poderia ser usado como referência aos castelos reais). Cada um deveria se comportar e se apresentar de acordo com sua hierarquia no estamento; portanto, para ser duque, ou príncipe disso ou daquilo, era necessário *parecer* duque ou príncipe. Não era mais a situação que a pessoa realmente tinha que se refletia em sua titulação. A aparência que ela conseguisse manter é que passou a sustentar a titulação e a posição. Ocorreu a situação que até hoje associamos à nobreza: a discrepância entre os ganhos e os gastos. Com a terra desvalorizada e maltratada, a alta nobreza tomava empréstimos de todos os lados para manter a grandiosidade que deveria continuar aparentando. A ruína logo se abateu sobre a maior parte das "grandes famílias", que, como se sabe, na sua maioria, passou a depender totalmente dos favores do rei.

O fenômeno para o qual chamo a atenção é a necessidade de parecer, de corresponder a uma determinada imagem em vez de se ser o que se é. O jogo de dissimulação nas cortes é tão intenso porque o que importa é o que se aparenta, o que os outros pensam que alguém é, não o que se é de fato.[34] Podemos ver, com toda a intensidade, o funcionamento do mecanismo de identificação projetiva e dos conflitos entre narcisismo e social-ismo, questão central deste livro.[35]

A questão do que se aparenta para os indivíduos nesse estado de mente não é um problema superficial. A importância do que os pares possam pensar nesse contexto passa a ser uma questão de vida ou morte. Não ser reconhecido pelos outros nobres como nobre ou pertencente à corte equivalia a *não existir*. Mesmo que fosse possível retirar-se para um castelo do qual fosse proprietário na província e viver tranquilamente dos rendimentos que dispusesse, não haveria consolo se a honra fosse considerada perdida. Perder a honra equivalia a perder a nobreza; era pior que a morte. O fundamental consistia no reconhecimento do grupo. *Aparentar* e *ser* tornaram-se sinônimos.[36]

---

34 Ver, igualmente, nas extraordinárias *Mémoires* do Duque de St. Simon, que tanto inspiraram Proust, "Mort et caractère du Grand Dauphin", p. 198-223.

35 Como fazer parte do grupo permanecendo-se quem é e como o grupo lida com as especificidades de seus membros.

36 Do ponto de vista psicanalítico, corresponde a estados da infância ou da adolescência, em que o reconhecimento e aceitação dos pais e dos pares é fundamental. Para a mente desenvolvida e emancipada, isso se torna secundário ao

Todavia, o rei também sabia que não bastava ser rei; era preciso parecê-lo. Portanto, toda a vida de Luís XIV foi regida por imenso cerimonial.[37] Sua existência era um suceder de atos públicos, desde que acordava, no seu *Lever* diante da corte (mais especificamente diante dos escolhidos de alto escalão, que se digladiavam para ter o privilégio de segurar a peruca, os sapatos ou a *chaise-percée* de Sua Majestade para suas necessidades), até o seu *Coucher*. Tudo obedecia a etiquetas de toda sorte, de modo que a figura do rei era tratada tal como um ícone, um símbolo religioso, era sacralizada. A vida desse monarca foi praticamente pública, isenta de privacidade, a persona do rei engolindo o homem.[38] Surge um paradoxo: o rei, supostamente absoluto e livre para governar e agir do jeito que melhor lhe aprouvesse, estava completamente submetido a uma série de exigências, era escravo de sua aparência e do que pudessem pensar seus cortesãos e súditos em geral. Todos os seus movimentos eram governados pelas reações e movimentos de seus vassalos. Tudo tinha de ser minuciosamente encenado para que nada escapasse de seu controle. Portanto, para que conseguisse controlar e subjugar, tinha de aceitar que sua vida fosse completamente controlada e subjugada.[39]

SER, em contraponto ao aparentar. Os cortesãos, nesse contexto, funcionariam como crianças mimadas a mercê de um pai autoritário.

37 Todo cerimonial é evidência de estados religiosos de mente.

38 A rainha da Inglaterra saberia muito bem, ainda hoje, a importância de parecer rainha para não deixar de sê-lo. Lilia Schwarcz, em seu livro *As barbas do imperador* (Companhia das Letras, SP, 1998), atribui muito da derrocada de D. Pedro II ao seu desleixo quanto à manutenção da aparência da realeza, portanto, destituível de suas funções. A realeza é então vista como função, como um cargo que alguém exerce e não como coisa em si, uma essência, algo que se é (como "ser" rei).

39 Todas as descrições grupais das quais estou me valendo devem ser percebidas como modelos. É importante que esteja claro que estou formulando hipóteses sobre modelos.

Outra situação grupal na qual pode ser observado o processo de identificação projetiva é aquela em que nos deparamos com grupos de pessoas que parecem funcionar e se apresentam de modo estereotipado. É como se uma imagem exercesse certo fascínio e as pessoas quisessem se aproximar dessa imagem de modo a dela se apropriar, engolir ou invadirem-na, deixando de ser quem são para se tornarem a imagem, apoderando-se dela. Ocorre, na verdade, algo um pouco diferente. Ao aproximar-se da imagem, a pessoa acaba engolida por ela e se torna sua prisioneira. Grupos de mulheres extremamente ansiosas quanto à aparência física acabam por se assemelhar, na grande maioria, a uma espécie de parâmetro: ficam todas com a mesma cara de boneca.[40] Os modos dos membros daquele grupo tornam-se artificiais e estereotipados, desaparecendo quaisquer características mais pessoais. Bion, ao observar um oficial britânico todo engalanado durante a Primeira Guerra Mundial, perguntava-se: aquilo era a evidência da presença de uma personalidade ou da ausência de uma personalidade? Alguns grupos ligados a modismos também evidenciam esse fenômeno. Uma colega, ao visitar uma famosa praia que está na moda no Sul da Espanha, comentava, surpresa, que todos os homens que a frequentavam, **milhares**, vindos principalmente da Alemanha, pareciam todos clones uns dos outros. Tinham os corpos "malhados" exatamente da mesma maneira e todos com o cabelo raspado com máquina zero. Segundo minha colega, era praticamente impossível distinguir um sujeito de qualquer outro. Todas as situações descritas lembram o mito de Narciso, que, encantado com sua própria imagem, mergulhou no lago e acabou por ela tragado. O mesmo fenômeno pode ser observado em gru-

---

40 Podemos observar tal efeito de modo dramático e trágico com o que teria sucedido ao cantor Michael Jackson. Tentando apoderar-se de uma imagem que gostaria de ter de si, acabou engolido por ela tornando-se uma espécie de coisa bizarra.

96   OS CONCEITOS

pos de "psicanalistas" ou "psicólogos" que se apresentam com seu "uniforme" profissional – barbicha, cachimbo, *tailleur* – que teria a finalidade de identificá-los com sua função. *Quando atinge níveis caricaturais*, poderíamos talvez considerar que o que está em jogo é encobrir uma incapacidade para o exercício da referida função; a pessoa precisaria se identificar com um psicanalista, em vez de ser ela mesma desempenhando a função de psicanalista. O mesmo vale para *skinheads, punks, darks, yuppies, drag-queens* e assim por diante.[41]

Considero ser necessário, antes de prosseguir, estar claro que o mecanismo de identificação projetiva é inconsciente e faz parte das maneiras que as pessoas dispõem para sobreviver e alcançar algum tipo de organização. Quando se torna predominante ou excessivo, contudo, suas consequências costumam ser deletérias ou mesmo desastrosas. Uma pessoa só poderá prescindir dele como método primordial para lidar com ansiedades se puder dispor de outros recursos mentais ou vier a desenvolvê-los (por meio de uma psicanálise, por exemplo).

2.1.7 Uma teoria sobre o pensar. Continente (♀) e contido (♂)

O desenvolvimento da capacidade de pensar os pensamentos está vinculado à possibilidade de haver uma movimentação da

---

41 Não estou entrando no mérito da questão de viver-se mais ou menos de acordo com a cultura e mesmo com a moda contemporânea à existência do indivíduo. Estou ressaltando uma situação em que a questão da aparência torna-se prioritária, na qual aparentar = a ser. A pessoa torna-se escrava, prisioneira da imagem. As funções que uma pessoa exerce passam a confundir-se com sua identidade.

posição esquizoparanoide (PS)[42] para a posição depressiva (D), e vice-versa. As oscilações são ou não possíveis, dependendo da relação entre continente (♀) e contido (♂) (conceitos para os quais Bion propõe os símbolos feminino e masculino), que pode expressar a ideia de uma boca que contenha um seio, de uma mente (da mãe/do analista) que contenha identificações projetivas (do bebê/analisando), de um pênis (mental) contido por uma vagina (mental). Nessa relação em apreço, se o vínculo predominante for de conhecimento (K, de *Knowledge*), é possível haver fecundação e crescimento; se for de ódio (H, de *Hatred*) – o que também poderá apresentar-se sob a forma de transferência amorosa – é possível ocorrer a explosão do continente: a análise ou a mente do analista, ou a mente do próprio analisando.

Em *Uma teoria sobre o processo de pensar*[43] e em *Learning From Experience* (1962, cap. 12), Bion propõe que as identificações projetivas são o modo primordial e normal de a mente funcionar. O bebê, incapaz de lidar com emoções e pensamentos intensos que se impõem à sua mente incipiente, procura um recipiente, uma outra mente, que possa acolher e processar aquelas experiências pelas quais se sente assoberbado e ameaçado. A mente (seio) da mãe, em geral, é a que se encontra disponível e se oferece para tal tarefa. Caso a mãe seja ela mesma muito angustiada e intolerante com as próprias experiências emocionais (pois, em última instância, o que acontece, de fato, é que o bebê estimula na mãe emoções intensas, que são dela, mãe, já que identificações são uma *fantasia* onipotente, como acentuam Klein e Bion), ela rejeita o contato com a vivência das mesmas, expelindo-as com violência através de suas próprias identificações projetivas. Na verdade, ao aconchegar o seu bebê, o que uma mãe está fazendo é permanecer em contato com

---

42 KLEIN, 1946.
43 "Estudos Psicanalíticos Revisados" (*Second Thoughts*), 1967, cap. 9.

as suas próprias emoções instigadas por sua relação com o infante. Ela pode aconchegar o bebê que ela foi, de quem se "lembra", digerindo suas próprias emoções. Desse modo, ela "ensina" a seu filho bebê como é possível elaborar experiências emocionais e lidar com elas. O bebê prestaria atenção ao que faz a mãe. Com condição de acolher suas emoções e não se rejeitar por as estar vivendo, a mãe pode refletir sobre o que fazer e efetivamente acolher o bebê e as angústias que ele experimenta. O que passa a ser introjetado pelo bebê é um seio (mente) capaz de acolhimento, tolerância ao desconhecido e às limitações vividas. Esse seio introjetado pode também dar sentido às experiências, constituindo-se um núcleo de superego acolhedor, tolerante, reflexivo e mais realista.

No caso de a mãe (ou de o adulto que estiver cuidando do bebê) rejeitar o contato consigo mesma (e com suas angústias), o que o bebê introjeta é um seio incapaz de lidar com emoções e hostil a elas. Pode ainda introjetar um seio que acolhe as emoções e pensamentos, mas que os esvazia dos sentidos que possam ter (produzindo no bebê vivências de terror sem nome). As primeiras introjeções, de acordo com Melanie Klein em *The Origins of Transference* (1952), constituem o núcleo primitivo do superego. A qualidade do superego primitivo que se constitui no bebê é equivalente ao tipo de relação que foi estabelecida (ou pelo menos percebida como tendo sido vivida dessa forma) entre o par bebê, que faz identificações projetivas, e o seio (mãe), que as acolhe/pensa ou as rejeita/hostiliza. O superego, de acordo com Freud, equivale ao pai e à mãe introjetados, ou às funções que desempenham para uma criança. De sua qualidade depende a evolução satisfatória na vida por parte do indivíduo. O superego pode funcionar como pais que mantêm a capacidade de pensar na vigência de circunstâncias difíceis que os filhos têm de enfrentar, ou como pais que se desesperam e ficam furiosos na presença de adversidades ou de fortes impactos emocionais, situação que se torna fonte de grandes dificuldades e intenso sofrimento. No primeiro caso, temos um superego sintônico ao indivíduo (ou ao ego); no segundo, um superego antagônico.[44] Quando o superego é egossintônico, promove o desenvolvimento egoico, da mesma forma como faria um pai benevolente que ansiasse pelo desenvolvimento e emancipação de seu filho, colaborando para tanto.

Vale ressaltar que a condição de tolerância às experiências emocionais não é algo que se pode exigir de alguém como um pressuposto moral. A pessoa tem ou não tem essa condição desenvolvida. Quando alguém se percebe com essa condição em estado precário, pode procurar ajuda profissional. Essa condição, contudo, pode vir a desenvolver-se com anos de trabalho árduo em análise, não com recriminações morais.

A tolerância às próprias limitações também é um fator importante para que se alcance alguma qualidade de vida. Uma mãe que pode ajudar seu filho a se desenvolver não é apenas aquela que é capaz de assimilar e digerir suas experiências emocionais, dando significação a elas, mas também uma mãe que possa ser capaz de respeitar-se e aceitar-se quando reconhece seus limites. Tomo como exemplo uma cliente que se recriminava por não ser infinita-

---

44 Ocorre-me, como modelo, minha vivência com uma paciente que relatou a seguinte lembrança: andando pela rua junto a sua mãe, bateu de cara em um poste ao distrair-se. A mãe, ao vê-la caída e com um grande galo na cabeça, encheu-a de "coques" dizendo-lhe não suportar criança burra. Da mesma maneira, o que eu observava no consultório era a paciente agredir-se e desencadear terríveis violências contra ela a cada pequena limitação que percebia em si mesma e em mim, tornando a análise muito penosa e quase impraticável, visto que, qualquer observação era inevitavelmente usada para massacrar-nos. Tendo em vista um superego de características moralistas e assassinas, a atividade de tornar consciente o que não o é corresponde a andar em um campo minado, pois tudo o que pode ser percebido será usado para julgar e condenar, praticamente não sendo possível o aprendizado com a experiência.

mente paciente com seu bebê e por experimentar ódio e rejeição a todo o sacrifício que cuidar de um recém-nascido implica. Rejeitava-se moralmente por ter tais sentimentos. Disse-lhe que também seria de ajuda para o bebê se ele pudesse observar uma mãe capaz de aceitar-se e respeitar-se quando se via nos limites de sua tolerância e com ódio de seu bebê. O ódio pode ser verificado como uma emoção também aceitável e humana, não precisa ser expelido e não necessariamente leva a estragos (principalmente quando pode ser percebido e assimilado – o ódio torna-se bem mais perigoso quando cindido e não mais perceptível). A mãe apresentada como aceitável é uma mãe real, humana, não uma idealização capaz de suportar o insuportável. Se a mãe apresenta como aceitável (para ela mesma) somente alguém que tem de ser perfeito, explicita essa expectativa como algo que precisaria ser atingido não somente por si mesma como também por todo o resto da humanidade, incluindo o próprio bebê. É o protótipo do superego moralista, exigente e assassino.

Todavia, tem-se, com limitações a esses desenvolvimentos, questões constitucionais de cada indivíduo. Há pessoas que, a despeito de encontrarem mães e pais bastante continentes e generosos, são tão invejosas e hostis à vida por natureza,[45] que acabam por destroçar todas as oportunidades que recebem (à revelia delas mesmas, tal como ocorre na fábula do escorpião e da rã, em que ele não pode evitar picá-la ao ser transportado por ela no meio do rio em que estão, o que levará à morte de ambos, porque é "da sua natureza" esse modo de funcionar). Há ainda a presença de uma consciência moral primitiva, presente em todos nós, como foi

---

45 Em Freud seria a expressão da primazia dos impulsos de morte sobre os de vida, como mencionou em *Análise terminável e interminável* (1937, S.E. v. XXIII), e, em Klein, numa personalidade em que a inveja sobrepõe-se às possibilidades de gratidão, como postula em *Envy and Gratitude* (1957).

proposta por Bion em alguns de seus trabalhos,[46] que corresponderiam à ideia do pecado original bíblico, que em algumas pessoas é tão acentuada, que pode inviabilizar qualquer desenvolvimento no sentido da autonomia pessoal ou até mesmo da própria existência. Essa consciência moral primitiva corresponderia a um superego assassino inato que tudo sabe, tudo julga, tudo condena (e consequentemente nada pode aprender da experiência de vida).[47] O contraponto a essa consciência moral primitiva seria a experiência de vida (quando se pode aprender pela experiência).

Cabe ao analista não ser ingênuo nem onipotente, considerando ser capaz de auxiliar qualquer pessoa que o procure. Algumas personalidades seriam tão invejosas por natureza (a inveja constituindo o próprio estofo da personalidade da pessoa, conforme pressupõe Bion em *Transformations*, cap. 10, p. 144) que, por mais que necessitem de auxílio, algo nelas parece desenvolver um tal senso de rivalidade e ódio a quem quer que possa lhes ser útil, que o imperativo de destruir quem possa lhes ajudar sobrepõe-se à real necessidade e ao desespero que experimentam (em grande parte devido às próprias devastações e aniquilamentos de oportunidades que amiúde fazem ao seu redor[48] e que se repetem no *setting* analítico).

---

46 *The Tavistock Seminars, Italian Seminars*, entre outros.

47 Expressões disso podem ser encontradas de forma bastante rudimentar nos movimentos como o Estado Islâmico e congêneres.

48 Uma determinada analisanda procurava a todo custo corromper-me. Era-lhe insuportável tolerar que eu pudesse ser íntegro, ou seja, ter algum tipo de organização que me deixasse inteiro, e não completamente desagregado. Esforçou-se para corromper-me com intensas insinuações sexuais. Quando essas falharam, apelou para o dinheiro, querendo que eu a atendesse fora do meu *setting* estabelecido, com sessões por telefone ou acreditando que eu deveria fazer o que ela bem entendesse por conta do pagamento dos honorários. Quando percebeu que eu não cederia às suas chantagens, interrompeu bruscamente o atendimento e mostrou-se completamente revoltada e indignada por eu não fazer como ela mandava. Também não parecia suportar que eu mantivesse mi-

2.1.8 A teoria das transformações

Conforme mencionei anteriormente, O, a realidade última, existe. Contudo, aquilo a que temos acesso, segundo o vértice que estou usando, constitui sempre as nossas transformações de O, não sua realidade última. Existe o texto de Bion, o que escreveu e foi impresso. O que está impresso existe, de acordo com o pressuposto mencionado por Einstein, já referido em nota de rodapé, mas que repito aqui: "A crença em um mundo externo independente do sujeito que o percebe é a base de todas as ciências naturais" (apud MILLER, op. cit., p. 122). Aquilo a que temos acesso, no entanto, é a leitura que fazemos desse mundo externo (nossa própria mente, impulsos e sentimentos também são percebidos como mundo externo, como já destacou Freud). A realidade existe, mas só alcançamos aquilo que "conhecemos" dela. Tudo o que venhamos a saber será sempre "nosso conhecimento".[49]

A convicção de que o percebido, o que se conhece, corresponde ao que de fato é caracteriza e evidencia, dentro do que discuto, a atividade alucinatória em estados psicóticos. A alucinação não se caracteriza propriamente por percepções na ausência de objeto, pois em todo estado criativo, de devaneio ou de lembrança há percepções na ausência de objeto (um músico "escuta" a música que compõe, um físico "vê" um sistema solar ou uma organização subatômica), mas pela crença de que a percepção, na ausência *ou na presença* do objeto, corresponde àquilo que de fato é. Quando alguém está convicto de que leu o que está escrito, está alucinan-

---

nha paz de espírito e calma diante de todas suas atuações. Fazia de tudo para que eu perdesse a compostura, e não tolerava que eu a mantivesse. Ao mesmo tempo que eu percebia o seu desespero, verificava que algo nela sobrepunha-se de forma avassaladora à sua necessidade de socorro.

49 Ver BION, *Cogitations*, p. 182 e 271.

do, delirando, a partir desse vértice. Quando se faz uma análise gramatical de um texto, na verdade se faz a análise gramatical do texto lido pelo crítico, não do texto impresso. Ao se dizer que se trata do texto impresso, o leitor se posiciona como aquele que é o possuidor da verdadeira leitura, pois está convicto de que alcança a realidade última.[50]

Em *Second Thoughts* (1967, Estudos Psicanalíticos Revisados), Bion coloca-se como leitor de vários artigos seus escritos nos anos 1950. Apresenta-se como um leitor do que está escrito e fornece novas interpretações daquilo que havia pensado escrever ou fazer. Redimensiona o que considera que havia proposto, reavaliando suas ideias e revendo o "material" conforme sua condição posterior. Ele não refez os trabalhos. Deixou-os tais como os produziu. Os trabalhos, contudo, não lhe pareciam mais a mesma coisa. Ele fornece uma nova leitura deles nos comentários que acrescentou no fim do livro ("*second thoughts*" ou "pensando melhor"). Permite ao leitor, dessa maneira, comparar sua leitura dos artigos com a releitura que ele faz no fim do livro. O "O" permanece, mas o que se alcança, o que se lê, mesmo para o próprio autor, já não é a mesma coisa.

Paulo César Sandler, psicanalista da Sociedade Brasileira de Psicanálise de São Paulo, em reunião preparatória para encontro

---

50 Lembro-me de uma situação complicada durante um exame de Nancy de língua francesa, quando eu tinha uns vinte anos. Fui solicitado a ler em voz alta um texto de Victor Hugo (de *Les Misérables*). Li, de acordo com minha vivência do texto. Em seguida, fui repreendido pelo examinador (que eu não conhecia anteriormente) que fez, por sua vez, em voz alta, a leitura "correta" daquela obra, dando sua interpretação dramática que era diferente da minha. Desse ponto de vista, deve haver um ator paradigmático possuidor da verdadeira interpretação a quem todos os demais têm de procurar imitar. Não cabem outras transformações. Por conta desse episódio, minha nota final foi reduzida para "assez bien", não porque eu tivesse cometido erros de ortografia e gramática, mas por não fazer a leitura dramática "certa", não sendo eu, tampouco, ator.

mundial sobre a obra de Bion em junho de 2004 na capital paulista, comentou que a obra de Bion na Finlândia, na Itália, no Japão, por parte das comunidades psicanalíticas britânica, americana e também da francesa,[51] parece ser apreendida de modo muito similar à do grupo de psicanalistas que trabalha com sua obra na Sociedade de Psicanálise de São Paulo.[52] Em outros países, contudo, parece ser outra, de um autor completamente diverso. Há um verdadeiro? Quem é o dono da leitura verdadeira?

Considero, porém, ser inescapável a escolha de uma leitura, preferencialmente, aquela que fazemos e a que damos sentido de acordo com nossas experiências.

Há um momento em que se há de fazer uma escolha e, de acordo com o que me parece ser de senso comum dos meus sentidos e senso comum emocional, além do que me parece ser o senso comum do grupo com que costumo trabalhar, opto por uma leitura e não por outra.

Cito Bion e o texto em que descreve sua ideia de transformação:

> *Se um artista competente, usando convenções artísticas familiares à civilização ocidental, fosse pintar um campo de papoulas, não teríamos nenhuma dificuldade em dizer que era um campo de papoulas. Por que deveria ser*

---

51 Alguns autores de língua francesa parecem fazer uma leitura da obra de Bion cuja interpretação me é bastante familiar. O que eles verificam é de senso comum para mim, tais como: GOYENA, J. L. *Nouvelles idées, nouvelles téories et changement catastrophique*; BÉGOIN, J. Liberté et Tyranie. In: *W. R. Bion, une théorie pour l'avenir*. Paris: Éditions Métailié, 1991.

52 Segundo sua observação, essa coincidência de apreensões ocorreu a despeito de essas comunidades terem pouquíssimos contatos entre si até há pouco tempo.

assim? As linhas em uma reta de uma estrada de ferro seriam pensadas como sendo paralelas; ainda assim, nós devemos reconhecer uma pintura na qual fossem representadas por linhas que convergiram. E assim por diante.

Proponho usar o termo "transformação" para descrever o processo, seja lá o que ele for, pelo qual o pintor tenha transformado sua experiência em óleo e pigmento dispostos na tela. Mas não desejo que o termo signifique o que significaria se eu dissesse que um prédio teria sido transformado por um pintor e um decorador – de que o campo de papoulas tenha sido usado como matéria-prima para a manufatura de tela, óleo e pigmento. Nem quero significar que sugiro que o observador da pintura pensa que descobriu a fonte de matéria-prima se ele descreve a pintura como um campo de papoulas. Em resumo, proponho usar o termo "transformação" de acordo com minha descrição de elementos na Coluna 1 [da grade] – tal como a união (bindging together) numa conjunção constante, de modo que eu possa proceder com a ajuda desse termo, para descobrir o que a conjunção constante significa. A conjunção constante à qual meu termo se relaciona ocorre em sessões psicanalíticas e tenho a esperança de uni-la (to bind it) por esse termo e comunicá-la ao leitor. Se puder ser bem-sucedido em minha meta, espero que aqueles a quem comunico estejam aptos a descobrir o significado do termo "transformação" e a experiência emocional cujos elementos estão constantemente unidos e que representei por esse termo. (Taming Wild Thoughts, 1997 [1977], p. 12.)

Na minha leitura, transformações não são mudanças, são apenas diferentes percepções de uma realidade última que naquele momento é uma invariável, tal como o texto impresso de um livro (como o do próprio *Transformações*) que continua invariante: o que varia são as apreensões, leituras dele, ou seja, as transformações.

Vejamos uma passagem do livro de Bion em que ele explicita sua ideia de transformações em que, conforme a leitura que faço, diferencia transformações de "mudança".

> *Um lago em um tempo claro e calmo reflete as árvores sobre uma ribanceira na margem oposta ao observador. A imagem apresentada pelas árvores é transformada no reflexo: uma série de transformações é efetuada pelas mudanças atmosféricas. Suponham que o observador pudesse ver apenas o reflexo; ele estaria apto a deduzir a natureza do O do que ele viu. Desde que as condições não fossem muito perturbadas, as demandas sobre as forças dedutivas do observador seriam relativamente simples se dele fosse esperado apenas que reconhecesse que observou o reflexo de árvores, seriam mais difíceis se chamado a se pronunciar sobre as espécies de árvores e impossível se tivesse de enunciar o estado da natureza dos aspectos microscópicos da estrutura da folha.*
>
> *A mudança na atmosfera de luz para escuridão ou de calma para turbulência influenciariam a transformação algumas vezes de modo sutil, em outras de modo tão profundo que o observador teria de exercer toda sua perspicácia para deduzir a natureza de O. Da mesma maneira que as demandas sobre ele poderiam ser impossivelmente exigentes, poderiam as*

condições da atmosfera ser impossivelmente deforma-
doras [...].
Seria conveniente supor que os vínculos L, H, K^{53}
influenciam as transformações de um modo análogo no
modelo [...]. (Transformations, p. 47-8.)

Nessa citação, as árvores são invariantes, as percepções delas, ou seja, as transformações, é que variam. As árvores não mudam, não se tornam outra coisa. De acordo com a condição de observação ou com a abordagem feita (se com um microscópio eletrônico ou a olho nu) é que são percebidas (transformadas) de diferentes maneiras. Transformações são apenas modos como uma realidade última que existiria é apreendida. Não implica a ideia de transformar, como faz um industrial, decorador ou pedreiro, tal como vimos no texto de *Taming Wild Thoughts* há pouco referido.

2.1.9 Identificação projetiva e a teoria[54] das transformações

Melanie Klein ressaltou a função da identificação projetiva como um mecanismo defensivo, uma fantasia onipotente em que partes indesejáveis da personalidade são cindidas e projetadas para dentro de outras pessoas. Tem a função de livrar a pessoa daquilo que sente como ameaçador dentro de si (o protótipo dela seria a

---

53   Amor, ódio e conhecimento, conforme as iniciais em inglês, que são mantidas em português para não haver confusões, tais como ocorreria com o vínculo O de ódio, e transformações em O, o que não ocorre no original.

54   Ressalto que minha dissertação de mestrado, *Transformações em alucinose na experiência clínica em psicanálise* (PUC, 2001), ocupou-se amiúde da teoria das transformações. Portanto, para maiores esclarecimentos, sugiro a leitura da presente obra ou do livro de Bion, *Transformations*.

deflexão do impulso de morte) e também, ao introduzir os próprios aspectos dentro de outrem, controlá-los desde seu interior de modo a obter o que necessita ou evitar condutas hostis. Como resultado, a pessoa que faz identificação projetiva pode sentir-se extremamente empobrecida pela perda de aspectos da própria personalidade e também muito perseguida temendo a retaliação violenta por parte do objeto "invadido" que procurou controlar.

Bion fez uma modificação nesse conceito, abordando-o também como uma forma primitiva de comunicação, um protopensamento que busca uma mente que possa pensá-lo, ou seja, busca um continente em que possa caber e ser desenvolvido. A mente pouco desenvolvida que não consegue pensar ou evoluir os protopensamentos que lhe ocorrem busca outra que possa fazê-lo. Trata-se, desse ângulo, de um modo normal do aparelho mental procurar se desenvolver (salvo quando a intensidade é tal que resulta na impossibilidade de encontrar um continente real capaz de absorvê-la).

Quando as identificações projetivas normais não encontram um continente para recebê-las e processá-las, transformando seus conteúdos em algo digerível para o bebê, elas acabam se exacerbando e se tornando cada vez mais violentas e intensas, chegando, eventualmente, a um ponto em que não apenas os conteúdos, mas o próprio incipiente aparelho para pensar e o aparelho perceptivo seriam evacuados de forma violenta através desse mecanismo. O exagero (ou as identificações projetivas excessivas, como as chamaria Klein), a hipérbole (como denominou Bion) desse funcionamento, que existiria primordialmente como um modo normal de desenvolver o aparelho para pensar, acabaria por transformá-lo em algo que, pelo contrário, seria impeditivo para o desenvolvimento, ou mesmo destrutivo para ele. A hipertrofia do funcionamento do mecanismo de identificações projetivas (devido a frustrações enfrentadas no meio ambiente ou a problemas de constituição do indivíduo, como uma excessiva inveja inata) levaria à ocorrência de transformações projetivas e de transformações em alucinose.

Nas transformações projetivas, a operação das identificações projetivas ocorre em um nível no qual conteúdos indesejados ou tidos como intoleráveis por um aparelho mental pouco desenvolvido são fantasiosamente lançados para dentro de um continente. Há algo para *dentro* do qual podem ser feitas as identificações projetivas (e há um algo de onde elas também seriam ejetadas). Nas transformações em alucinose, havendo excessivo ódio à realidade, a hostilidade ocorre não somente em direção aos conteúdos indesejáveis ou insuportáveis à mente incipiente, mas também à própria mente que possa percebê-los. Haveria violência no sentido de ejetar não somente os conteúdos, mas o próprio aparelho mental que os contivesse ou pudesse constatá-los. Ocorrendo esse tipo de ejeção, acontece algo paradoxal. Ao se negar a existência dos conteúdos repudiados e de uma mente que pudesse contê-los, aquilo que está sendo ejetado não tem para onde ir (e, de certa forma, também não teria de onde sair). A própria existência é, portanto, negada. Há o impulso de expulsar algo intolerável. Concomitantemente, ocorre algo que é um impasse, um nó Górdio, pois, como se pode ejetar algo que não existe para outra coisa que também não existe? A noção de continente e de toda e qualquer coordenada é aniquilada e o indivíduo nessa condição fica em meio a uma circunstância que é uma verdadeira "sinuca de bico", pois o que precisaria ser lidado não o pode ser por não existir e, também, *onde e no quê se* poderia buscar auxílio (através de identificações projetivas, que neste caso não podem, efetivamente, operar) tampouco existe. A situação é desesperadora, porque uma pessoa nesse estado mental continua, todavia, a receber, através de seus órgãos dos sentidos, informações de uma realidade que "não existe", mas que continua a perceber e em relação à qual não pode fazer coisa alguma, por conta de sua "inexistência".

110 OS CONCEITOS

Trabalhando numa área na qual não operam a transferência, o recalcamento e não há nada latente nem manifesto,[55] há, sim, um desconhecido infinito, não cabem interpretações analíticas clássicas. A interpretação clássica pressupõe um desvelar de um sentido latente diante de algo que é manifesto. O que se passa a procurar é desenvolver uma linguagem de êxito ou de alcance (*language of achievement*, BION, 1970) que seja capaz de descrever e comunicar com eficiência, quando da ocorrência de um fato selecionado (portanto de um *insight*), algo que nunca foi visto, ou pelo menos, nunca os elementos até então vistos de maneira dispersa, como tendo uma conjunção constante. Há a necessidade de desenvolver essa linguagem para se falar daquilo que até então não se sabia existir. O que é preciso, antes de tudo, é revelar ao paciente o que muitas vezes está patente, evidente em sua conduta, ou diante dos seus sentidos, porém não percebido ou visto. Não está no inconsciente do paciente, pode ser óbvio, porém nunca observado. É primeiro necessário que ele se dê conta da existência de uma situação, para que depois pense num sentido que ela possa ter. É preciso que o analista também capte o óbvio, ainda que não percebido, quando pode ter um fato selecionado que organize os elementos evidentes até então dispersos, sem que até aquele momento se desse conta da conjunção constante da qual fariam parte.

Penso que há uma enorme diferença na prática do trabalho. Ao observar uma mulher que, no meu entender, está negando sua

---

55 Em uma análise do tipo proposto por Bion, privilegia-se a observação dos aspectos psicóticos da personalidade. Contudo, é essencial podermos contar com os aspectos neuróticos; caso contrário, o trabalho será inviabilizado. Esse modo de trabalhar não desconsidera a neurose. Porém, a interpretação de sentidos neuróticos, sem levar em conta a estrutura psicótica, leva a situações de impasse investigatório e terapêutico. O cerne desse trabalho consiste em detectar os problemas no desenvolvimento da capacidade de pensar e no desenvolvimento dela.

própria existência, seu sofrimento e a experiência que a vejo ter na minha presença, considero que o principal não seria procurar interpretar sentidos inconscientes para sua conduta ou fala, mas alertá-la daquilo que está patente, visível, não distorcido ou censurado, mas ali, diante de mim, que ela não vê, apesar de estar participando do fato. Não dá para interpretar um sofrimento que a pessoa não percebe. Antes de mais nada, é preciso que ela possa perceber que está sofrendo. Seu ódio à realidade pode ser tal que tenha danificado o equipamento que percebe o sofrimento. Ela sofre, mas não vive o sofrimento. O analista é que a vê sofrer. Por incrível que pareça, muitas vezes implica um longo trabalho até que alguém nessas condições possa realmente se dar conta, internalizar o seu sofrimento. Como ataca seu mundo interno, sua mente – que é responsabilizada pelo seu sofrimento, pois, nesses estados de alucinose o paciente acredita que a realidade é constituída pelo que pensa – procura aniquilar o que percebe – o sofrimento –, ou seja, a mente, que na sua vivência é o que cria o sofrimento. Não dispondo de uma mente para perceber (estando ela pulverizada), não pode se dar conta do que lhe informam os sentidos. Não reconhecendo a existência de um mundo interno (e tampouco de um externo, pois a realidade coincide com o que se pensa), não tem como internalizar. O trabalho de análise, nesse vértice, é dar a essa pessoa o conhecimento de assim proceder – de que ataca o seu equipamento mental com a crença de, ao assim proceder, eliminar com ele a realidade que rechaça. Caso ela venha a se dar conta do que lhe informo e possa vir a sonhar o que está vivendo, pode ser que, em etapa muito posterior, possamos nos ocupar de interpretações no sentido clássico da história analítica.[56]

---

56 Considere-se a seguinte situação clínica com uma paciente após mais de uma década em análise em que parece ter, finalmente, acesso a um estado de mente dessa ordem.

112 OS CONCEITOS

Isso pode desenvolver-se em duas circunstâncias: na primei-

Entra na sala, deita-se no divã. Fica em silêncio por cinco minutos, pelo menos.

Digo à paciente que, se ela quisesse, poderia conversar comigo, que eu me encontrava disponível para estar com ela, se fosse de seu interesse. A paciente permanece em silêncio mais uns cinco minutos. Comento, após esse intervalo, que me parecia que ela usava minha presença e a sala do consultório apenas como estímulos para algo que ela vivia, ou seja, que eu e a sala éramos como uma tela de cinema que parecia dar suporte a alguma coisa que ela vivia na sua cabeça. Um filme, para ser visto e projetado, precisa de um suporte para refleti-lo, pois, se for projetado no espaço aberto, não se pode ver as imagens. Da mesma forma, sou apenas um estímulo que, a meu ver, dá substância a algo que ela vive, mas que não tem nenhuma relação real com minha pessoa. Nesse momento, a paciente muito irritada e com raiva diz: "Detesto, ODEIO, quando você diz algo que parece ser verdade e tem razão!". Em seguida, ela acrescenta cheia de rancor: "Fico querendo achar que eu acabo vendo o que você diz porque você me faz ver, não porque seja assim mesmo. Ai, como eu odeio quando você dá uma bola dentro! E agora? Que eu faço com isso?". Faz uma pausa e em seguida acrescenta: "Mas não é assim que se vive? Todo mundo faz assim!!! Como é que se pode viver de outro jeito que não seja assim?!! A gente vive para tirar das pessoas aquilo que nos interessa, não dá para ver as pessoas como elas são mesmo!!!". A sessão prossegue e, considero que, finalmente, ela consegue ter uma conversa mais real comigo.

Essa senhora passou muito tempo para poder se dar conta disso, porque ela mesma não podia aceitar que eu não fosse algo que ela imaginava, que existisse diferentemente daquilo que "tinha de ser", fora de seus pensamentos. Portanto, considero que, quando fala, não se dirige a uma outra pessoa, a um outro, por não tolerar que haja uma realidade que não seja aquela dos seus "pensamentos". É o que Bion denominou de transformações em alucinose. Essa paciente nega a própria existência e do sofrimento que experimenta na vida que realmente tem; sua produção mental triunfa sobre a realidade. A realidade é aquilo que ela decide. Nas sessões analíticas, a paciente teme falar qualquer coisa que não corresponda ao mundo que determina que deve existir, pois sua fala é que faz algo existir. Enquanto não falar, não existirá o que ela não pronunciar e, por outro lado, o que falar tornar-se-á real.

Outra situação similar que podemos verificar em certas reuniões ditas científicas, nas quais o palestrante apresenta um trabalho, é quando o comentador deste primeiro trabalho apresenta outro que não tem, de fato, nenhuma relação com aquele que deveria comentar. Na discussão que se segue, cada pes-

ra, um bebê ou criancinha busca uma mente que possa ajudá-lo a processar as experiências emocionais para as quais se vê sem condições.[57] Pode encontrar um continente que rejeita e é francamente hostil às identificações projetivas. A falta de acolhimento ou mesmo a "devolução"[58] violenta do que foi projetado pelo continente que se buscou levaria a uma situação de terror sem nome e a uma intensificação do próprio mecanismo de identificação projetiva, le-

---

soa que faz um comentário, apresenta algo que não diz respeito ao trabalho que originou a reunião, nem ao trabalho que deveria comentar o primeiro e, tampouco, aos demais comentários já feitos por colegas profissionais presentes. Cada um funciona como uma ilha, parecendo não ter conhecimento dos demais, ou mesmo noção da existência destes. Após a apresentação, muitos se cumprimentam e se felicitam como se tivessem estado em relação íntima uns com os outros, mas não é o que se poderia efetivamente verificar na observação dos fatos ocorridos, na qual parecem estar imersos em algo alucinado que produziram. Os sons das palavras serviriam apenas para envolver aqueles que os emitem em seus universos particulares, tendo como função mesmo impedir o contato com uma realidade que não seja aquela produzida por esses mesmos sons. Os outros não são realmente outros, são apenas suporte para dar substância a alucinações. Aparentemente é um grupo científico, mas, na prática, ataca a ciência, a possibilidade de ocorrência de fatos selecionados (que produzam integração e aumento de *common sense*), por temor de uma mudança catastrófica que venha a abalar o *Establishment*. O *Establishment* cria um fac-símile de organização e reunião científica, onde tudo é feito para impedir evoluções. O predomínio é de transformações em alucinose.

57 Estou usando uma linguagem que corresponderia a um pensamento consciente adulto; todavia, o leitor deve estar ciente de que não é nesses termos que se produz tal funcionamento em uma mente primitiva – expresso-me dessa maneira por não haver outra melhor.

58 Na realidade, não haveria devolução, pois nada efetivamente é colocado dentro da mente de outrem. O que ocorre é que a personalidade à qual é solicitada a "reverie" não tolera as próprias emoções que são mobilizadas no contato em questão. Ao rejeitar a própria experiência emocional, ocorre uma manifestação de rejeição à existência de quem desencadeou essa vivência. Essa seria a natureza da "devolução" que corresponderia, na prática psicanalítica, à ocorrência da contratransferência do analista.

114 OS CONCEITOS

vando à hipérbole,[59] isto é, exagero da atividade desse mecanismo, a uma espécie de círculo vicioso. Em uma situação agravada, como já disse, chegar-se-ia ao estado de transformações em alucinose. Considero que a análise pode ser mais favorável quando questões circunstanciais da vida de uma pessoa a levaram a esse exagero e a essa condição complicada. Todavia, há de se levar em conta que a mente, tal como um elástico, pode já ter sido deformada de maneira que não tenha retorno.

Como já mencionei anteriormente, a situação mais desfavorável ou mesmo impossibilitante de qualquer benefício real de uma análise (no sentido de desenvolvimento psíquico) ocorre quando o indivíduo em questão for, *por natureza,* extremamente invejoso e ávido, de maneira que, mesmo que encontre um continente favorável, não poderá se valer dele.[60] Ao contrário, quando encontra o continente favorável, fica de tal modo tomado de inveja e ódio que é levado a fragmentações ainda mais catastróficas (ver BION, *Transformations*, 1965).[61]

A diferença crucial entre as transformações em movimento rígido, correspondendo ao campo da análise clássica, na qual operam a transferência e as transformações projetivas e em alucinose, deve-se ao fato observável no qual, nas transformações em movimento rígido, os estímulos que desencadeiam as reações de um paciente são de senso comum a ele e ao analista –

---

59 Ver BION, *Transformations*, p. 160-70.

60 De acordo com as séries complementares propostas por Freud. Freud, *Analysis Terminable and Interminable* (1937), op. cit.

61 Estou cada vez mais convencido de que os reais beneficiários de uma psicanálise são somente aqueles que têm por natureza uma necessidade atávica de contato com a realidade, necessidade do real, à revelia de si mesmos; por mais que possam odiar a realidade, não podem prescindir dela e da curiosidade inata que possuem.

podem ser verificados através dos órgãos dos sentidos – e nas duas últimas são gerados unicamente pela realidade psíquica do analisando e cabe ao analista intuir e "ver" algo que não é observável através dos órgãos dos sentidos, qual seja, a realidade psíquica do paciente à qual reage. Essa percepção de Bion levou a psicanálise a operar e a investigar um campo para além da transferência.

A função de uma análise seria basicamente a de apresentar uma pessoa a ela mesma, de modo que ela possa vir a *ser* ela mesma. Para alguém ser quem de fato é, precisa tolerar e aceitar aquilo que efetivamente vive e experimenta. Consequentemente, precisa ser capaz de conter em si o que vive. O desenvolvimento dessa capacidade se daria no início da vida, e dependeria de o indivíduo ter podido contar com uma mãe que tivesse condição de acolher e lidar com identificações projetivas, aceitando em sua "interioridade" as experiências emocionais daí decorrentes. Caso a mãe não tivesse tido tal condição ou não a tivesse tido em grau suficiente, o analista precisaria ser alguém capaz de tê-la e sua relação com seu paciente propiciaria a ele desenvolver a capacidade de ser continente para as próprias experiências emocionais.[62]

---

62 Considero que precisa ficar claro, neste ponto, que estou falando de situações que tendem para algo ideal, que, por definição, não existe. Contudo, é fundamental para o desenvolvimento da capacidade de pensar e, consequentemente, para o desenvolvimento da humanidade, que seja possível um crescimento que se aproxime dessa direção. Ressalto como condição de acolher e tolerar frustração e assimilar experiências emocionais que levam ao aprendizado com a vida, aquela que uma mãe pode, volta e meia, perceber-se irritada e com ódio de seus filhos quando está aborrecida, sem que precise se crucificar por isso (contudo, se for uma intolerância constante, é outra história). Pode se aceitar e se acolher como uma mulher comum, real, sem ficar se atormentando, exigindo de si uma paciência celestial. Desse modo, auxilia seus filhos, de maneira realística, a também se respeitarem e se tolerarem como seres humanos comuns e não precisando ser deuses capazes de aguentar qualquer coisa. O modelo que

Na minha experiência, o principal trabalho do analista estaria centrado na sua capacidade de acolher identificações projetivas e ajudar seus pacientes a elaborá-las, como a mãe da história do bebê adotado finalmente foi capaz de fazer. Poder tolerar ser o alvo e acolher identificações projetivas é o que permite a um analista (ou a uma mãe) exercer a função que Bion, em 1962, chamou de *reverie*, ou seja, a capacidade de digerir, sonhar as experiências emocionais sentidas como intoleráveis ou indigestas pela mente incipiente do bebê ou do analisando. Como já mencionei anteriormente, posso traçar um paralelo com a função física do amamentar. Nesta, a mãe ingere alimentos sólidos impossíveis de serem absorvidos pelo bebê e os transforma em leite que ele pode assimilar. Com a experiência, o bebê que se desenvolve poderia expandir sua capacidade digestiva para alimentos, e que anteriormente não era capaz de fazer. Igualmente ocorreria com as experiências mentais, se a mãe ou o analista tiverem condição mental desenvolvida. O analista seria capaz de intuir (através do contato com suas próprias vivências) e sonhar as experiências em curso na sala. Sonhar significaria poder reconhecer, na experiência que se desenrola, quais seriam os elementos que se apresentariam constantemente unidos. A reunião constante desses elementos seria percebida através de uma imagem onírica, que sintetizaria, como em uma equação matemática,[63], o essencial, a alma daquele evento. Com os elementos essenciais sendo capazes de ser reconhecidos, poderiam ser nomeados (fazendo uma "amarração" com o nome dado para que os elementos não se dispersem) e, posteriormente, poder-se-ia verificar qual sentido se lhes atribuiria.

---

a mãe lhes oferece é de alguém plausível e compatível com a experiência real, conforme o exemplo que dei anteriormente.

63 Ver BION, *Cogitations*, p. 127-30,

Escritores, artistas e cientistas, principalmente os de gênio, teriam capacidade de transformar em linguagem universal aquilo que intuíram (a partir de suas experiências de vida, dos dados sensoriais disponíveis) e puderam sonhar. São capazes de traduzir o que "vislumbram" em expressão artística, literária ou em sistemas dedutivos científicos. O aspecto genial estaria na condição de apreender e sonhar algo que tenha características universais, revelando aos humanos aspectos da realidade e de si mesmos nunca percebidos antes que tais indivíduos pudessem formular suas transformações. Os mitos em geral também cumprem essa função.

Volto a salientar que essa condição psíquica não se desenvolve com aprendizado intelectual. Não é algo que se possa conseguir com leitura de toda a obra de Freud, Klein, Bion, Lacan, Green, Winnicott, ou quem mais for. Pela via intelectual, o máximo que se pode conseguir é saber sobre algo que de fato não se percebe. Seria equivalente a poder definir o que seria o amarelo em física sem, todavia, ver e ter a experiência dessa cor. O conhecimento intelectual só terá utilidade se a experiência que lhe corresponde puder ser vivida.

Quando se diz que um analista deveria se submeter à mais longa e profunda análise possível, significa que deveria ser capaz de ter ampla e profunda capacidade de entrar em contato com as próprias experiências emocionais, íntimo contato consigo mesmo de modo a não se surpreender ou se assustar com as experiências emocionais que serão desencadeadas nele mesmo nos encontros com seus analisandos. O encontro com outra pessoa sempre mobiliza intensos sentimentos. Pacientes mais perturbados e angustiados "sabem" de pronto reconhecer os pontos fracos ou cegos de seus analistas (assim como daqueles com quem convivem) e rapidamente engendram situações em que acabam por aflorar. Caso sejam muitos, a análise não será possível (de ser feita), pois

118 OS CONCEITOS

o analista, incapaz de tolerar suas próprias vivências, as rechaçará naquele que as suscita, repetindo algo que provavelmente já teria acontecido na vida do paciente com seus pais.

Essa é a condição para ocorrência de *atuações* por parte do analista decorrentes da contratransferência.

O analista, para poder trabalhar na *experiência emocional*, precisa ser capaz de tolerar as próprias emoções que o encontro e o trabalho com o analisando suscitam. Para poder considerar e orientar-se através do que lhe indicam suas emoções, precisa ter condições de tornar-se consciente delas. Estar consciente das emoções mobilizadas não é o mesmo que achar que o que sente indicaria o que o paciente estaria sentindo, mas seria indicativo do que o paciente teria a "intenção" de que o analista experimentasse, ou em que lugar estaria sendo colocado por seu paciente para que pudesse considerar a função dessa conduta e, quem sabe, poder intuir o sentido dela ou vislumbrar o ambiente e com quem ou que estaria se relacionando o paciente. Trabalhar com a experiência emocional (de que se tem consciência) não é usar a contratransferência. De acordo com a definição de Freud, que é mantida por Klein e por Bion, a contratransferência é *inconsciente*, é a transferência do analista, portanto, não passível de ser utilizada para analisar. A contratransferência, de acordo com Bion, é assunto para a análise do analista e não do analisando.[64]

As pessoas que procuram um analista estão à procura de alguém que possa ajudá-las a elaborar situações que não conseguiram com suas mães e com seus pais. Os pais fizeram o melhor que puderam. Não sendo capazes de tolerar as vivências emocionais que o contato com os filhos mobiliza (principalmente os primeiros

---

64 Ver Bion, *Elements of Psycho-Analysis*, 1963, p. 18; e *Transformations*, 1965, p. 81.

contatos e as intensas vivências que se estabelecem de um bebê recém-nascido, ou de poucos meses, com o seio), rejeitam-nas em si e, inconsciente ou conscientemente, rejeitam aqueles que as mobilizam (o bebê/criança/paciente e sua mente). Por melhores que tenham sido os pais, quando uma pessoa nos procura para análise, é porque ficou faltando algo que ela procurará elaborar conosco. Se nossa condição para entrar em sintonia com nossas próprias emoções for precária, rejeitaremos os pacientes que instigam nossas emoções e fantasias e poderemos fazer seja uma análise intelectual (na verdade uma pseudoanálise), seja uma análise pedagógica (que também não seria análise) ou, ainda, enxotaremos o paciente como inadequado. Toda análise (e não somente aquelas que são chamadas assim oficialmente) é *didática*, o que é muito diferente de ser pedagógica.

Isto não significa que um analista deva ser capaz de tolerar qualquer coisa ou ser indulgente com seus pacientes, desresponsabilizando-os pelo que fazem. Dificuldades e culpas dos pais podem tê-los limitado no trabalho de lidar com identificações projetivas, impedindo-os de ficarem identificados com objetos maus, caso frustrassem seus filhos. O analista, podendo ficar identificado com um objeto mau, *não sendo* um objeto mau, poderá ajudar seu paciente a ser mais realista quanto a si mesmo e quanto ao analista (e o resto da humanidade). Outro limite, todavia, pode surgir na medida em que o problema do paciente seja algo de natureza constitucional, em que, como disse Bion, a inveja e rivalidade seriam o próprio estofo e essência daquela personalidade. Nesse caso, pelo contrário, quanto maior for a condição do analista de acolher e lidar com identificações projetivas, permanecendo tranquilo na sua condição de pensar, mais violento e invejoso o analisando se tornará, inviabilizando qualquer prosseguimento de trabalho, ou tornando o prosseguimento extremamente perigoso para ambos. O analista que se propõe a suportar o que lhe é insuportável es-

120 OS CONCEITOS

taria, na realidade, submetido a um superego exigente e assassino (em uma convergência perigosa do narcisismo e do social-ismo), necessitando identificar-se com um objeto idealmente poderoso e consequentemente, a meu ver, precisando de mais análise pessoal. Não cabe, certamente, ao analista acusar o paciente por sentir-se incapaz de analisá-lo. O analista deve considerar a sua limitação e verificar que, eventualmente, mesmo que lhe pareça improvável, possa haver alguém com condição de tolerar aquilo que ele não assimila, tal como indica Bion, em conferência proferida na Argentina em 1968,[65] ao referir-se a um caso em que se viu incapaz de suportar o clima emocional que se estabelecia com uma determinada analisanda, como veremos adiante. Tampouco deve-se desconsiderar a possibilidade de o problema residir fundamentalmente na limitação de condições do analista e não nas características constitucionais do paciente.

De qualquer maneira, sempre cabe ao analista considerar se quer ou não trabalhar com um determinado analisando, da mesma forma que o analisando está livre para decidir se quer ou não ser atendido, ou continuar sendo atendido, por um determinado analista, e se o analisando lhe oferece aquilo que possa considerar ser as condições mínimas de trabalho de que necessita (o que é sempre um critério individual).

2.2 A psicanálise e o (conflito com o) establishment

A esta altura o leitor pode estar se indagando o que toda essa descrição clínica tem a ver com a questão grupal. Vejamos.

---

65 Seminárion. 3 – Dr. Bion. Centro de Estudos de Psicanálise Luiz Vizzoni/ Instituto de Psicanálise da SBPSP.

A psicanálise proporciona a indivíduos a possibilidade de conhecer-se e de vir a ser eles mesmos. Como já vimos, isso se torna possível na medida em que o contato com as próprias experiências emocionais seja capaz, com o desenvolvimento da capacidade de assimilá-las. Ser o que é implica ser capaz de assumir a própria personalidade, a despeito das expectativas que grupos internos (intrapsíquicos) e externos tenham de si. A submissão a expectativas alheias é uma característica da infância, período da vida em que a aprovação e aceitação dos pais (posteriormente deslocada para o grupo ou para seus membros) é algo essencial e mesmo vital. Isso, contudo, não é verdade para uma pessoa adulta medianamente equipada pela natureza. Um adulto que tenha condição razoável de pensar (o trabalho psicanalítico visa particularmente o desenvolvimento dessa capacidade ao aprimorar a condição de acolhimento das emoções) sente que pode contar com seus recursos para "se virar" na vida. A aceitação e aprovação de um grupo ou de seus membros deixa de ser uma questão crucial. Ser rejeitado para um bebê pode significar seu fim; ser rejeitado, para um adulto, pode ser uma experiência dolorosa ou muito desagradável, mas não precisa ser, de fato, algo decisivo. É decisiva a rejeição que uma pessoa tem por si mesma (ao mesmo tempo que valoriza idealizações que tenha de si ou as expectativas do(s) grupo(s) do(s) qual(is) faz parte). Quando uma pessoa percebe que pode ser e aceita ser ela mesma, sente-se livre para pensar e para fazer suas escolhas. A aceitação de si próprio dá ao indivíduo a percepção de que a verdadeira valorização da qual depende é aquela que tem por si mesmo, por aquilo que de fato se percebe sendo, com seus atributos e limitações. A pessoa que fica à mercê do valor que os outros lhe dão sempre está em uma espécie de montanha russa, ao sabor das marés. Tende ao naufrágio. Uma pessoa que tem por si verdadeira consideração e autoestima elevada pode sofrer revezes e ser maltratada. Contudo, sente que pode prosseguir e procurar pares que tenham verdadeira consideração por aquilo que é, não por aquilo que se espera que seja; tem possibilidade de procurar e escolher seus parceiros, não está submetida a relacionamentos sádicos nos quais precisa ficar o tempo todo se esforçando para corresponder a demandas grupais (o que é um trabalho impossível, pois nunca uma pessoa pode ser aquilo que se espera dela, nem o que ela própria espera ou deseja ser, visto que já é algo que existe e se impõe).

Uma pessoa que se sente livre torna-se, potencialmente, uma ameaça a qualquer *establishment* (interno ou externo), já que a aprovação ou reprovação do grupo, ou a valorização ou desvalorização que possa obter deixam de ser questões cruciais. *Essa liberdade não implica desconsideração da realidade social ou dos membros de um grupo. Implica liberdade para pensar e possibilidade de se verificar alternativas quando se apresentam.* O indivíduo deixa de sentir que sua vida depende daquilo que seu grupo lhe provê, da mesma maneira que uma pessoa, ao se tornar adulta, pode seguir caminhos diferentes daqueles que possam lhe ditar ou prescrever os pais (isso não ocorre com crianças; elas vão aonde os pais levam).

Uma pessoa livre para ser e pensar não implica ser estúpida. Não vai afrontar generais ditadores ou sacerdotes da Santa Inquisição (ou de alguma instituição similar) se pretende sobreviver. Todavia, não está psiquicamente submetida a autoridades[66] (que do vértice psicanalítico, do vértice mental, exceto em relação às crianças, são alucinações), estando livre para pensar, pode encontrar brechas e abrir novos caminhos, quando percebe as oportunidades.

---

66 O que distinguia o homem grego da Antiguidade era sentir-se livre, mesmo quando se encontrasse escravizado. Não havia, para ele, autoridades divinamente investidas.

Somente um indivíduo com real consideração por si mesmo é que pode, na prática, ter real consideração pelos demais seres humanos. Quando sente que está livre para ser quem é, admite a possibilidade de os demais serem o que são, deixando de considerá-los como algo que existe para atender suas próprias expectativas. Assim sendo, pode desenvolver verdadeiro respeito pelos demais seres humanos. Ninguém pode oferecer aos outros aquilo que não pode oferecer a si mesmo. É algo muito diferente de inumeráveis discursos demagógicos que pregam a liberdade, desde que seja "do jeito que eu considero que deva ser".[67]

A psicanálise pode ajudar no desenvolvimento do amor-próprio do indivíduo na medida em que perceba que só pode ser aquilo que é e que não poderá viver outra vida que não a sua e nem terá os atributos que não sejam efetivamente os seus. Portanto, desenvolve o narcisismo real, diferente do narcisismo destrutivo, que valoriza as expectativas da própria pessoa e do grupo. O Narciso do mito, na prática, odiava-se, pois amava e admirava a imagem que tinha de si e por ela se sacrificou. O verdadeiro amor-próprio é o que permite que uma pessoa desenvolva a verdadeira consideração e amor pelos demais seres humanos. Desenvolve a capacidade de aceitar e amar os seres humanos por aquilo que são de fato, não por aquilo que deveriam ser, portanto, desenvolve o verdadeiro social-ismo.

Não é à toa que a psicanálise é tão odiada pelo *establishment* em geral e está na lista negra de todas as religiões, pois sua condição de desenvolver pessoas livres para ser e pensar é inequivoca-

---

67 Recordo-me do depoimento de um médico refugiado cubano (que hoje mora em Curitiba) que relatou ser praticamente impossível exercer a psiquiatria ou psicologia em seu país, visto serem essas atividades percebidas como muito perigosas, pois são capazes de desenvolver a capacidade de as pessoas pensarem.

124 OS CONCEITOS

mente subversiva para qualquer tipo de pensamento autoritário, seja religioso ou político, de esquerda ou de direita.

O que costuma ocorrer, devido a essas características da psicanálise real (na qual o analisando não está para satisfazer expectativas ou modelos do analista, mas este último o ajuda a reconhecer-se para que ele possa ser ele mesmo, seja lá o que for, com o analisando sentindo-se responsável por suas escolhas), é o *establishment* procurar encampá-la, esvaziando-a de sua potencialidade libertadora, transformando-a em práticas normativas e prescritivas ou, ainda, tornando-a tão inócua, através de sua banalização, a ponto de perder qualquer significado real.

Trago a seguir duas situações clínicas que podem ajudar a ilustrar o que proponho:

1. Uma paciente, com muitos anos de trabalho, pôde fazer uma "reconstrução" de experiências precoces. A reconstrução não é o importante, o passado não esclarece o presente, mas a situação presente na sala pode iluminar e dar sentido a experiências pregressas. Não para cultuá-las ou delas se tornar devoto, mas para que possa esquecê-las. O que importa é o sentido que se possa obter para beneficiar o presente e o futuro da paciente. Quanto ao passado, nada há a se fazer. Voltando ao material: chega ao consultório, deita-se e se diz, de modo dramático, muito angustiada e aflita. Expressa a ideia de que deveria expelir e eliminar certas vivências emocionais que estava sentindo, pois, caso as experimentasse ou as comunicasse a mim, ela morreria. Digo-lhe que ela assim pensava por eu considerar que, nas suas relações precoces com quem cuidou dela, quando experimentava essas emoções e procurava comunicá-las a essas pessoas, ou simplesmente vivendo-as quando na presença delas, devem ter reagido de modo desatinado e desesperado.

Prossigo dizendo que tais vivências foram rotuladas (mesmo que isso não tenha sido expresso verbalmente, mas por meio de condutas observáveis) como inadmissíveis e intoleráveis, potencialmente catastróficas. Peço que considere que, de uma forma ou de outra, ela já estava em contato com essas vivências e já as estava comunicando a mim. O que talvez fosse surpreendente e não estivesse se dando conta, considerando a experiência que já tinha e estava tendo comigo (nas quais inúmeras vivências "terríveis" ocorreram e eu não havia me desestabilizado), era que eu, e agora ela também, tínhamos condições de lidar com aquilo de modo diferente do que tinham podido seus parentes. A paciente se percebeu muito aliviada e naquele momento recordou-se de um evento no qual nunca mais havia pensado. Sofrera um acidente caseiro e teve um corte feio na perna. Foi levada pelo pai e por uma tia ao pronto-socorro. A tia teve de ir junto para conter o pai, de maneira que ele tivesse condição mínima de chegar ao pronto-socorro, tal era o desatino em que se encontrava. Ao observar o pai, ela estava certa de que iria morrer. Chegando ao pronto-socorro, tanto ela quanto o pai e a tia fizeram o maior escândalo, tumultuando todo o serviço. Gritavam e choravam tanto que, em meio a tanto confusão que causavam, o pai precisou ser expulso do pronto-socorro, permitindo, assim, que o atendimento e as suturas necessárias pudessem ser realizados. Quando foi finalizado o atendimento, o médico falou com ela, que tinha por volta de 8 anos, que aquele tipo de reação (todo aquele desespero e a vivência de morte iminente) não lhe parecia normal em relação ao que havia ocorrido. O corte era feio, mas não caberia toda aquela reação. Eu disse à paciente que ela estaria se dando conta de que haveria outros modos de lidar com aquelas emoções. Modos outros, que lhe fossem mais favoráveis e que, talvez, o que ela considerava tão grande não o fosse necessariamente...

126   OS CONCEITOS

2. Paciente masculino. Mora fora da capital e vem bem no início e no final da semana, para suas sessões de análise. Está muito perseguido e angustiado com seu trabalho. Ouve um zunido no ouvido (do qual não consegue se livrar e nenhum médico conseguiu ver origem orgânica). Associo o zunido a uma catástrofe mental equivalente ao Big Bang nos primórdios da criação, que teria deixado como registro o barulho da explosão inicial que se poderia perceber na estática que não pode ser eliminada das transmissões radiofônicas. O paciente diz que não acha isso, pois sempre para ele tudo tinha sido tão fácil e que o zumbido começou depois que atendeu uma cliente, a qual foi se queixar com seus superiores, alegando que ele teria abusado dela. (Essa cliente, pela sua descrição, era uma pessoa histérica.) Meu paciente tem tratado e visto seus clientes, segundo o que ouço de seus próprios relatos, sem nenhuma sensibilidade e consideração pelo mundo interno. Não o faz apenas por uma questão de crueldade da qual não tem consciência (e, portanto, não tem como lidar com o que desconhece); ele simplesmente não distingue pessoas de objetos inanimados. Elas não são para ele muito diferentes de bonecas. Ele desconfia que há algo – que não sabe exatamente o quê – que não percebe, que o torna inadequado e prejudica seriamente seu desenvolvimento profissional. Parece que levou um baque com essa cliente ao considerar que, apesar de já ter décadas de trabalho, nunca tinha se dado conta da complexidade de seu ofício e dos seres humanos com quem lida, o que o está deixando muito assustado, e com motivo, pois ele agora começa a vislumbrar que é alguém que tem dirigido seu carro no meio de uma espessa cerração, só que agora começa a desconfiar que, atrás dela, pode existir algo, que a realidade não acaba ali, de acordo com a simplificação que fez dela, mas que existe mesmo, muito além do que está habituado a perceber, e que ele é que está míope, em uma situação que se torna muito

perigosa por falta de percepção de profundidade. Essa simplificação da realidade é uma espécie de instrumento de sobrevivência do paciente, sem a qual não teria conseguido levar a vida adiante e alcançado algum tipo de organização possível. Contudo, esse mesmo utensílio de sobrevivência acaba revelando-se insuficiente ou inadequado para proteção em épocas posteriores de sua vida, assim como os castelos medievais tornaram-se anacrônicos quando do surgimento da pólvora e dos canhões no ocidente.

Digo-lhe que considerava que esse episódio com tal cliente é que pôde ajudá-lo a perceber que havia uma dissonância (isto é, zunido) entre o que ele vem considerando e a realidade que existe mesmo.

A situação do paciente com seus clientes reflete as relações dele consigo mesmo, com uma completa negação da realidade psíquica, da vida emocional, do mundo interno. As experiências emocionais são percebidas como algo estranho e são tratadas com extrema hostilidade e violência, chegando a ser praticamente negada sua existência. Na sala do meu consultório, o que também observo nesse paciente é que ele mal consegue suportar reconhecer que existo de fato, que não sou um produto da sua mente. A minha existência real, autônoma dos seus pensamentos, desencadeia emoções intensas nele e, ao se ver confrontado com elas, vive-as como algo intolerável e hostil a atacá-lo (um zunido irritante). Costuma reagir, procurando aniquilar minha presença ou paralisar-me.

Ao analista caberia, se possível, colocar-se disponível para, junto com o paciente, acolher essas vivências no campo das emoções ou – sem dar qualquer conotação mística ou religiosa – plano espiritual, e ajudá-lo a desenvolver contato e acolhimento por esses aspectos sentidos por ele como intoleráveis e extremamente peri-

128   OS CONCEITOS

gosos. O não contato com esses aspectos, que são parte intrínseca e essencial do nosso próprio ser, mutila o indivíduo e o torna incapaz de uma vida real e plena.

2.3 O analista como autoridade

Considera-se que autoridade é algo que não existe, salvo para as crianças para quem os pais são mesmo (do ponto de vista psíquico). Existem autoridades do ponto de vista sensorial, como juízes, soldados, governadores, presidentes, ditadores etc. Todavia, um indivíduo adulto não precisa ficar psiquicamente submetido a nada disso, mesmo que possa estar coagido do ponto de vista sensorial e necessitar se calar – pode, na intimidade, manter-se pensando e observando, a despeito de toda violência que possa estar sofrendo.[68] Penso que isso é verdade. Contudo, o que se costuma esquecer é que, quando um paciente procura um analista, em grande parte o faz por conta da não emancipação de aspectos da sua personalidade que permanecem funcionando em moldes infantis. Desse modo, o analista é frequentemente colocado e percebido como autoridade e o que ele diz pode ter sérias consequências. Cabe ao analista, quando ele próprio não está perturbado e identificado com uma autoridade, rapidamente alertar o paciente sobre a condição humana dele, analista, e sobre a contínua responsabilidade que o analisando tem para consigo, nunca estando

---

68 Não deixo de levar em consideração que Freud ressaltou que o "equilíbrio" de uma pessoa dependerá da sorte que tiver na vida. Caso venha a se defrontar com situações extremamente adversas, por maior que seja seu desenvolvimento mental, poderá entrar em colapso. Contudo, não podemos deixar de observar o caso de pessoas que passaram por situações da mais brutal violência (em campos de extermínio nazistas, por exemplo) e foram capazes de refazer suas vidas posteriormente.

dispensado de cuidar de si mesmo e de verificar as condições psíquicas e de caráter do analista. Como humano que é, nunca está isento de equívocos e de perturbações. O analista que se acredita acima disso por conta de sua formação ou da análise a que já se tenha submetido está, a meu ver, em estado de grave perturbação. Ficou "curado", tornou-se um iluminado, tem contato direto com a realidade última, é um par de Deus (mesmo quando alega ausência de qualquer religiosidade) e funciona, na prática, como autoridade inquisidora, ainda que negue a existência de autoridades (mas ai de quem pensar diferente dele, sejam pacientes, sejam colegas – são todos considerados subdesenvolvidos que sofrem de falta de *insight*).

Ouvi de Cecil Rezze[69] um modelo que considero muito valioso. Ele compara o desenvolvimento mental à evolução da crosta terrestre. A crosta, como se sabe, é uma fina camada superficial resfriada do magma que constitui o interior do nosso planeta (observável nas erupções vulcânicas). Ela se organiza em placas tectônicas que fazem pressão umas contra as outras. Há aparente estabilidade, mas volta e meia, diante de crescentes conflitos, ocorre desequilíbrio e, assim, um terremoto ou uma explosão vulcânica. Por mais seguras que possam parecer, na prática não há qualquer região do planeta que esteja livre disso. Da mesma maneira, está o desenvolvimento mental e emocional. Caso desconsideremos isso, estamos sujeitos a graves problemas como delírios de grandeza e autorreferência.

Rezze, em *A fresta*, trabalho de 1997, ressalta a importância de haver um espaço, uma fresta de dúvida por parte do analisando a respeito do que está ocorrendo. Ressalto a importância, igualmente relevante, de o analista também manter uma fresta (ou mesmo um grande vão) ou dúvida no que tange às suas convicções sobre

---

69 Membro efetivo e analista didata da SBPSP. Comunicação durante um seminário.

130 OS CONCEITOS

o que estaria se passando; caso contrário, estará imerso no mesmo equívoco que critica nos pacientes.

O cuidado com um jardim é infinito. Aqueles que consideram que já estão feitos, são iluminados, enquanto os demais se encontram nas trevas, não se dão mais conta de suas limitações e ficam cegos para suas perturbações. Mais louco do que o louco é aquele que não sabe que é louco.

João Carlos Braga[70] salientou em seu trabalho, *O alucinatório na prática clínica: aproximando algumas questões*,[71] algo que merece consideração. Braga reporta-se a artigos de Frank Philips,[72] nos quais sempre se refere aos fenômenos alucinatórios, quando ocorrem com os pacientes, como problemas de distúrbios mentais (evitação do contato com a realidade – coluna 2 da Grade), enquanto a experiência de alucinação, quando vivida por parte do

---

70 Membro efetivo e analista didata da SBPSP.

71 Trabalho apresentado em reunião científica da SBPSP em 22 de março de 2003, em vias de publicação.

72 "Imitação e alucinação em psicanálise" (1989); "Observação psicanalítica da transição entre fantasia e alucinação" (1983); "Des-Ordem" (1990) em *Psicanálise do desconhecido*. São Paulo: Ed. 34, 1997. Destacando o primeiro artigo, Braga escreve: "Com isso, experiências de apreensão de pensamentos por vias pré-verbais, como intuição, premonição e visualização de imagens oníricas na elaboração da experiência emocional ficam indistintas de experiências de evitação de contato com fragmentos da realidade psíquica. Uma decorrência dessa posição pode ser acompanhada em *Imitação e alucinação em psicanálise*, no qual distintas experiências são denominadas *alucinação*, embora com diferentes significados: quando provindas do analista, têm qualidade da linha C (da Grade); quando do analisando, as da coluna 2". (Grifo de Braga). Frank Philips foi analista didata da Sociedade Brasileira de Psicanálise de São Paulo e da Sociedade Britânica de Psicanálise. Foi analisado por Melanie Klein e por Wilfred Bion, de quem se tornou amigo posteriormente. No final dos anos 1960 e nos anos 1970, foi responsável pela grande expansão das ideias de Bion no Brasil e colaborou para a vinda desse pensador ao nosso país por diversas vezes naquele período.

analista, parece *sempre* estar vinculada à linha C[73] da Grade ou a transformações em O. Penso, como Bion, Philips (na minha leitura), entre outros, que a possibilidade de estar em contato com experiências de natureza alucinatória como os sonhos e os pensamentos-sonho é fundamental para o exercício de nossa atividade (como mencionei no material clínico em que vi um homem entre mim e o analisando). Todavia, como ressaltou Braga, a ideia de que quem alucina de modo obstrutivo são os analisandos e que os analistas, quando o fazem, estão em outro território, é muitíssimo perigosa, o que se poderia depreender dos artigos de Philips (não estou dizendo que Philips tenha colocado desse modo, mas da possibilidade de ser assim apreendido a partir de seus escritos). Crendo-se nela, os analistas passam a constituir uma casta de iluminados, não diferente daquela de filósofos governantes (e ditadores) proposta por Platão na *República*, do clero católico na Idade Média ou dos mulás xiitas.

No mesmo trabalho, Braga traz sua experiência ao questionar-se, durante sua atividade clínica, se o que está observando e intuindo é mesmo intuição e *insight* ou mero delírio e alucinação (no sentido de obstrução e intolerância sua a ficar diante do desconhecido).

Outras duas situações clínicas podem ajudar a visualizar o problema.

---

73 A linha C da Grade corresponde a formulações de natureza mítica ou onírica, tais como os sonhos, mitos, relatos, histórias, tanto individuais como grupais.

132   OS CONCEITOS

1. Paciente masculino, industrial[74]

Entrou na sala e deitou-se. Começou a falar, "retomando" o que estaríamos conversando na véspera. Pedi-lhe que me pusesse a par do que realmente se tratava, pois eu não considerava que pudesse me fiar em memória. Informou-me de um evento que teria ocorrido no seu relacionamento com uma moça. Foi o relacionamento que antecedeu seu casamento com outra mulher. Nesse contexto, a namorada, que ele considerava ser linda e cheia de personalidade, confessou-lhe, após uma pequena viagem, que havia transado com outro durante sua ausência. Ele não conseguiu se conformar e nem perdoá-la. Durante uns dois meses a moça teria se humilhado, pedindo-lhe que reconsiderasse e ele não o pôde. Após esse período, sentiu que podia superar a situação e procurou-a para reconciliar-se. A experiência, contudo, foi desastrosa. A moça teria dado a entender que estaria disponível para retomarem o relacionamento e marcou um encontro na casa de uma amiga. Era uma armadilha. Ao chegar com um ramalhete de flores, a moça o humilhou publicamente diante de outras amigas e do novo namorado. Escorraçou-o, chamando-o de "porcaria" e de outras coisas piores. Ele disse que foi a pior humilhação de sua vida e que, desde então, não sentiu que alguma moça bonita e com personalidade pudesse se interessar por ele. Casou-se em seguida com uma mulher que não julga atraente e por quem não tem qualquer afeto. Disse-lhe que o via lamentar-se pela perda do relacionamento com a namorada, mas que, do meu ponto de vista, aquilo teria sido sorte para ele, pois, se a moça correspondia efetivamente àquilo que descrevia, foi um bom negócio ter sido dispensado, visto do que ela era capaz. O

---

74   Deve ficar claro que os dados dos pacientes foram devidamente distorcidos de maneira a não serem reconhecidos. Portanto, tudo o que não for absolutamente necessário para a compreensão da situação do contexto emocional foi alterado. Assim, idades, sexo, profissões etc. podem ser completamente arbitrárias.

paciente ficou surpreso e não percebeu por que eu teria dito aquilo. Continuei afirmando que aquela situação toda de humilhação pública mais revelava algo da própria moça que dele mesmo, ou seja, era leviana e sádica, capaz de agir com grande crueldade. Ele ficou surpreso e, ao mesmo tempo, pareceu reconhecer o que lhe dizia. Comentou que nunca havia percebido a situação desse modo, mas que parecia ser algo pertinente. Referiu que, vinte e cinco anos depois, descobriu que ela morava perto de sua casa e fez-lhe um telefonema amistoso. Quando ela percebeu que era ele, dispensou-o, mais uma vez, grosseiramente.

Desenvolveu-se em seguida, na sessão, uma conversa na qual nos ocupamos do sentimento que ele tem de ser algo sem maior valor e de que sempre se vê culpado de algo que nem sabe o que é.

Por fim, não me lembro exatamente de como chegamos a esse ponto. Estava implícito no contato dele comigo (de acordo com meu vértice), principalmente pelo modo reticente, a conta-gotas, com que oferecia suas associações. Eu disse ao paciente que ele também sentia muito medo de que algo similar pudesse ocorrer ali na análise comigo – que eu pudesse me valer daquela situação na qual se encontrava, ou seja, ao perceber a desvalia com que ele se considerava, aproveitar-me sadicamente do momento em que ele estava sofrido e sentindo-se depreciado para me valer desse contexto, humilhando-o e "esculhambando-o", como havia feito a namorada. Ele disse que era medo o que realmente sentia e que o levava a ser reticente inúmeras vezes, deixando de expressar-se mais claramente.

Disse ao paciente que, se ele observasse de minha parte uma conduta dessa natureza, revelaria muito mais um problema sério meu do que dele. Se fosse uma característica de minha personalidade e do meu modo de funcionar, a melhor saída para ele seria ir embora, não importava o que eu pudesse pensar dele.[75] O paciente disse perceber o que eu estava dizendo e comentou, mais uma vez, que nunca havia pensado nessas questões desse modo, desse ângulo.

Posteriormente foi possível evidenciar, por meio do modo como o paciente se apresentava no decorrer das sessões, a maneira extremamente intolerante, exigente e cruel com que ele próprio se tratava. Explicitou-se uma violenta rejeição por sua vida emocional e por seu mundo interno.

2. Paciente mulher, trinta e nove anos, advogada

Entrou, deitou-se, mas permaneceu deitada na ponta do divã, como que pronta para sair correndo. Ficou longo período em silêncio (uns cinco minutos aproximadamente). Indaguei-lhe se haveria algum inconveniente se eu soubesse em que ela estaria pensando. Ela disse, como que se desculpando e tentando minimizar o efeito de suas palavras, que estava muito irritada, com muita raiva, indagando-se para que estaria ali, com ódio do próprio trabalho, com vontade de "botar pra quebrar". Mencionou que considerava

---

75 Na verdade, isso não importa mesmo, pois ele não é aquilo que lhe é atribuído – o analista não faz o analisando ser alguma coisa; a utilidade da análise ocorre quando o analista pode apontar ao paciente aquilo que ele, de fato, seria, mas não sabe. Quem, contudo, determina o que é o paciente é a experiência, são os fatos, não a fala do analista. A análise é útil para apresentar o paciente a ele mesmo, para que possa ser ele mesmo. Contudo, observa-se, na prática, que alguns analistas têm um molde daquilo que o analisando deveria ser. Quando os analisandos passam, efetivamente, a se apresentar de modo sincero, após longos discursos sedutores para que sejam honestos, começam a ser atacados e acusados daquilo que seriam ou *daquilo que os analistas lhes atribuem*, não de modo diferente de arcaicas práticas psiquiátricas como aquelas descritas por Freud em relação aos pacientes neuróticos de seu tempo (acusados de serem degenerados ou coisas piores).

fazer tudo errado e que parecia não haver jeito. Referiu-se a situações que não descreveu. Pedi-lhe que fosse mais específica.

A paciente relatou diversas situações relacionadas a seus quatro filhos, sobretudo à falta de disciplina deles nos estudos que resultavam em notas muito baixas e ameaças de reprovação. Contou as providências que tomou e que se revelaram improdutivas.

Comentei que ela estava meio cautelosa ao me relatar aquilo tudo (e pronta para sair correndo) por acreditar que seria repreendida por mim por não saber o que deveria fazer. Certamente, eu, do alto de minha sabedoria psicanalítica, teria respostas para tudo e só poderia olhar com desprezo para os reles mortais que não tinham respostas e não sabiam o que fazer. A paciente riu, mas disse que não era só isso. Complementei, dizendo que ela também se irritava porque eu não tinha respostas e soluções para tudo. Ela estava irritada tanto por pensar que eu, psicanalista, teria soluções para tudo e desdenhava os tolos humanos comuns que ficavam sem saber o que fazer, quanto pelo oposto, por não possuir o saber e a fórmula que davam solução para tudo. Ela, entre risos,[76] confirmou o que eu lhe disse. Mesmo assim, manteve-se um pouco irritada por sentir que não tinha como garantir o futuro dos filhos. Fiz, nesse momento, a observação de que conversar, informar, possibilitar recursos, parecia-me algo favorável, mas, certamente, não era garantia, pois isso não existe na vida. Comentei que, se alguém quer fazer uma plantação, precisa arar o chão, adubar, semear, ti-

---

76 Considero o humor um fator de grande importância no desenvolvimento de um indivíduo. Quando alguém leva tudo a ferro e fogo, torna o aprendizado muito difícil ou mesmo impossível. Certo espírito esportivo é necessário para que se possa aprender com os próprios erros; caso contrário, a percepção de equívocos torna-se algo a ser evitado porque pode trazer graves consequências (terríveis punições). Ver o livro *Ninguém escapa de si mesmo – Psicanálise com humor*, de Paulina Cymrot. São Paulo: Casa do Psicólogo, 2003.

rar as ervas daninhas, regar, cuidar anos a fio. Sem isso, com toda certeza, dificilmente uma plantação pode vingar, mas nada garante que ela venha a ser mesmo um sucesso. Podem vir a geada, a inundação, a seca, ou as pragas, como o caruncho ou a praga cítrica, e acabar com tudo (nada impede, entretanto, que alguma árvore ou planta muito forte possa crescer e se desenvolver mesmo nas condições mais adversas, o que não deixa de ser uma exceção). Ela podia fornecer os meios, mas não podia garantir ou decidir as consequências. A paciente ajeitou-se de modo mais confortável no meio do divã. Prosseguimos a conversa...

Em conferência proferida na Argentina, mencionada anteriormente, em 1968, Bion relatou sua experiência com uma paciente que descreve como extremamente crítica, impossível de se contentar e que descrevia tudo o que ele propunha como estupidez ou algo sem valor. Considerou haver sido um equívoco de sua parte tomá-la em análise. Indagado por um dos ouvintes se achava que a paciente não era analisável, Bion respondeu que não o era *por ele, que se via sem recursos suficientes para tal, mas que poderia sê-lo por alguém com maior capacidade de tolerar as experiências emocionais mobilizadas pelo contato com ela.* Ele diz:

> *Na realidade, não diria que se tratava de uma paciente difícil, mas de um problema analítico difícil [...]. Trata-se mais das dificuldades inerentes em se ter de tolerar uma conduta desse tipo. Nesse sentido, é **mais um problema do analista** do que um problema analítico.*[77]

Bion colocou-se como incompetente para essa experiência e em nenhum instante considerou a paciente responsável por seu

---

77 Grifo do autor.

insucesso ou permitiu que alguém o fizesse (em um determinado ponto, um ouvinte procurou qualificá-la como deliquente). Destacou, por sua vez, suas limitações e as da psicanálise e a necessidade de ambos se desenvolverem. Durante essa exposição, Bion ressaltou: "[...] um analista jamais pode estar seguro quanto à correção de suas interpretações, seu bom critério etc. [...]".

No trabalho que ora desenvolvo, está patente, de modo inequívoco, minhas afinidades com as ideias de Bion (além das afinidades com as de Freud e as de Klein – não considero, de maneira alguma, que esses autores se contraponham, mas que se complementam). *Todavia, reputo um grave equívoco igualar esses autores à psicanálise.* Há algum tempo ouvi que quem não estava com Klein ou com Bion *estava contra a psicanálise.* Nesse aspecto, considero que não estamos mais no campo da atividade científica, mas no campo da Guerra de Religiões e dos defensores de Escrituras Sagradas e de Profetas. Considero que um autor como Bion de modo algum se filiaria a um movimento bioniano (ou kleiniano, ou freudiano etc.) dessa espécie, pois justamente aquilo que ele mais criticava e para o que ele chamava a atenção era o uso feito de teorias científicas que mumificavam a própria ciência que se pretendia proteger ou defender.

O problema aqui ressaltado permanece sendo o do conflito entre o pensamento livre e o *establishment.*

2.4 Narcisismo e social-ismo/Ética e moral

As descrições clínicas relacionadas ao conflito que a psicanálise costuma sofrer com o *establishment* (incluo o *establishment* nos próprios meios psicanalíticos) leva-nos a considerar questões sobre a ética e a moral.

138 OS CONCEITOS

Há algum tempo, li em um artigo sobre direito do trabalho, escrito por um jurista, uma série de recomendações feitas ao empresariado sobre a necessidade de se considerar e tratar o operariado como seres humanos, merecedores de toda dignidade e respeito. Ressaltava, igualmente, os benefícios sociais e econômicos que adviriam dessa postura.

O que se verifica amiúde na prática clínica é que pouquíssimos seres humanos conseguem efetivamente se perceber como seres vivos, existentes mesmo, com as qualidades e dificuldades humanas. A maior parte da humanidade não tem verdadeira consciência de si. Tem aquela consciência do sensorial, mas não tem consciência de si. Funciona em um nível no qual coisas animadas e não animadas não têm muita distinção. Vivo e não vivo não são qualidades realmente experienciadas. A maioria dos seres humanos está tal como o profissional anteriormente citado: não diferencia mulheres de bonecas. Isso não se deve a desvio moral, mas ao não alcance da diferença, a estados primitivos da mente nos quais não há essas distinções. Falar em respeito e dignidade, em condição humana é, em certa medida, equivalente a discorrer para um homem da pré-história sobre ondas magnéticas ou sobre a teoria quântica.[78]

O conselho dado pelo jurista, em certo nível profundo da mente, é completamente inócuo e sem sentido, pois aquele que já tiver a condição mental para perceber a diferença entre seres vivos e objetos (coisas) já elaborou de modo mais cabal vivências da posição depressiva, não necessita de tal alerta; e aquele que não tem acesso a essa condição, que funciona em situação predominantemente esquizoparanoide, não percebe seu real alcance. O conselho veicula-

---

78 Não estou fazendo nenhum tipo de discriminação de superior e inferior. Refiro-me a um nível de percepção diferenciado. Uma pessoa que percebe tudo de modo muito concreto não alcança abstrações.

do só poderá ser assimilado pela grande maioria de forma moral, como imposição moral, não tendo consistência de *insight* ou ética. A conduta orientada pela moral pode até imitar as atitudes que consideram a humanidade dos seres humanos (tal como uma importante empresa multinacional do ramo petroquímico anuncia na TV sua preocupação com as causas ecológicas que afetariam as populações, ao mesmo tempo que não reconhece, na prática, o envenenamento de populações por suas atividades industriais no interior do estado de São Paulo).

Observo pessoas no meu consultório que se esforçam para imitar tudo o que um homem ou uma mulher casados teriam. Imitam todos os trejeitos. Casam-se em cerimônias religiosas, compram casas, têm filhos. Na prática, do ponto de vista psíquico, todavia, não conseguem mesmo alcançar a qualidade de vivências de que efetivamente necessitam (intimidade com outro humano). Fazem tudo o que imita a intimidade, mas não conseguem alcançá-la porque não desenvolveram a condição, o aparato psíquico para isso (e por esse motivo vêm para análise, pois, apesar de algumas dessas pessoas terem aparentemente "tudo o que deveriam ter para serem felizes", não o são por conta de não conseguirem, efetivamente, ter acesso às qualidades psíquicas às quais estou me referindo). Essas qualidades psíquicas, como já me referi anteriormente, só são acessíveis na medida em que uma pessoa tenha acesso e tolerância às próprias vivências emocionais. Sem as vivências, experiências emocionais, não é possível aprender com a experiência. O "aprendizado" intelectual não corresponde a um verdadeiro *insight* (experiência emocional de passagem da posição esquizoparanoide para a posição depressiva). O sucesso social não necessariamente corresponde a uma real condição de usufruto da vida. O que vemos, frequentemente, são pessoas desesperadas para conseguir o chamado sucesso social na crença de que, caso seja alcançado (na verdade uma miragem), a felicidade, a satisfação, o usufruto da vida será possível. Se vestir o hábito, terá as qualidades do monge. Não estou dizendo que uma pessoa que tenha reconhecimento social seja infeliz. Estou me referindo à crença de que dependa disso para ser feliz ou usufruir da vida. Os indivíduos que acreditam depender do sucesso social para conseguirem usufruir da vida (e escapar de vivências persecutórias da posição esquizoparanoide assumindo cargos de poder), na prática, ao não alcançarem aquilo que só é possível ser alcançado com o desenvolvimento da capacidade mental (a consciência de si, a possibilidade de elaborar a depressão e a operação da função alfa), acabam em um inferno tantalizante mais ávidos e desesperados por mais fama, poder, prestígio etc.

Elaborar a posição depressiva é, contudo, uma experiência pouco tolerável, pois implica conviver com dor psíquica e assumir um elevado nível de responsabilidade para consigo mesmo e para com os outros. Faz-se necessário aceitar conviver com as angústias depressivas. Poucas pessoas suportam ou se dispõem a tal convívio, que por sua vez é condição necessária para que se possa ter um discernimento personalizado dos fatos. O que ocorre, na maioria das vezes, é uma opção (quase sempre inconsciente) de assumir o discernimento de autoridades que estabelecem o que é certo e errado. Assim procedendo, as responsabilidades pelas consequências podem (como na infância) continuar sendo atribuídas àqueles que ditam as condutas a serem tomadas. A crença na autoridade mantém-se igualmente devido a expectativas de recompensas a serem recebidas caso se proceda de "modo correto". Quando o discernimento é próprio (ético e não moral), as consequências serão assumidas pelo próprio indivíduo e não há ninguém para garantir recompensas relativas ao esforço feito. Decorre daí uma tendência geral nos grupos de buscar um iluminado que possa apontar os caminhos, tal como um Moisés. No entanto, vive-se a angústia de que o iluminado possa levar os demais a um precipício.

O conselho dado pelo referido jurista (de consideração e respeito pelos operários) serve, na maioria das vezes, de modo moral, normativo. Pode ser assumido de modo moral. Isso não quer dizer que um verdadeiro *insight* tenha sido alcançado. O que frequentemente ocorre é uma situação de imitação do que é pregado sem que haja real internalização daquilo que se segue.

É paradoxal perceber que a maior parte dos seres humanos consegue imitar o que seria um ser humano, sem atingir tal condição efetivamente, pois, muitas vezes, o próprio indivíduo não tem consideração real pela sua própria *humanidade*.[79]

A diferença entre ética e moral jaz nessa questão. No livro *Bioética*,[80] organizado e também escrito por Claudio Cohen e Marco Segre, da Faculdade de Medicina da USP, isso fica bem destacado. No capítulo 1, os dois autores escrevem:

> *Conforme já dissemos, a eticidade está na percepção dos conflitos da vida psíquica (emoção x razão) e na condição, que podemos adquirir, de nos posicionarmos, de forma coerente, diante desses conflitos. Consideramos, portanto, que a ética se fundamenta em três pré-requisitos: 1. A percepção dos conflitos (consciência); 2. Autonomia (condição de posicionar-se entre a emoção e a razão, sendo que essa escolha de posição é ativa e autônoma); e 3. Coerência [...].*

---

79 Como modelo, poderíamos utilizar a situação do pai de Hamlet na tragédia de Shakespeare. O problema dele foi ter morrido sem confessar seus pecados. O que importava era ser absolvido de seus crimes; não era um real problema tê-los cometido.

80 SEGRE, M.; COHEN, C. (Orgs.). *Bioética*. São Paulo: Ed. da USP, 1995. Esse livro ganhou o prêmio Jabuti.

Kant estabeleceu como pressuposto de sua "moral" a condição de livre escolha, fundamentando essa escolha na razão. Mas a razão também é um pressuposto, passível de avaliação de "fora". O que é razoável (ou racional) para uns pode não o ser para outros. Entendemos que nossa conceituação de ética, que não se atém apenas à racionalidade, é mais dinâmica e abrangente que a Kantiana [...].

[...] Torna-se evidente, por exemplo, que para nós, a postura religiosa não é autônoma, pois ela não se embasa nesses pré-requisitos, sendo na prática equivalente a um posicionamento moralista [...].

A enorme diferença entre ética e moral, para nós, é: enquanto que para que a moral funcione ela deve ser imposta, a ética, para ser atuante, deve ser apreendida pelo indivíduo, vinda de seu interior. A moral é imposta, a ética é percebida [...].

[...] consideramos os problemas éticos conflitos que devem ser vivenciados pessoalmente, dependendo da estrutura do indivíduo, arrastando consigo conceitos e ideais sociais introjetados e **elaborados** ao longo da vida.

[...] Frequentemente, as pessoas encarregadas da elaboração dos códigos de ética são extremamente moralistas, sendo que os códigos passam a ser utilizados apenas para o exercício do poder institucional [...].

Portanto, para ser ético não basta ter-se o conhecimento do código de ética, pois a pessoa poderá atuar apenas de um modo moralista; são necessários a assimilação e o amadurecimento de certos conceitos do que é ser um "ser humano" para que a pessoa evolua e se humanize. (p. 17-21, grifos do autor)

Na introdução, escrevem: "[...] o que chamamos de ética (que vem de dentro da pessoa), caminhando em sentido contrário à moral (que vem de fora)".

Uma situação clínica pode ajudar a visualizar as condições mentais que estou pretendendo realçar. Um paciente relata inicialmente dificuldade para dormir, fica vendo TV até altas horas da noite. Chegando ao consultório, sentia que poderia relaxar e dormir. Digo-lhe que achava que ele estava com medo de dormir e do que pudesse vir a sonhar. Sentia, contudo, que aquilo que podia ser assustador para ele sonhar sozinho poderia ser algo possível na minha presença e contando com a minha capacidade. O paciente diz que estava nos últimos dias só em casa e se viu perseguido por barulhos e coisas desse tipo. Digo-lhe que, na realidade, considerava que ele temia o que pudesse vir a lhe assaltar desde dentro, que temia o que pudesse emergir em si. Associa, em seguida, toda uma série de problemas de uma grande empresa. Menciona a perda de um importante sistema de informações e processamento de dados em Nova York em decorrência dos ataques de 11 de setembro (de 2001) e a necessidade da empresa de reconstruir o aparato que foi devastado para não sofrer colapso. Diz que a diretoria o pressiona para que esse equipamento seja reimplantado em prazo muito curto, irreal e inexequível, deixando os funcionários encarregados dessa tarefa em condição de impasse. Também fala de problemas de gerenciamento. Em seguida, associa uma situação com seu filho de pouca idade, na qual, após um dia de muita atividade, a criança, contrariamente à sua expectativa, em vez de ficar sonolenta, estava excitada e acesa, impedindo as demais pessoas da casa e especialmente os pais, de dormirem. O filho insistiu tanto e fez tanta agitação que ele se percebeu perdendo as estribeiras: pegou a criança nos braços e deu uns berros para que parasse tudo e fosse dormir. Ficou angustiado pelo que considerou ter sido uma reação

144 OS CONCEITOS

excessiva, perigando resvalar em violência. Recriminou-se de covardia e cobrou-se, porque considerava que tinha condição de ter agido de modo diferente. Eu lhe disse que não poderia ter agido diferentemente, pois, se pudesse, o teria feito. Considero que ele avaliava a necessidade de expansão, ou mesmo, instalação e desenvolvimento de equipamento mental que o capacitasse a "processar" as experiências emocionais. Ao falar do desastre em Nova York, estaria se referindo a um desastre pessoal que o teria despojado do equipamento mental que é necessário para processar, elaborar as vivências. Ele, prossegue, fala do filho, o que também corresponderia a um aspecto seu próprio, com uma mente incipiente, pouco desenvolvida, que não sabe como dar conta das forças que se impunham desde seu âmago, naquela circunstância, possivelmente de uma grande excitação sexual, que buscam uma mente que seria mais equipada para ajudar a acolher e direcionar de modo mais favorável aquela excitação que se impunha. Se o pai, ou o adulto, não dispõe de equipamento mental suficientemente desenvolvido para dar conta disso, a tendência é haver muito medo e incapacidade de continência das intensidades de experiências que se apresentam e a devolver como um míssil aqueles conteúdos, a excitação que buscou uma mente para processá-la de volta à origem, de forma violenta e NÃO processada, não elaborada, resultando em um tipo de terrorismo e na instalação de um círculo vicioso. Considero que não adiantava ficar se recriminando por ter condição pouco evoluída e de acabar reagindo de forma violenta. A recriminação moral não iria ajudá-lo; poderia, até, recrudescer o círculo vicioso em virtude de ele passar a se exigir o que não tem para dar. O que poderia ajudá-lo seria poder ter um *insight* sobre a questão e trabalhar para desenvolver seu equipamento mental, que poderá ajudá-lo tanto a conter como a assimilar e orientar de modo favorável essas tensões que vinham de dentro (no caso do menino, creio que de natureza sexual) e desenvolver a condição de pensar (necessidade que considero que intuiu ao procurar a análise). Digo-lhe que ele verificava, tanto na empresa quanto em relação a si mesmo e em relação ao filho, que o sistema de processamento de dados do qual realmente precisava, que era realmente o fundamental e essencial, era a mente, uma mente desenvolvida, com capacidade de acolher e processar as vivências, as experiências emocionais. Na falta dessa última, todo o resto, todos os demais recursos que pudessem haver, ficariam mal-utilizados ou mesmo poderiam ser perdidos. O ataque a Nova York ele poderia ver como um aspecto da mente, supostamente mais desenvolvido e sofisticado, "superior" considerava que poderia ignorar os aspectos que seriam mais primitivos, subdesenvolvidos, miseráveis e violentos, tendo inclusive o lado mais desenvolvido e "superior", a fantasia de poder funcionar como se não existissem os mais arcaicos, ou mesmo de exterminá-los simplesmente. Esses aspectos primitivos, arcaicos e ignorados, por sua vez, atacam os aspectos "mais sofisticados" que consideravam que poderiam se passar dos mais rústicos.[81] (Não havendo uma mente de fato pensante nos aspectos percebidos como superiores e sofisticados, eles devolvem a violência em um interminável círculo vicioso, reforçando as cisões e a paranoia). Completo minha fala dizendo que ele me comunicava ter uma urgência e uma expectativa de que eu pudesse ajudá-lo a restabelecer sua condição mental tão necessária em um tempo curto. A ponderação que lhe fazia, contudo, era de que não tinha qualquer fantasia nem interesse de seduzi-lo, propondo-lhe dar conta de algo inexequível. O tempo que levaria seria o tempo que fosse necessário.

---

81 O mesmo também poderia ser dito da atitude das elites brasileiras em relação à grande horda de miseráveis do país. As reações são similares, com a elite querendo viver ignorando os miseráveis, o segundo vindo a atacar e assaltar a primeira que, por sua vez, reage com mais violência e paranoia em um círculo vicioso infernal.

146 OS CONCEITOS

Considero que, com esse exemplo, podemos verificar como o conhecimento obtido através de mentes singulares pode nos ajudar a reconhecer o funcionamento de agrupamentos humanos. Toda a questão está relacionada aos problemas de continente e contido e das posições esquizoparanoide e depressiva – depende da elaboração da posição depressiva – aquilo que é percebido como dissociado, sem relação, pode ser visto fazendo parte de um todo.

Situação semelhante à desse último analisando também ocorre quando da emergência de um indivíduo genial, capaz de intuições profundas e amplas, mas que tem dificuldade de contê-las em si mesmo, seja por sua fragilidade emocional, seja pela intensidade e amplitude daquilo que capta e formula. A situação poderá evoluir de modos diferentes de acordo com as condições que o grupo que o rodeia tenha para abarcar esse tropismo: se capaz de assimilar a intensidade da expansão e ajudar a evoluí-la, dirigindo-a para fins favoráveis para todos ou se, na intolerância e impossibilidade de contê-la, pode vir a massacrar o indivíduo que capta e transmite a expansão. Outra alternativa ainda seria: por conta da incontinência, aquilo que procura expandir-se acaba por destruir tanto seu portador quanto o grupo.

A evolução da posição esquizoparanoide para a depressiva confronta os indivíduos com sentimentos de culpa e remorso. Enquanto predomina a paranoia, o sadismo moralista pode agir livremente. Outros seres humanos não são percebidos como tal, mas como objetos maus que podem, sem qualquer consideração, ser desprezados e eliminados, ser atingidos por todo tipo de violência sem que haja qualquer constrangimento. Na posição depressiva, os objetos persecutórios vistos como malignos na paranoia passam também a ser percebidos como humanos e vivos – não diferentes em qualidade de quem estava atacando. O temor da depressão, da culpa e do remorso (que humanizam os humanos) é muito intenso. Na vigência de um superego assassino e moralista, a culpa e o remorso desencadeariam castigos violentíssimos (como o suicídio). A mente que seria capaz de reunir, reparar o que está clivado, portanto, levando à depressão e ao *insight* depressivo, é percebida como algo apavorante e precisa ser destruída, aniquilada.

O fanatismo visa destruir a mente (e evitar a depressão). As exortações morais para entendimento entre povos, a meu ver, serão infrutíferas enquanto não houver mente suficientemente desenvolvida (emocionalmente desenvolvida) e madura,[82] capaz de expandir e metabolizar a situação. Nos estados paranoicos, isso não é viável. O paradoxo está no fato de que se anseia desesperadamente por uma mente, ou mentes, capazes de tal expansão e evolução, o que traria qualidade de vida às populações, só que o surgimento dessas mesmas mentes é percebido como uma terrível ameaça (da instalação da posição depressiva, culpa e remorso) e os espíritos ficam armados para fulminar essas mentes tão ansiadas assim que elas possam despontar.

A diferença entre ética e moral, tal como ressaltam os autores Cohen e Segre, só é possível com desenvolvimento emocional (mental). Como não é frequente, poucos seres humanos, sendo capazes de perceber essas nuances, estabelecem situações que dizem respeito ao que estou abordando neste trabalho: o conflito dos grupos que

---

82 Por mente madura, refiro-me a uma mente capaz de suportar as dores, os sofrimentos, as frustrações, a intensidade das emoções e dos impulsos sem que se fragmente com facilidade. Uma mente fraca ou pouco desenvolvida (como a de um bebê) entra em colapso diante das menores agruras da vida. Pessoas altamente sofisticadas do ponto de vista intelectual e cultural podem ter mentes fracas, assim como indivíduos sem cultura capazes de aguentar grandes dificuldades podem possuir mentes fortes (ou vice-versa). Como já mencionei anteriormente, grandes gênios podem também ser fracos no que diz respeito a tolerar adversidades e contrariedades e, consequentemente, ter suas mentes fragmentadas ou corroídas pelas vivências emocionais que não toleram.

148 OS CONCEITOS

anseiam pelo surgimento de indivíduos que sejam capazes de alcançar as evoluções de "O" (algo que vem de dentro), pois, por não conseguirem discernimento próprio buscam quem o tenha para se orientarem e, ao mesmo tempo e paradoxalmente, temem para onde possam ser levados por essas mentes diferenciadas. Há também a questão de psicopatas inteligentes (que usam a percepção aguçada que têm para manipular os demais como títeres) que simulam grande ética (e muitas vezes se apresentam como líderes moralistas) para guiar grandes grupos de humanos ávidos por quem possa pensar por eles – tais como crianças em busca de um pai poderoso e protetor.[83] O psicopata tem intuição aguçada, mas, como não elaborou a posição depressiva (na qual a mesma mãe/seio odiada é verificada como também aquela que é necessitada/amada), usa-a de um modo peculiar. O psicopata é o exagero da falta de discriminação entre o vivo e o não vivo, entre coisas e seres animados.

O dilema está colocado. O grupo necessita do surgimento de indivíduos capazes de vislumbrar o que a maioria não pode. Todavia, teme o que pode lhe suceder, caso surja alguém com tal condição, seja de boa ou má-fé.

Esse dilema pode ser visto, em escala mais reduzida, não em situação de gênio para com o grupo, na qual o que estou mencionando fica exacerbado e realmente dramático, mas nas situações cotidianas.

---

83 Para os que possam se horrorizar com essa minha avaliação, basta considerarem o tremendo sucesso social que tiveram (e ainda têm) grandes psicopatas como Hitler (que foi inicialmente eleito chanceler da Alemanha), Mao Tsé--Tung, Napoleão Bonaparte e os grandes demagogos corruptos da América Latina. Estes últimos, por mais que se evidenciem suas falcatruas e criminalidade, voltam a se eleger (não só pelas classes menos favorecidas e escolarizadas) sempre que se apresentam como paladinos capazes de resolver todos os problemas, como homens de ação que roubam, mas fazem.

Quem procura análise não tem o alcance, o conhecimento do profissional. Procura, em geral (nem sempre, contudo), para obter ajuda. Muitas pessoas, alucinando (não no sentido psiquiátrico, mas no sentido de usarem os próprios fatos para substanciar suas expectativas e crenças) ao encontrarem o profissional, entregam-se a ele como se não precisassem mais cuidar de si. O profissional é que vai cuidar delas. Lembro-me de duas situações que eventualmente uso na minha prática clínica para alertar meus pacientes de que não estão de forma alguma isentos de responsabilidade sobre si mesmos e muito menos de prestar atenção em com quem estão se metendo (no caso, em mim). A primeira situação é um episódio ocorrido com a avó de um amigo, que ao enviuvar foi procurar o padre de sua paróquia para saber o que fazer com todos os documentos que seu marido havia deixado num cofre em sua casa. Nele, segundo o meu amigo, havia escrituras e documentos relativos a extensas propriedades que possuíam. Ao perguntar ao padre como deveria proceder, esse lhe disse que aquilo tudo eram coisas do diabo, e que ela deveria queimar tudo. E assim o fez, o que resultou perder quase tudo o que possuía.

O outro episódio pode ser encontrado num modelo anedótico, criado e utilizado pelo colega Dr. Pérsio O. Nogueira (falecido em 2015), quando abordava a questão. Contava que chamava a atenção de pacientes que, decidindo-se a fazer um trabalho com ele, consideravam-se salvos e dispensados de fazer qualquer verificação ou avaliação de seu trabalho ou de sua pessoa, por estarem sendo atendidos por um "Analista didata da Sociedade Brasileira de Psicanálise"... O modelo é aproximadamente o seguinte:[84]

---

84 Agradeço ao Pérsio sua colaboração por me recordar pormenorizadamente seu modelo.

> *Um dia, o paciente chega, tenta entrar na casa onde o analista teria o consultório e não consegue. A chave não abre. Toca insistentemente a campainha e nada. Por fim, recorre ao vizinho. Este último, surpreso, indaga: "O senhor não sabe?!". "Sabe o quê?", retruca o paciente. Diz--lhe o vizinho: "O Dr. Pérsio há alguns dias está com sintomas de loucura; ontem ele teve de ser internado, pois piorou". E acrescenta: "Mas o senhor vem quatro vezes por semana aqui e não notou nada?!..."*

Pérsio usava essa anedota para alertar o paciente da impossibilidade de alguém se despojar de responsabilidade e de que nunca se está dispensado de cuidar de si. Quem não tem alternativa são as criancinhas, os inválidos (principalmente mentais) e os bebês.[85] A condição de adulto é muitíssimo mais vantajosa que aquela de

---

85 Uma colega e amiga, Márcia Ferrão, ciente deste problema, narrou-me a seguinte experiência em um hospital no qual estava internada após uma cirurgia de apendicite. Comentou que durante uma cirurgia estamos inconscientes, completamente indefesos e à mercê da sorte. Despertos, contudo, podemos nos cuidar. Relatou um episódio no hospital com uma atendente de enfermagem. Toda vez que alguém vinha lhe ministrar um medicamento, perguntava e exigia ser esclarecida sobre o que estava recebendo em suas veias ou via oral. No meio de uma noite, uma atendente vem lhe injetar algo. Ela pergunta o que era o medicamento. A auxiliar de enfermagem respondeu autoritária e grosseira: "Remédio". Márcia não se conformou e insistiu: "Que remédio?"; "Remédio, oras", respondeu a mal-educada profissional da saúde. Márcia retrucou: "A senhora não vai me aplicar nada se eu não souber do que se trata!". A auxiliar de enfermagem disse com brutalidade: "Vai tomar, sim!". Márcia disse: "Se a senhora insistir, eu vou gritar e chamar por socorro". A auxiliar resolveu lhe dizer e verificou o nome do medicamento. Reagiu com espanto ao perceber que, na realidade, aquilo que ia injetar em Márcia era destinado a outra pessoa e não a ela! Podemos verificar com clareza questões relativas ao narcisismo e ao social-ismo, a estados infantis de submissão a "autoridades" e a uma condição de emancipação (vida adulta, na qual a pessoa é responsável por si mesma).

uma criancinha inválida; costumo alertar meus pacientes sobre a possibilidade de verificarem com quem estão, qual o caráter e, em caso de dúvida séria quanto ao meu caráter, a condição de se defenderem ou irem embora.

O surpreendente, tanto nos pacientes individuais como em movimentos de grupos, é verificarmos o horror, o ódio com que as pessoas percebem essa responsabilidade. Querem não se sentir inseguras, mas não querem se cuidar. Temem terrivelmente abrir mão ou questionar as maneiras com as quais conseguiram se organizar, assim como náufragos agarrados a fragmentos ou a boias em meio ao mar. Querem que alguém cuide delas, sem se dar conta de que essa atitude está na origem de boa parte de suas inseguranças. Ao rejeitarem se responsabilizar por si e reconhecer as capacidades que têm, anseiam por gurus. No entanto, por se sentirem cegas na vida (sem desenvolverem discernimento próprio), por deixarem que outros vejam por elas, ficam em pânico, assustadas quanto a seus porvires. O que se observa também, na prática da psicanálise, é quão poucas pessoas se dispõem ou realmente toleram se emancipar (portanto, serem adultas, capazes de usar o próprio discernimento e de responderem por si mesmas). A grande maioria quer um guru, alguém que se assuma como um Messias (não alguém real que possa ajudá-las a se desenvolver). Há um apego a uma idealização da infância (de um estado de mente da infância, ou dos tempos de bebê) e uma rejeição ao amadurecimento, mesmo em pessoas extremamente capazes e inteligentes. Até quando há o reconhecimento desse estado, o trabalho para a emancipação costuma ser muito longo e árduo, para os poucos que realmente o assumem, visto ser experimentado como algo de alto risco o questionamento das organizações internas alcançadas, mesmo que muito precárias. É fácil constatar o porquê do sucesso dos gurus e magos de toda sorte, da mesma maneira que as religiões autoritá-

152   OS CONCEITOS

rias e messiânicas, ou líderes políticos autoritários. Em um trabalho psicanalítico, a possível substituição de métodos pelos quais se
acredita sobreviver por outros mais frutíferos para o indivíduo só
poderá se efetivar caso o paciente verifique a real utilidade de outros recursos dos quais possa se valer que compensem o abandono
dos anteriores, da mesma forma que a máquina de escrever não foi
substituída pelo computador porque foi feita uma campanha contra ela, mas porque o computador se evidenciou como uma tecnologia muito mais cheia de recursos e facilitadora da vida daqueles
que se valem dele.[86]

Em *Experiências em grupos*,[87] Bion relata diversos episódios
nos quais, diante da possibilidade de não assumir para si a condição de autoridade que lhe era atribuída (identificação projetiva e a
condição de Bion de reconhecer a identificação projetiva, mas não
precisar ficar identificado e permanecer sendo quem era), os grupos acabavam sistematicamente instituindo como líder seu membro mais perturbado.

2.4.1 "O"

Na psicanálise, de acordo com Bion, dando prosseguimento ao pensamento de Freud, a "Verdade", a realidade psíquica, é
o âmago da questão. A "Verdade"[88] em questão seria aproximar
uma pessoa o máximo possível daquilo que ela é, da realidade
de sua existência, do que ela é e não pode deixar de ser, esteja ou
não de acordo, goste ou não de como foi provida ou desprovida pela natureza. Uma pessoa não conhecer (ou reconhecer) sua

---

86   Agradeço esse interessantíssimo e valioso modelo ao Dr. Cecil José Rezze.
87   BION, W. R. (1948-51). *Experiences in Groups*. Tavistock Publications, 1961.
88   Ver a citação de St. Exupéry sobre a Verdade em *Terre des Hommes*, assim
como a de Einstein, na Introdução.

natureza física ou psíquica não muda o fato de ela ser o que é, pois, colocando-se numa linguagem que poderia ser ouvida por um vértice religioso, porém sem ter conotação religiosa, a ideia poderia corresponder à percepção de que somos *criaturas*, não O Criador. Ao sermos concebidos, não decidimos nossas características físicas (sexo, estatura, cor da pele, dos olhos, pais, avós, irmãos, tios, nacionalidade, saúde etc.) nem psíquicas. De acordo com Bion, a personalidade de uma pessoa é o primeiro ambiente em que ela se encontra.[89] Encrencarmos com a supremacia dos *fatos* e não considerarmos a existência de uma realidade que estaria fora de nossa mente seria o cerne da questão psicanalítica – o ódio à realidade e o recurso à onipotência por não tolerância à frustração constituem basicamente o núcleo e a origem de todos os distúrbios de pensamento. Bion amplia e realça, na obra de Freud, o valor de seu trabalho, *Formulações sobre os dois princípios do funcionamento mental* (1911). As transformações em "O" partem dessa questão: a realidade (Verdade Última), apesar de ser – na sua essência última, incognoscível – inatingível pelos seres humanos, *existe*, mesmo que não a percebamos ou a reneguemos. Por isso, ele dizia que a *real* psicanálise é algo que se ocupa da realidade e que uma sessão psicanalítica deveria se aproximar o máximo possível da vida como ela é. Um exemplo mais simplório seria alguém querer atravessar uma porta sólida (quando se encontra fechada) sem abri-la – o máximo que poderá conseguir, se insistir com muito vigor (por mais que use os poderes do seu pensamento para negar a existência do obstáculo), será um nariz ou ombro quebrado.

---

89 "Sendo um psicanalista, eu incluo a própria personalidade do homem como uma parte, e uma parte muito importante de seu ambiente." BION, *Cogitations*, p. 192 (tradução livre minha).

154 OS CONCEITOS

A realidade última ("O"[90]) é incognoscível, isto é, podemos ter apreensões do que ela seria, ter um ponto de vista a respeito ou, usando uma expressão preferida por Bion por estar despojado de uma maior carga sensorial, um vértice do que acontece, de como as coisas seriam. Cada pessoa pode ter um vértice sobre um fato, evento da natureza ou acontecimento. O que foi ou é a coisa em si é inalcançável. Podemos saber que ela existe, visto que se impõe, mas não podemos perceber sua forma última de acordo com a versão platônica do Mito da Caverna. O que nos seria possível ter, como já disse, seriam sempre vértices. Por uma questão prática, o que se busca é que o vértice que tenhamos se aproxime o máximo possível do que os fatos seriam. Quanto mais distantes da realidade (da coisa em si) forem nossas percepções, mais sofreremos, uma vez que nossas atitudes ou providências relativas às nossas necessidades serão inadequadas. A prática da vida deveria ser nossa grande mestra para nos orientar a conduta. Paradoxalmente, porém, o que se parece observar é que isso não é tão rotineiro quanto se imagina.

A propósito da realidade última, podemos perceber que, apesar de incognoscível, desde cedo, uma criança que não esteja muito perturbada vai se dando conta de sua existência, mesmo que de modo "negativo". Esse modo "negativo" se mostra quando vamos

---

90 "O" (a letra O): apesar de muitos psicanalistas também expressarem como transformações em "zero", Bion usa a letra "O" para não confundir com zero, que é uma complexa ideia matemática com inúmeras associações preexistentes. "Quando uso a letra O, eu pretendo indicar número, a coisa em si sobre a qual ninguém pode saber nada. O Conhecimento, eu considero, começa somente quando estamos lidando com fenômeno. O zero deveria ser mantido em conformidade com definições dos matemáticos [...]. O e zero certamente não são a mesma coisa, pois zero representa uma estupenda descoberta e seu valor não deveria ser corroído levianamente." BION, *Brazilian Lectures*, 1973, p. 107 (Tradução livre minha).

nos dando conta de que nem o mundo nem nós mesmos somos o que gostaríamos de ser.

De acordo com Bion, não podemos ter acesso a "O", mas poderíamos, em um estado de afastamento de memórias e desejos – que obstruiriam nossa capacidade de observação daquilo que estaria acontecendo imediatamente diante de nós –, ter acesso às *evoluções de "O"*.

Quando há transformações em alucinose, a realidade fatual (interna ou externa ao indivíduo, sensorial ou não sensorial) é utilizada pelo indivíduo, quando muito para dar consistência a estados alucinatórios em que, na verdade, o mundo é o que se cria e os fatos são utilizados para confirmar aquele mundo que seria constituído por ideias e criações imaginárias. Isso pode ser visto caracterizado de forma plástica e dramática no belíssimo filme de Luchino Visconti, *Ludwig*, sobre o último rei da Baviera. Ludwig queria ser um rei de contos de fada. Constrói seus castelos para dar substância a seu mundo de fantasia. Aspirava ser um personagem da mitologia germânica e das óperas de Wagner. Em determinado momento do filme, um general vem lhe falar da guerra com a Prússia, ao que o rei, encerrado em seu mundo alucinado (onde usa de aspectos do próprio mundo fatual para dar substância à sua crença de que vive no mundo que constrói), diz ao oficial estupefato: "o rei não reconhece a guerra", como se, ao ser negada por ele, deixasse de fato de existir e de se impor. Como consequência, a Baviera perde a Guerra e é anexada por Bismark ao Império Alemão, que passa a ter o rei da Prússia como Imperador. Ludwig, quer aceite, quer não, passa a ser um rei de segunda, submetido aos desígnios de seu primo da Prússia.

Nesse mesmo filme vemos outra belíssima ilustração de situações reais serem usadas para substanciar alucinações. Ao assistir

156 OS CONCEITOS

uma peça no teatro do palácio em Munique, o rei se encanta pelo ator protagonista, que é convidado a um encontro íntimo com ele. Ao aproximar-se do monarca, o ator desdobra-se em reverências. Isso provoca repulsa por parte do rei, que se afasta sem dizer uma palavra ao ator, deixando-o atônito. Um dos lacaios do rei diz ao ator que o rei não quer se encontrar com o ator, cujo nome não me recordo aqui, mas quer se relacionar com Guilherme Tell, Romeu, Didier e outros heróis românticos. Que para ter uma chance com o rei, deveria ser esses personagens, e não ele mesmo. O ator assim procede e recebe prodigiosas recompensas em dinheiro e joias, o rei ficando embevecido com seu protegido, que se torna seu amante. Meses depois, em um lago na Suíça para onde tinha sido levado por sua majestade, o ator encena mais uma cena grandiosa em um barco numa fria noite de inverno. De repente, colapsa, e diz que não pode mais prosseguir, que enlouqueceria se assim procedesse, que precisava dormir. O rei, revoltado e ansioso, insiste para que ele continue, nem que fosse só por mais um instante. O ator recusa, dizendo-se esgotado. Nesse momento o caso deles se encerra, e o ator é dispensado sumariamente.

As transformações em alucinose seriam um fenômeno muito mais comum do que gostaríamos de considerar e acabamos por nos aperceber, na prática clínica, que o mais comum são estados de alucinose/loucura (insanidade mental) e que o raro é o que chamaríamos estados de lucidez ou sanidade mental. No comportamento de alguns casais "apaixonados", poderíamos claramente ver situações de alucinose. Frequentemente podemos observar que um não vê o que o outro seria de fato. Vemos alguém dizer que vai encontrar a amada, porém o que verificamos é que vai se encontrar com aquela criatura que existe em sua mente e que percebemos que somente lá existe. A outra pessoa serve apenas para substanciar algo alucinado. As decepções violentas e os desencantamentos são o que também costumamos ver frequentemente como sequência desse tipo de paixão.

Grupos de pessoas podem, também, se juntar (e o mais frequente é o fazerem) para manter situações de alucinose, seja numa *folie à deux, à trois, à quatre,* seja em multidões. Fãs histéricas de cantores pop certamente não estão vendo as pessoas reais que são os cantores: estão, de fato, *loucamente* apaixonadas. Alguém que percebeu perfeitamente o fenômeno da alucinose, mas não soube lidar com ele, pois penso que também se comprazia com as satisfações eróticas (que, por sua vez, também são de natureza alucinatória, grudadas no sensorial) tiradas da situação, foi a atriz Rita Hayworth, quando disse que os homens iam para a cama com Gilda (seu mais famoso papel no cinema) e acordavam com ela (Rita), justificando o fracasso constante de seus relacionamentos amorosos e casamentos.[91]

Nas transformações em alucinose, a realidade fatual, quando muito, seria utilizada para substanciar o que *deve ser* (imperativo e de natureza moralista). Portanto, a psicanálise proposta por Bion é uma psicanálise que lidaria com a realidade, com aquilo que seria o real, uma psicanálise real.

Cito um pequeno trecho de Bion:

> *A prática da psicanálise real é, de fato, um trabalho muito duro. Não é o tipo de coisa que deveria ser escolhida por ser algo bonito, fácil, um estilo de vida confortável.* Teorias são facilmente lidas e facilmente se fala a respeito delas; prática da psicanálise é outra coisa. Se o

---

91 Cf. documentário televisivo exibido pelo canal a cabo GNT.

158 OS CONCEITOS

> *analista se engaja em algo que não é prática psicanalítica, não há ninguém mais para tomar seu lugar como psicanalista praticante.* **Eu não esperaria conseguir qualquer informação do paciente de que eu estou falando – seja do seu pai, mãe ou irmã. O conhecimento psicanalítico só pode ser obtido psicanaliticamente. Outras informações, quão importantes sejam, não podem substituir a descoberta psicanalítica. Não há nada que possa substituir o que o analisando e eu sejamos capazes de descobrir juntos, não importa o quão inadequado pareça ser.**
>
> (BION, 1974, p. 114-5. Tradução livre do autor; grifos do autor.)

A observação de indivíduos em um grupo não implica que efetivamente seus membros se percebam como membros de uma coletividade. Determinadas condições mentais, tais como as descritas em transformações em alucinose, podem impedir verdadeiro reconhecimento de experiências grupais, visto que as pessoas envolvidas não possuem verdadeiro reconhecimento psíquico da real existência de outros. Na verdade, sequer possuem real reconhecimento psíquico de suas próprias existências. A noção de grupo pode existir no observador, mas não nos participantes de determinados eventos ou situações sociais.

Diversas vezes, aquilo que poderia ser considerado uma conversa, em que uma dupla ou diversas pessoas parecem estar conversando, na prática, do ponto de vista mental, não acontece efetivamente.

Conforme minha experiência clínica e também de acordo com as observações de Bion, nem sempre uma palavra falada tem a função simbólica que poderia estar associada a ela. Há muitas falas que ouvimos que são apenas falas, não são conversas. Observamos indivíduos que, apesar de falarem e usarem um discurso aparentemente coerente e socialmente adaptado, não têm real percepção da existência de um outro. A distinção entre "eu" e "não eu" não existe. As falas ou palavras empregadas têm mais a função de descarga e ação que de transmissão ou informação.

Terceiro parêntese clínico

O analisando procurou-me uma primeira vez há muitos anos. Ao iniciar seu trabalho, informou-me que era um mentiroso contumaz. Disse-lhe que estávamos numa situação complicada, pois, se assim era, mesmo aquilo que me dizia não era algo em que daria para se fiar. Aquela era uma mentira que me contava sobre ser mentiroso ou era um ato de sinceridade o de informar-me ser um mentiroso? Contudo, considerei que essa era uma apresentação que me deixava a oportunidade para ficar mais atento, pois ele me alertava para algo potencialmente perigoso. Resolvi tomá-lo em análise. Relatou que costumava embelezar e exagerar suas capacidades ao apresentar-se nos relacionamentos pessoais e nos de trabalho.

Logo ficou patente um alto grau de idealização sobre a condição social de um psicanalista e a dele, de ser um analisando de alguém com as titulações e qualificações que havia verificado em meu Lattes antes de procurar-me. Almejou tornar-se psicanalista (sendo da área de Exatas). Isso foi mostrado a ele e também a sua grande dificuldade de perceber-nos e aceitar-nos como pessoas comuns desempenhando uma tarefa. Não manifestou incômodo explícito quanto a essas considerações, mas parecia também não apreciá-las. Após poucos meses de análise, deixou de comparecer ao consultório e, ao procurá-lo, seus telefones não atendiam. Somente por meio de um

160 OS CONCEITOS

recado deixado em seu trabalho para que ligasse, entrou em contato e veio pagar os honorários do mês vencido que já devia há quinze dias. Tive a impressão de que só veio porque temeu que eu pudesse queixar-me de seu calote em seu trabalho, o que não era minha intenção, mas eu de fato gostaria de ser pago e de que ficasse claro quanto a se estava ou não dando continuidade ao trabalho. Não quis qualquer conversa. Pagou e foi embora.

> Por "zelo"[92] quero dizer que algo tem sentimentos inatos de consideração pelo objeto, de simpatia para com ele, de valorizá-lo. A pessoa que tem zelo pela verdade ou pela vida é impelida a um relacionamento positivo, não meramente passivo, com ambas. [...] Zelo pela vida não quer dizer apenas um desejo de não matar, apesar de efetivamente significar isso. Significa zelo por um objeto precisamente porque esse objeto tem a qualidade de estar vivo. [...] Significa ser curioso a respeito das qualidades que compõem aquilo que conhecemos como vida, e também ter o desejo de compreendê-las. Finalmente, zelo pela vida significa que uma pessoa tem de ter respeito por si mesmo nas suas qualidades de um objeto vivo. A falta de zelo significa falta de respeito por si mesmo e, a fortiori, por outros, o que é uma questão fundamental e grave para análise.[93]

Anos depois voltou a procurar-me. Porém, quando o fez, não tinha ideia de quem era ele, a despeito de identificar-se e de relatar que era alguém que tinha tentado me dar um calote antes. Com essa apresentação, fiquei na dúvida quanto a recebê-lo, mas

---

92 "Concern", no original.
93 BION, 1992, p. 247.

também curioso. Ao vê-lo, tive dificuldades de lembrar quem era e dei-me conta, com algum esforço, que estava muito mais magro.

Mencionou o modo como me tratou e seu interesse em retomar o trabalho que havia achado útil. Ele mesmo lembrou-me de que havia ido embora anteriormente, saindo sem me pagar. Fiquei na dúvida quanto a aceitá-lo novamente. Ele se propôs a acertar os honorários do mês inteiro todo dia 15, em vez de no último dia do mês. Acabei me dispondo, mais uma vez, a correr o risco e ver no que dava.

Disse que queria meu auxílio novamente porque havia passado por outros profissionais que achou não terem sido capazes de ajudá-lo. Descreveu estar numa séria crise emocional por conta de um relacionamento amoroso no qual se via incapaz de desligar-se a despeito da crueldade com que se via tratado, sendo seguidamente traído e desconsiderado. Sentia-se desesperado por conta do prazer físico que tinha com essa pessoa e de *considerá-la alguém que lhe dava um status elevado por ser visto como seu par*. Por fim, entrou no mais profundo desespero quando foi descartado.

Anteriormente teve um casamento que, segundo ele, havia sido muito tumultuado e tempestuoso, com cenas "cinematográficas" de copos lançados um contra o outro em restaurantes e roupas atiradas pela janela do apartamento quando em discussões acaloradas, a mulher arrumando um amante do qual ele tinha ciência etc. (Havia algo de verdade nisso? Era algo para me impressionar? Haveria os correspondentes fatos de tais descrições?)

Ele é muito inteligente, articulado, educado e aparentemente muito capaz no que se propõe profissionalmente. Porém, sempre dizia ter um imenso acúmulo de conhecimentos superficiais, dificilmente se aprofundando em estudos mais sérios (sua formação, contudo, foi em instituições de prestígio acadêmico e que exigem muito estudo). Dizia possuir uma imensa biblioteca de livros, dos quais lia apenas as introduções ou orelhas. Queria abranger diversas áreas de conhecimentos em humanas, sendo sua atividade profissional num campo muito exato. Sua conversa era agradável e, em geral, estimulante. Muitas vezes, contudo, também dava a impressão de que algo essencial ficava faltando. Era tudo muito "arrumado" (como sua aparência).

Compareceu assiduamente a cinco sessões semanais durante quatro anos. O ponto que saliento ocorreu em uma sessão em que tive a impressão, que lhe comuniquei, de que havia algo artificial, teatral na conversa que estávamos tendo. Dava a ideia de que ele estaria ali comigo como em um palco, como num desses "reality" shows de TV, e que o mundo todo estaria vendo e interessado no nosso encontro e na nossa conversa. Tive a impressão de que ele falava para uma plateia enorme que estaria ávida em saber o que se passava entre nós e no que ele fazia. Senti que seria possível que ele deixasse de se interessar pela análise caso viesse a verificar que só estávamos os dois ali, que não tinha ninguém nos observando ou tampouco interessado em saber o que fazíamos ou conversávamos. Que aquele encontro interessava somente a ele e a mim, e a mais ninguém. Parecia que ele precisava acreditar que fazíamos algo extraordinário, mas que poderia ser uma imensa decepção verificar que éramos apenas pessoas comuns, mais uns na multidão, e que nossas vidas seriam importantes somente para nós mesmos. Impactado, diz perceber haver algo de verdade no que eu dizia, e imediatamente acrescentou que realmente não sabia se teria mais interesse em continuar o trabalho se constatasse ser esse mesmo o caso.

Ficou mais um mês e meio pensando na questão e decidiu abandonar a análise outra vez tão logo voltei de férias curtas. Disse que minha observação fazia muito sentido e que, a partir do que eu havia mostrado, realmente perdera o interesse em prosseguir.

Esse analisando queixou-se constantemente de que seus relacionamentos, que aconteceram durante o segundo período em que trabalhamos juntos, não duravam, ou que se iniciavam para pouco depois serem interrompidos por falta de interesse de quem ele se via interessado, ou pela falta do seu em quem se interessava por ele, pois não eram pessoas que lhe confeririam o *status* e a excepcionalidade que almejava. Eu lhe dizia que ele não entrava para o clube que o aceitava. Pouco depois da percepção de que estaria em análise como em um grande palco diante de uma grande plateia, também verificou que, nos primeiros encontros que tinha com quem se interessava em seu apartamento, arrumava-o sempre do mesmo modo, com as flores, pratos, vinhos e comida sempre dispostos da mesma maneira, e que ele sempre se sentava na mesma posição e a conversa parecia seguir um mesmo *script*. Impreterivelmente, a coisa não evoluía.

Disse-lhe que sua impossibilidade de ser genuíno, de ser ele mesmo, fosse isso o que fosse, podia torná-lo um personagem interessante à primeira vista. Porém, todo personagem, por mais grandioso que possa parecer, sempre é ralo, pobre, diante de uma pessoa real; por mais comum que possa parecer essa pessoa, ela é sempre muito mais rica do que qualquer personagem. Da mesma forma que, na busca de seu personagem ideal para companhia, ele se via impedido de encontrar alguém real, com algo real para lhe oferecer. Poderia lhe parecer surpreendente, mas era verdade que pessoas comuns poderiam se interessar, e muito, por outras pessoas comuns e até ter muito mais interesse por elas do que por personagens que à primeira vista poderiam parecer tão sedutores.

Ele não enxerga o outro e tampouco a si mesmo. O outro serve apenas de suporte para um estado de prazer alucinatório que sustenta uma megalomania necessária para compensar o desprezo pela pessoa comum, dele mesmo e dos demais. Não há consideração por si mesmo e pelos outros. A "opção"[94] pelo prazer alucinatório o exclui da experiência de prazer e amor genuínos, o que o leva sempre a procurar outra situação idealizada, visto que todas as que encontra ou alcança, por serem apenas suporte para uma ilusão, não proporcionam uma satisfação real, precisando logo ser descartadas. As não alcançadas tornam-se tantalizantes, pois conteriam o estado de graça almejado que lhe é recusado, tal como teria ocorrido na relação frustrante com a pessoa por quem ficara obcecado e cujo rompimento teria precipitado seu retorno à análise. Ao analista cabe, se possível, explicitar tal estado de coisas, mas é o analisando que decide até onde quer, pode e se dispõe a ir, sendo que essa decisão deve ser respeitada pelo analista. Para ele, a ilusão parece ser infinitamente superior a qualquer ganho advindo da realidade (transformações em alucinose, Bion, 1977 [1965], cap. 10).

2.5 *O gênio; continente e contido; transformações em O e em K*

As transformações em "O" são experiências emocionais nas quais os indivíduos capazes de suportá-las seriam capazes de alcançar ou vislumbrar evoluções daquilo que se poderia chamar de realidade última. Para serem capazes de comunicar o que perceberam, necessitam conter, sem que haja rompimento do aparato mental, a ideia que captaram e as intensas emoções que fomentam.

As experiências de transformações em O são intransmissíveis, da mesma maneira que as experiências de contato com a divindade

---

94 Coloco entre aspas opção por considerar a possibilidade de haver algo atávico na personalidade que impõe essa "opção" a ela.

CLAUDIO CASTELO FILHO 165

descritas por místicos. Como o místico, alguém que experimenta uma evolução de O e a contenha poderá transmitir não a experiência, mas suas transformações em K, ou seja, um enunciado racionalizado daquela experiência, tal como Freud descrevia ser possível fazer ao relatar um sonho. O sonho propriamente não é transmissível.

Feita a comunicação, coloca-se a questão de continência para o grupo que circunda o seu membro que é capaz de vivências em "O". O grupo só tem acesso às formulações em K fornecidas pelo místico ou gênio. A possibilidade de evolução no grupo daquilo que é primeiramente percebido em K para uma evolução em O mobiliza intensa turbulência emocional, tal como ocorreu com as publicações de Darwin e Freud.

As transformações em K são conhecidas como transformações em conhecimento e as em O são também conhecidas como transformações em ser. Na primeira, sabe-se sobre algo; na segunda, tem-se a vivência de "encarnação" da ideia, de que a abstração encontra uma realização, de que um "espírito" se manifesta (ver mais adiante *common sense*) e o reconhecimento se dá na própria experiência. Passa-se a se "saber" do que se trata não por ouvir dizer, ou porque uma autoridade disse que "assim é", mas porque "eu vi", "eu toquei", "eu sou", eu "sofro" o sentimento, ou a situação, eu "sofro" o que sinto.[95]

---

95 Às vezes faço uma interpretação para um analisando que ele entende perfeitamente, porém, não tem real noção do que se trata a coisa real. Não raras vezes se irritam quando lhes digo que entenderam muito bem, mas que não alcançaram aquilo que lhes disse. Quando insistem para que eu reconheça o que eles teriam aprendido, costumo falar que se o que eles querem é aprovação do tipo professor/aluno, teriam dez com louvor. Contudo, não teria utilidade prática para sua vida. Menciono que, se realmente tivessem alcançado o teor da comunicação, não reagiriam daquela forma plácida, esclarecida e intelectual, mas

166   OS CONCEITOS

Alguém como Max Plank ou Einstein é capaz de "ver", captar, a partir de dados sensoriais, o que não é alcançável sensorialmente e formular para o resto dos seres humanos o que vislumbrou. É capaz de transformações em O e de formulações em conhecimento (transformações em K). O que acontece frequentemente, visto que as transformações em O envolvem intensas experiências emocionais que costumam ser percebidas como ameaças ou vírus perigosos, é que as transformações em K são usadas para prevenir, impedir novas transformações em "O" (vividas como perturbadoras e desassossegadoras), através do que Freud chamou de racionalizações. As transformações em K, que têm como finalidade impedir o acesso ao novo e às transformações em O, fazem parte das transformações em –K (menos K ou menos conhecimento). As transformações em –K também podem ser formuladas em falas ou atos que tendem a estabelecer ou aumentar a confusão e o mal-entendido, dando a impressão de que aquele que as produz considera superiores o des-entendimento, o des-conhecimento e o engano. Como já mencionado anteriormente, toda comunicação científica (ou artística, ou religiosa) só pode ser feita através de formulações em K. O problema existe quando as formulações em K passam a ser usadas por –K com intuito de impedir que novas evoluções em O possam ocorrer, quando em vez de serem preconcepções se tornam preconceitos.

> *[...] Galileu chegou a essa conclusão através de experimentos no pensamento. Tal como o nome indica, os cientistas fazem experimentos no pensamento através*

---

teriam um "frio na barriga", experimentariam algo como um *looping* numa montanha russa, e poderiam ficar impactados com o que se dessem conta. Sugiro, nessas ocasiões, que o analisando deixe de lado sua tentativa de entender, e que aguarde outra situação surgir para que possa efetivamente "viver" o que lhe comunico.

dos "olhos da mente". Esses experimentos são feitos sobre aparatos ideais e requerem um alto grau de abstração. (MILLER, 1996, p. 7.)

Em discurso feito por ocasião do aniversário de sessenta anos de Max Plank, Einstein disse:

> *A tarefa suprema do físico é chegar àquelas leis elementares universais a partir das quais o cosmos pode ser construído através de pura dedução. Não há caminho lógico para essas leis, apenas intuição repousando sobre uma compreensão simpática da experiência pode alcançá-las. O mundo dos fenômenos determina unicamente o sistema teórico, a despeito do fato de **que não há ponte teórica entre o fenômeno e seus princípios teóricos;** isso é o que Leibniz descreveu de forma tão afortunada como uma "harmonia preestabelecida"* (MILLER, 1996, p. 205, grifo do autor).

No capítulo "The intuition of atoms", do livro *Insights of Genius*, A. Miller informa que Kant, em *A crítica da razão pura*, separou cuidadosamente intuição de sensação, tendo como meta separar a alta cognição do processamento de meras percepções sensoriais. Em alemão, a palavra para intuição é *Anschauung*, que pode também ser traduzida por visualização. Para Kant, intuições e visualizações podem ser abstrações de fenômenos que nós efetivamente testemunhamos. Em ciência, sobretudo na Alemanha, intuição é sinônimo de capacidade de ter imagens visuais e produzir modelos visuais. Os físicos alemães trabalhavam/trabalham com esse enfoque. Um complicador surgiu quando do desenvolvimento das teorias de Heisenberg sobre o mundo subatômico. Nas suas propostas, não haveria modelo visual possível e a única maneira de representar suas abstrações seria através de fórmulas matemáticas. (Entretanto, Heisenberg ressalta que a maneira pela qual tinha primeiramente acesso ao que intuía era por imagens visuais, sensoriais – *Bild*. A questão se coloca na hora de produzir modelos.) Acrescenta que o problema do físico é de precisar usar a língua cotidiana, com sua bagagem perceptual para descrever fenômenos atômicos (que não têm modelos visuais/sensoriais compatíveis com a teoria). A solução de Heisenberg, ao extrapolar a linguagem do mundo das percepções sensoriais para o domínio atômico, foi deixar que a matemática fosse o guia. Em psicanálise há um problema a mais. Como ressaltou Bion, o problema da psicanálise, que considera ciência, é que nenhum matemático conseguiu inventar uma matemática para ela. Bion fez um esforço nesse sentido ao propor a Grade. A psicanálise se ocupa da realidade psíquica não sensorial, que, tal como a física atômica de Heisenberg, não possui características sensoriais; contudo, a única linguagem disponível para se referir ao não sensorial é sensorial. Na física, colocou-se um problema quanto à definição de intuição (até então equivalente a imaginações visuais). Na teoria atômica de Bohr, as imagens eram abstrações das percepções sensoriais e estorvadas com significados sensoriais inadequados para o domínio atômico. A solução foi a atribuição de novo significado para imaginação visual em 1926, quando Heisenberg passou a usar o termo *visuabilidade* (*Anschaulichkeit*) para se referir a situações que demandam grande capacidade de abstração para serem captadas. Para Kant, contudo, a *Anschaulichkeit*, ou imaginação de visuabilidade, era inferior às imagens visuais (*Anschauung*). Essa questão ocupou o final da vida de Bion com sua busca por uma linguagem de êxito (*language of achievement*) para comunicar as apreensões da realidade psíquica não sensorial. A poesia e os seus últimos escritos como *A Memoir of the Future* e *The Long Week-End* teriam sido tentativas nessa direção.

Todos nós dispomos, em algum nível, dessa condição de transformar dados concretos da experiência em *insights*, isto é, da função alfa (α). Entretanto, a condição de certos indivíduos, sob esse aspecto, é extraordinária – refletindo aquilo que se costuma chamar de talento. Pode haver, contudo, algo inusitado: pessoas com grande capacidade de abstração em um campo podem ser extremamente ingênuas em outros aspectos da vida. Ou ainda, esse grande talento pode ser demasiado para a personalidade, levando à sua desintegração (como na esquizofrenia, que combinaria uma grande sensibilidade inata com uma também grande fragilidade mental igualmente inata), visto não lhe ser viável assimilar o impacto das experiências emocionais desencadeadas pelas percepções inusitadas de que é capaz. O continente ♀ é rompido pelo contido ♂. Os verdadeiros gênios seriam aqueles capazes de conter as intensas experiências emocionais associadas ao que podem captar com suas consideráveis capacidades intuitivas, sem se desagregarem.

Como já vimos, quando a condição de transformar dados concretos da experiência de vida (sejam percepções dos sentidos, sejam emoções) é muito prejudicada, ocorre a psicose. Na psicose, aquilo que se percebe não é reconhecido como percepção, é vivido como coisa em si. O que se vê é igual ao que é. Em uma condição mais favorável, as percepções são reconhecidas como representações de coisas em si, mas não são confundidas com coisas em si.

Na verdade, precisamos estar cientes de que mesmo indivíduos com grande capacidade criativa, gênios podem viver fases criativas e depois embotarem. Algumas pessoas excepcionais mantêm-se extremamente produtivas durante toda a vida (como Picasso ou Matisse); outras, ao contrário, podem não produzir grande coisa no começo de suas existências e depois se mostrarem geniais (como Proust). É algo a se investigar o que possibilita ou impossibilita essas expansões em uma mesma pessoa.

2.6 Desenvolvimento dos conceitos nas relações do gênio/místico com ele mesmo e com os membros de seu grupo

2.6.1 O fato selecionado

Fato selecionado é uma ideia que Bion tomou emprestada do matemático H. Poincaré. Citado por Bion em *Learning from Experience*, o matemático enuncia:

> *Se um novo resultado deve ter algum valor, ele deve unir elementos há muito conhecidos, mas até então dispersos e aparentando ser estranhos uns aos outros e, subitamente, introduzir ordem onde a aparência de desordem reinava. Capacita-nos a ver, num olhar, cada um desses elementos no lugar que ocupa no todo. Não somente é o novo fato válido por si mesmo, mas apenas dá valor aos velhos fatos que unifica. Nossa mente é frágil como são os nossos sentidos; ela se perderia na complexidade do mundo se esta complexidade não fosse harmônica; tal como o míope, ela veria apenas os detalhes e seria obrigada a esquecer cada um desses detalhes antes de examinar o próximo, porque ela seria incapaz de abarcar o todo. Os únicos fatos que merecem nossa atenção são aqueles que introduzem ordem nesta complexidade e, portanto, a tornam acessível para nós.*

Nas páginas 72 e 73 da mesma obra, Bion escreve:

> *Essa descrição se assemelha de modo muito estreito à teoria psicanalítica das posições esquizoparanoide e de-*

*pressiva vislumbradas pela sra. Klein. Usei o termo "fato selecionado" para descrever aquilo que o psicanalista deve experimentar no processo de síntese. O nome de um elemento é usado para particularizar o fato selecionado, isto é, o nome do elemento na realização que parece vincular e juntar os elementos que até então não eram vistos como conectados [...]. Os fatos selecionados, juntamente com o fato selecionado que parece dar coerência a um número de fatos selecionados, emergem de um objeto psicanalítico ou de uma série de tais objetos, mas não podem ser formulados de acordo com o princípio que governa o sistema dedutivo científico. Antes que um tal sistema possa ser criado, os fatos selecionados têm de ser burilados pelos processos racionais conscientes. Apenas então pode ser formulada a representação que juntará os elementos de fatos selecionados coerentes em um sistema dedutivo científico [...]. A relação entre as hipóteses de um sistema dedutivo científico, a saber, a conexão lógica entre elas que pode ter sido tornada proeminente pelo sistema dedutivo, é característica do pensamento racional consciente, mas não da relação entre os elementos em uma realização (realization) na qual o fenômeno parece convergir como resultado da descoberta de um fato selecionado. **O fato selecionado é o nome da experiência emocional de uma sensação de descoberta de coerência; seu significado é, portanto, epistemológico e a relação dos fatos selecionados não deve ser considerada lógica.** (Grifo e tradução do autor.)*

No campo em que estou considerando, aquilo que é expresso na ocorrência de um *insight* não é algo do inconsciente, não é algo que tenha qualquer sentido oculto, não está no lugar de algo latente. As concepções ligadas à vivência do fato selecionado não estão relacionadas a um inconsciente dinâmico ou ao reprimido. Pode-se dizer que aquilo que venha a ser percebido era inconsciente somente no sentido de que se trata de algo nunca visto antes, mas não que *estava* inconsciente.

Na vivência do fato selecionado, elementos perceptíveis, *conscientes*, mas até então desconcatenados, são súbita e espontaneamente agrupados. Uma "forma" se destaca daquilo com que parecia não ter qualquer ligação. O que vem a ser percebido não era algo reprimido ou no inconsciente, mas algo realmente nunca visto. Com a vivência do fato selecionado, verifica-se uma conjunção constante de elementos até então nunca verificada. Um exemplo simples e rústico que se poderia propor para visualização daquilo a que me refiro são aqueles *posters* que estiveram muito na moda nos anos 1970, em que havia uma série de manchas pretas impressas sobre fundo branco que pareciam completamente abstratas. Porém, com certa perseverança na observação era possível (pelo menos para a maior parte das pessoas) vislumbrar o rosto comumente atribuído a Jesus Cristo. Mais recentemente, houve a moda das pranchas impressas com imagens bidimensionais coloridas. Fixando-se a atenção de um determinado modo, era possível, na maioria das vezes, ter a vivência de visualizar outra imagem tridimensional. A experiência emocional de perceber subitamente uma imagem até então despercebida corresponderia a uma vivência de um fato selecionado. Não há nessas pranchas nenhum elemento oculto ou reprimido. Todos são visíveis. A percepção é que destaca uns elementos dos outros. Ao se destacarem alguns aspectos, outros se tornam inconscientes ou deixam de ser notados. Essa discriminação ocorre no momento da percepção, não antes.

Há, contudo, uma importante diferença: nessas pranchas o observador já estaria alertado para o que poderia ver; no tipo de experiência que ressalto neste trabalho, isso não ocorre. Um Copérnico, um Galileu ou um Picasso não sabiam de antemão o que deveriam ver. São capazes de organizar uma percepção dessa ordem, verificando uma conjunção constante de elementos até então dispersos sem qualquer indício anterior (levando, consequentemente, a um maior senso comum, pois se verifica o que havia em comum naqueles elementos que até então não se percebia).

O que possibilitaria alcançar tais percepções seria a operação da função alfa. A experiência psicanalítica proposta por Bion, sempre conforme minha leitura e experiência pessoal, ao ser analisado e ao analisar, privilegia e destaca esse campo diferentemente do destaque dado na análise clássica àquilo que está reprimido ou no inconsciente.

2.6.2 Genialidade e loucura

Kris, em *Psicoanalisis del Arte y del Artista*, refere-se à posição social especial atribuída ao artista relativa à sua habilidade ou à sua inspiração. Ele aparece tanto como mestre de seu ofício quanto como gênio. O predomínio de uma dessas opiniões (gênio ou mestre de ofício) dependeria de combinação de fatores culturais e psicológicos. A tradição mediterrânea e ocidental estabelece nítida diferenciação entre as artes. Na Grécia Antiga, Fídias era considerado o maior dos artesãos, ao passo que Ésquilo era tido como criador inspirado. Aos pintores, escultores e arquitetos foi atribuído o estatuto de gênio muito antes que aos poetas e aos músicos. Somente a partir do século XVI essa discriminação foi desaparecendo. Foi durante o Renascimento que se reconheceu o gênio criador dos pintores e escultores, incluídos juntamente com os técnicos, inventores, matemáticos e homens de ciência, ou seja, membros de um grupo que investiga e domina o mundo exterior. O poeta sempre esteve associado ao erudito e ao sábio. Essa classificação refletiria as tradições mitológicas. Os pintores e escultores seriam descendentes dos heróis culturais que, por sua vez, competiam com os deuses dadas as habilidades e a posse de muitos segredos da natureza. Entre eles estariam Prometeu e Dédalo, que criaram humanoides e autômatos, e que por conta desses feitos foram castigados pela transgressão da prerrogativa divina (também codificada na Bíblia) do Deus escultor que condena a emulação. Decorre daí a proibição da arte representativa no islamismo e no judaísmo. Essa interdição, de maneira parcial, também ocorreu no cristianismo devido à crença na potência mágica das imagens em que elas dão poder sobre aquilo que representam. Isso aproximaria o criador da imagem ao bruxo e ao mago. Mesmo onde a crença na magia das imagens tenha sido parcialmente superada, permanece refletida na posição do artista.

A sobrevivência da crença na magia do trabalho dos escultores e pintores se refletiu no seu isolamento da sociedade, em um espaço dito "boêmio". Afastados dessa maneira, podiam gozar de reconhecimento social especial, pois tinham poder sobre a memória e eram capazes de eternizar a aparência humana. Esse "monopólio" só foi interrompido com a evolução tecnológica do século XIX (com a fotografia) e levou a uma revolução que permanece em nossos dias nas Artes.

Essa mescla do elemento mágico e da arte representativa (originalmente produtora de ídolos) leva à indagação sobre o limite entre magia e função comunicativa. A dicotomia entre magia e representação seria uma ambiguidade comparável à que existe no problema da ilusão estética (ver adiante).

Os indivíduos capazes de viver transformações em O, ou que consigam desenvolver um pouco essa condição com o amadurecimento emocional, conseguiriam apreender as *evoluções* do que seria a realidade última de modo direto e sem intermediários, de forma análoga àquela sugerida pelos místicos, que seriam capazes de entrar em contato direto com manifestações da divindade, tal como Moisés ou Santa Tereza d'Ávila. A capacidade de viver transformações em O está estreitamente associada à condição de tolerar a experiência emocional e poder com ela conviver. Quanto maior for essa condição, principalmente no sentido de tolerar angústia, frustração e dor mental, maior será a condição de entrar em contato com as evoluções de O. A tolerância à frustração é um fator essencial para o desenvolvimento da capacidade para pensar e essa condição vem sendo ressaltada desde Freud. Cecil Rezze, contudo, destaca a necessidade de haver igualmente tolerância à satisfação e ao contentamento. Não se trata, aqui, de intolerância a essas vivências devido à inveja, mas da impossibilidade de suportar a *intensidade* dos sentimentos experimentados, mesmo os de alegria, prazer e contentamento.

A possibilidade de entrar em contato com as evoluções de O pressupõe, também, um talento natural. Para que alguém se torne um bom músico, não basta estudar anos de sua vida em um conservatório ou nas melhores escolas de música. Sem talento, a pessoa pode, quando muito, tornar-se músico correto, ter boa técnica. O talento, todavia, não depende do esforço ou desejo: ele existe ou não. Uma pessoa talentosa teria, por sua vez, de tolerar as vivências emocionais com as quais sua sensibilidade se põe em contato. Caso não tenha muita condição de suportar as emoções intensas mobilizadas por aquilo que seria capaz de ver, ouvir, enfim, perceber, através dessa sua sensibilidade inata, pode sofrer uma ruptura mental, na qual um estado de fragmentação pode ocorrer (como em uma esquizofrenia), coexistindo

176 OS CONCEITOS

com sua genialidade e talento e com eles muitas vezes sendo confundidos.[96]

Ser louco não equivale a ser genial. O louco, por não suportar a intensidade de suas emoções, que não precisam ser extraordinárias (tampouco o que vislumbra precisa ser necessariamente algo extraordinário), fragmenta sua mente e procura ejetá-la (tal como ocorre nas transformações projetivas e em alucinose). Esse modo de funcionar torna-se crônico, seja pela impossibilidade de, no início ou ao longo de sua vida, poder contar com a ajuda do ambiente (outras pessoas, geralmente a mãe e o pai), seja por questões incapacitantes, tais como a extrema inveja constitucional (BION, 1965, p. 144). Assim, o indivíduo acaba por não desenvolver condição mental capaz de conter, de ser continente para as experiências emocionais.

O gênio ou místico não precisa ser louco. Tendo talento, tal como Mozart, pode ter acesso a revelações (e não estou dando qualidade sobrenatural a essa situação, o que um religioso faria). Essas revelações que, na verdade, seriam experiências depressivas, em que elementos até então dispersos seriam, por um fato selecionado, percebidos como constantemente unidos ou em conjunção constante, são, portanto, carregadas de emoções intensas. Se a mente, que está em contato com tais vivências emo-

---

96 Tendo em vista o problema do uso da razão no desenvolvimento do pensamento, na página 73 de *Revelações do inacabado,* livro desenvolvido a partir da observação do cartão de Leonardo da Vinci na National Gallery de Londres e da obra de Freud sobre o pintor, André Green (1992) escreve:"[...] Freud se baseia num axioma. Assim como a mais delirante doença mental não se origina senão das transformações e dos disfarces da problemática humana mais geral e mais comum, também as obras da mais perfeita sublimação se enraízam no mesmo terreno, o que nos permite nos reconhecer nelas, embora estejamos separados pela distância do processo de criação".

cionais desencadeadas por essas percepções, for frágil, do ponto de vista da intolerância a conviver com e assimilar a intensidade das emoções, acabará por se romper, fragmentar-se-á, aí também, em um surto psicótico. Se a mente for madura e capaz de conter a enxurrada de percepções e emoções que as acompanha, não haverá ruptura e, portanto, não haverá distúrbio de pensamento. Aquela mente forte poderá se valer de modo extremamente proveitoso daquilo que é capaz de intuir (pelo menos no interesse do próprio indivíduo capaz dessas intuições e, possivelmente, no do resto do grupo no qual estaria inserido também). Da mesma forma, se um grupo no qual surge um gênio for psiquicamente maduro, consistente, o impacto das novas ideias pode ser assimilado e aproveitado para o desenvolvimento de ambas as partes. Se o grupo for imaturo, frágil ou enrijecido (também por conta de sua debilidade), tenderá a desagregar, espatifando-se, ou a esmagar, sufocar o gênio e as ideias que vinculou. Um modelo que me ocorre aqui é o da capacitação dos computadores. Com o desenvolvimento tecnológico, a quantidade de informações que podem ser transmitidas aumenta de modo galopante. O aparato de um computador precisa, assim, sofrer constantes *upgrades*; caso contrário, chegando a uma quantidade considerável de informações, o computador irá "dar pau". É necessária constante expansão e flexibilidade da capacidade para que o desenvolvimento possa ocorrer.

Sintetizando, um gênio pode ou não ser também louco. Loucura e genialidade, todavia, não são sinônimos. A maioria dos loucos não tem nada de genial, mas pode, por conta da própria megalomania relacionada à loucura, esforçar-se em fazer crer, a si e aos outros, que seus delírios seriam percepções extraordinárias. Assim como uma pessoa genial pode sofrer ruptura mental em virtude de sua fragilidade emocional para tolerar a intensidade da experiên-

178   OS CONCEITOS

cia emocional que acompanha profunda intuição e *insight*. Contudo, não é sempre assim.[97]

Em *Sonho, fantasia e arte*, Hannah Segal escreve:

> *No mito popular, o artista é um sonhador que ignora realidades. E isso em parte é verdade – ele pode, por exemplo, ignorar realidades mundanas de vários tipos –, mas num sentido muito importante a relação do artista com a realidade tem de ser altamente desenvolvida. [...] A meu ver, o artista nunca deixa inteiramente a realidade. Em primeiro lugar, ele tem uma consciência aguda de suas realidades internas, da realidade interna que busca expressar. Mas uma apreensão da realidade interna caminha sempre com a habilidade de diferenciar o que é interno do que é externo e, portanto, também com um senso da realidade externa – uma diferença básica entre criatividade e delírio. O artista deve ter uma destacada percepção da realidade do potencial e das limitações de seu instrumento, limitações que tanto usa como tenta superar. Ele não é só um sonhador, mas um artesão supremo. Um artesão pode não ser um artista, mas um artista deve ser um artesão. E por isso ele está vivamente ciente disso.*

Em uma linguagem que se aproximaria dos postulados de Bion, talvez pudéssemos dizer que, em uma situação, os aspectos

---

97   Em *Psicoanalisis del Arte y del Artista*, Ernst Kris escreve (p. 85): "A inspiração – a 'divina libertação dos costumes correntes do homem', 'um estado de loucura criadora' (Platão) em que o ego controla o processo primário e o põe a seu serviço – tem de ser contrastada com seu oposto, o estado psicótico, em que o ego é dominado pelo processo primário".

não psicóticos da personalidade ficam a serviço dos aspectos psicóticos (na loucura) e que, nos estados criativos, os aspectos não psicóticos podem se valer dos aspectos psicóticos.

O que costuma diferenciar um simples esquizofrênico[98] de um verdadeiro gênio, conforme menciona Bion em conferência pronunciada em Buenos Aires em 1968,[99] é a extensão das repercussões que costumam ter as ideias de um gênio e aquelas de um esquizofrênico[100] comum. As repercussões das ideias do primeiro costumam ser imensas, mesmo que não imediatas. Acabam

---

98 Vocábulo usado por Bion que considero ter privilegiado o sentido de mente dividida (fragmentada).

99 Conferência n. 2 del Doctor Bion: "Sobre los objetos internos y externos: algunos modelos psicoanaliticos". Separata do Centro de Estudos de Psicanálise Luiz Vizzoni. Biblioteca da Sociedade Brasileira de Psicanálise de S. Paulo.

100 A fala do esquizofrênico usa as palavras com sentidos que lhe são totalmente pessoais (ver Bion em *Second Thoughts* e *Cogitations*). Ela não é uma fala para o outro ou pelo menos algo que ele reconheça ser um outro. Ele usa termos corriqueiros com sentidos que são únicos para ele. Às vezes vemos colegas mais inexperientes falando com seus pacientes como se fossem de senso comum para ambos os vocábulos que empregam. Todavia, verificamos que estão em mundos paralelos, que não se encontram tendo a fantasia com que estão se relacionando. Uma grande parte do trabalho de análise consiste em verificar de que modo, com que sentido uma pessoa usa seu vocabulário para que não haja uma enorme confusão, ao pensarmos que estamos falando da mesma coisa por usar os mesmos termos, quando a verdade é toda outra.

A proposta da Grade feita por Bion serviria para podermos verificar de que maneira estão sendo empregados os vocábulos. Para citar um exemplo, certa vez conversava com um paciente e lhe disse que sua dificuldade para exercer determinada atividade estava relacionada à sua impossibilidade de perceber, de enxergar as emoções. O paciente reagiu levemente irritado, dizendo que tinha ido ao oculista e não sofria de problemas na vista. Perceber e enxergar não significavam para o paciente a mesma coisa que para mim naquele contexto. Para não haver confusão, é preciso verificar qual o sentido dos vocábulos utilizados, por mais óbvios que possam parecer. Sempre é necessário estar alerta para constatar do que efetivamente se está falando, mesmo que o assunto aparente ser óbvio.

reverberando de forma muito ampla e têm extensão temporal. Repercutem por gerações ou mesmo ao longo de séculos. As ressonâncias de ideias esquizofrênicas atingem um pequeno grupo de pessoas, em geral seus familiares, e não costumam ter permanência.

Para Hannah Arendt, em seu artigo "A crise na cultura: sua importância social e política", o que define algo como objeto de arte ou cultural é a sua permanência relativa no tempo ou sua eventual imortalidade.

Ainda no livro de Kris, encontramos:

> [...] a distinção entre inspiração e elaboração como fases extremas da atividade criadora, destacando que se caracterizam por deslocamentos nos planos psíquicos, no grau de controle do ego, e pelo deslocamento da catexia da pessoa e a representação do público. Nas criações dos insanos essa catexia tende a ser menosprezada; apesar de que nas fases iniciais de alguns estados psicóticos aumenta o poder produtivo e as obras de arte produzidas nessa etapa são com frequência mais significativas para o público, o que se produz em estados mais avançados da psicose tende a perder seu significado para o público. As intermináveis variações estereotípicas de um tema, em palavras ou em forma, adquirem para o insano um novo significado, ininteligível para os outros.

Pode-se considerar que, nos estados mais psicóticos, perde-se o senso comum. Na nota de rodapé 93 de *Psicoanalisis del Arte y del Artista*, encontramos ainda: "A substituição da função estética por funções mágicas, no processo de regressão, tem sua contraparte no processo de substituição da magia por funções estéticas na progressão".

Na página 89, lê-se:

> *Uma impressão plausível, porém não verificada, é a de que o valor de sobrevivência [da obra de arte] não depende da exatidão com que a reação do público tende a repetir a experiência do criador, mas, entre outros fatores, da efetividade dinâmica da experiência sobre o público e, assim, também do grau de atividade que estimula. O efeito catártico da tragédia grega, então, está relacionado não somente com a universalidade do tema que trata, mas também com a purgação da alma ao experimentar o poder do destino [...].[101]*

Em "Além da agressividade na teoria das neuroses", José Longman descreve uma imagem que vê como em um videoteipe que se desenrola à sua frente, uma série de pessoas que caminham em sua direção e que depois seguem a partir *dele* em outra. Essa *visão* ajuda-o, posteriormente, a ter um *insight* sobre a situação que vivia com o nascimento de sua primeira neta, em que percebia sua transitoriedade neste mundo, sua desimportância no conjunto humano e na história, e o uso que a natureza havia feito dele para perpetuar algo que não tinha nada a ver com ele nem com seus ancestrais e descendentes (as pessoas vistas caminhando para ele e a partir dele).

---

101 Segundo Citati, em seu livro *Proust* (Companhia das Letras: São Paulo, 1999), sobre o célebre escritor francês, este último não perdoava seu personagem Swann (inspirado no *socialite* de seu tempo Charles Haas) por ser alguém capaz de profundas percepções, mas optar pelo superficial e oco.

> *Pode-se objetar que o episódio representa mais uma figuração imaginada de uma teoria, motivada pelo desejo de explicação para o indizível, do que a observação de um indivíduo, não primitivo, mas sofisticado e preparado psicanaliticamente. Acontece que seu aparecimento inesperado e não refletido, a sua qualidade de estar totalmente presente, envolvendo toda a personalidade com a força da convicção de real que eu não ousaria afirmar, não fala em favor de uma tal suposição. É um entremeio entre o sonho e a vigília, a experiência transformada em imagem visualizada.*
>
> *A meu ver, o que vislumbrei foi uma "evolução" (BION, 1969) da experiência emocional complexa que se dava no momento e que transparece através de outra realidade, que a torna visível e comunicável.* (LONGMAN, 1989a/2008, p. 49.)

Em outro artigo, "O objeto psicanalítico: uma aproximação a partir da experiência", Longman acrescenta:

> *Uma vez considerado o objeto psicanalítico diferente do objeto sensorial, é claro que não pode ser observado do mesmo modo. Outra deve ser a ciência de sua observação. A capacidade para observá-lo, não vai, pois, depender de uma maior acuidade dos órgãos dos sentidos, mas de uma capacidade negativa nesse sentido. A "capacidade de poder cegar-se artificialmente no trabalho, com o fim de concentrar toda a luz na única passagem obscura", como escreveu Freud (1916/1980) a uma colega e amiga. Vamos poder percebê-lo como os poetas,*

os sonhadores, os artistas, os delirantes e alucinados, embora o concebendo como psicanalista. (LONGMAN, 1989b/2008, p. 69.)

No programa *Starte*, do canal Globo News, de 31 de maio de 2011, a entrevistadora Bianca Ramoneda comenta com a Fernanda Montenegro que, na biografia da atriz escrita pela jornalista Lúcia Rito, sua filha, Fernanda Torres, declarava que nunca havia visto atriz mais louca em cena que sua mãe. Dizia que a mãe trabalhava em uma zona de risco muito perigosa, em cima de um muro muito perigoso, e que isso era surpreendente para ela.

A entrevistadora comenta que nesse livro há uma dualidade muito grande entre Arlete – nome de batismo da atriz e que parece existir da porta de sua casa para dentro, praticamente desconhecida e inacessível ao público – e Fernanda, seu nome artístico e figura pública, que parecem ser duas pessoas diferentes. A atriz diz que realmente são duas, que ela é uma esquizofrênica e que isso (*suponho que a esquizofrenia*) só não teria se desenvolvido porque o teatro teria lhe permitido "ser". Fernanda foi uma "invenção" que pulou para fora da Arlete. Fernanda foi para a porta do teatro e Arlete é uma mulher interna, intramuros, sobre a qual fala pouco e é de uso intenso particular, não tanto conflitada com o lado realista, ao contrário da outra, que é o lado do voo ("que é essa entidade que, por acaso, brincando, eu dei o nome de Fernanda Montenegro").

Considero que Fernanda difere-se de uma esquizofrênica, porque sua personalidade tem recursos para instrumentar, lidar e administrar aquilo que capta e intui com sua sensibilidade. A Fernanda conta com a Arlete, e a Arlete enriquece-se e expande-se com a Fernanda.

Luiz Carlos U. Junqueira Filho (2004), em seu trabalho "Altero-poese: sobre a gênese da ideogramaticização no trabalho-onírico-alfa", refere-se ao trabalho de Robert Louis Stevenson, que dizia nada escrever, apenas transcrever aquilo que durante a noite, enquanto dormia, um grupo de homúnculos produzia e lhe "entregava" pronto.

Cito Junqueira, que por sua vez cita Stevenson (1986):

> *Robert Louis Stevenson (1850-94) publicou em 1886 seu famoso livro Strange Case of Dr. Jekyll and Mr. Hyde, explicando num ensaio posterior intitulado A Chapter on Dreams[102] que sempre ansiara "escrever uma história sobre [...] essa forte sensação humana de existir em duplicidade que, às vezes, se impõe de modo avassalador à mente de toda criatura pensante": sentindo-se pressionado por problemas financeiros, concentrou-se durante dois dias na tarefa, tendo tido um sonho na segunda noite onde lhe apareceram duas cenas chaves para compor a história, juntamente com "a ideia central de uma mudança voluntária ter se tornado involuntária". Sua descrição a respeito da instância psíquica responsável por esse trabalho onírico é magnífica e merece ser reproduzida:*
>
> *"E não obstante, quantas vezes estes Duendes Benfazejos[103] insones lhe prestavam um serviço genuíno entregando-lhe, enquanto ele ocasionalmente se deliciava*

---

102 Junqueira agradece a Antonino Ferro pela referência a esse ensaio.

103 Stevenson utiliza indiferentemente os termos Brownies (Duendes Benfazejos) e Little Men (que eu prefiro traduzir por homúnculos, em função da sua ressonância com a entidade alquímica medieval que Goethe transformou em importante personagem no Fausto). [Esta nota de rodapé faz parte do trabalho de Junqueira].

sentado em seu camarote, contos bem melhores do que ele próprio teria produzido [...]. Quem são os homúnculos? Sem sombra de dúvida, eles representam nexos intrínsecos ao sonhador [...]. Afinal, quem são eles? E quem é o sonhador? [...] Eis aqui uma dúvida que assola minha consciência. Por mim mesmo – aquilo que eu chamo de Eu, meu ego consciente, o habitante da glândula pineal (a menos que tenha mudado de endereço desde Descartes), o homem possuidor de consciência e de uma conta bancária estável, o homem com chapéu e bota, com privilégio de votar e não eleger candidato nas eleições – sinto-me às vezes tentado a supor que não sou contador de histórias coisa nenhuma, mas uma simples criatura como qualquer queijeiro ou qualquer queijo, e um realista atolado até a raiz dos cabelos na realidade dos fatos; de modo que neste sentido, toda minha ficção já publicada deveria ser considerada o produto personalizado de algum Duende Benfazejo, algum colaborador familiar e invisível, que eu mantenho trancado num sótão lá nos fundos, enquanto eu recebo todas as glórias a respeito do bolo, e ele só uma migalha (e mesmo assim, porque não me é dado impedi-lo) [...]. Mas o seu assombro (do sonhador) continuou a crescer e provavelmente também o do leitor, se ele o considerar maduramente, já que agora ele compreenderá porque eu falo dos homúnculos como inventores e atores substantivos (JUNQUEIRA FILHO, 2004, p. 794).

De Junqueira também aproveito a bela epígrafe de seu trabalho: "O real não está na saída nem na chegada,/ ele se dispõe para a gente é no meio da travessia" (Guimarães Rosa, citado por Junqueira Filho, 2004, p. 786).

A Memoir of the Future (BION, 1991) é uma ficção literária psicanalítica que pode ser lida como a história de uma psicanálise. Inicia-se com dois aristocratas, proprietários rurais ingleses, que estão na varanda de sua fazenda à espera de um exército invasor que ganhou uma guerra contra o Reino Unido. Com a invasão, as classes inferiores e subalternas invertem a situação e se tornam senhoras dos antigos senhores. Têm características brutais e extremamente erotizadas, e os proprietários aristocratas ficam totalmente à mercê delas (Alice, a patroa, vira escrava sexual de sua empregada Rosemary, completamente submetida e apaixonada pela antiga empregada, que por sua vez a trata da maneira mais desprezível e cruel). O aspecto civilizado formal se rompe, como quando se instala uma análise real. Todo o mundo primitivo vem à tona, em algo que é experimentado como uma mudança catastrófica,[104] que só seria suportável na presença do analista e com uma alta frequência na análise, tamanho o montante de angústias mobilizado. O aspecto polido e educado é apenas uma frágil aparência, que logo se desgasta. Surgem, então, todo tipo de personagens, de um modo caótico, que aparecem na forma de Alice, Rosemary, Roland, Robin, Tom, Moriarty, Sherlock Holmes, sacerdote, plasma germinal, somitos, Doutor, psicanalista, Bion, Eu mesmo, Setenta e cinco anos, Tiranossauro Rex, Cinco anos, e assim por diante. Todos corresponderiam a aspectos de uma personalidade, dos mais desenvolvidos aos mais primordiais. O psicanalista vai surgindo no meio de tudo isso numa tentativa de articular uma conversa entre essas diferentes partes, que nunca poderão ser eliminadas; desde o mais cruel vilão assassino, da ninfomaníaca predadora, aos mais sofisticados cientistas e eruditos. Todos esses nos constituem,

---

104 Ver *Transformations*, cit.

e não seremos curados deles. (Um dos personagens é assassinado por outro chamado Homem, que é um sociopata. Contudo, o morto volta a fazer parte da trama.) O ideal seria conhecer todas essas dimensões o melhor possível, e verificar qual o melhor arranjo de convivência entre elas (em que os aspectos mais primordiais são também percebidos como forças criativas e igualmente diruptivas, que podem ser instrumentados pelos mais desenvolvidos de sofisticados) estabelecendo um encontro e uma conversa entre eles. "Durma-se com um barulho desses", diz um dos personagens.

Se houver essa possibilidade de encontro e conversa[105] entre essas dimensões tão discrepantes, haveria (p. 576) o desenvolvimento da sabedoria – a contrapartida, caso isso não seja possível, *seria a guerra e o esquecimento* (entre as diferentes dimensões). A análise permitiria o encontro das dimensões mentais, desde as mais primordiais e arcaicas (somitos), violentas, cruéis, instintivas, intuitivas, criativas (como são os vulcões, que além de devastadores também constroem ilhas e continentes, e produzem terras extremamente férteis) com as mais "experientes", de modo a que possam conversar entre si, e eventualmente venham a negociar umas com as outras, chegando a algum denominador comum que seja do interesse dessas diferentes partes.

Em "Como tornar proveitoso um mau negócio", ele propõe:

---

105 É um livro fascinante e de difícil leitura, pois tem uma estrutura inusitada que lembra as peças de Samuel Beckett, de quem Bion foi terapeuta nos anos 1930, o que teria resultado numa forte influência mútua. É digno de nota que, em geral, os primeiros contatos com essa obra costumam ser feitos por meio de grupos de estudos, em que ela é lida e comentada conjuntamente, promovendo uma conversa entre os colegas, o que também contribui para aumentar a tolerância às angústias que tal leitura promove.

Freud descreveu "Dois princípios do funcionamento mental"; sugiro "Três princípios de vida". O primeiro, sentimento; o segundo, pensamentos antecipatórios; o terceiro, sentimento mais pensamento mais Pensamento. Este último é sinônimo de prudência ou previsão → ação. (BION, 1979, p. 475.)

Em sua terceira conferência de São Paulo, em 1973, Bion refere-se a uma situação em que Freud teria dito que um paciente tinha fobia de meias, o que o impossibilitava de usá-las. Ele sugere:

> *[...] que o paciente não tinha fobia de meias, mas que podia ver que aquilo que Freud pensava serem meias era um conjunto de buracos tricotados juntos. Se isso está certo, termos como "fobia", em análise clássica, não fazem justiça à extrema capacidade de observação, natural, em certos pacientes. Assim como para mim é natural, em meu sentido lato, microscópico, ver classicamente um par de meias, esse tipo de paciente apresenta uma capacidade visual diferente que o torna capaz de ver aquilo que não consigo ver. O que à luz de minha inteligência, capacidades, conhecimento, experiência, eu penso que seja um par de meias, ele pode ver que não é. (BION, 1975, p. 47.)*

O trabalho do analista incluiria a tarefa de conseguir enxergar aquilo que o analisando é capaz de ver e ele, analista, não.

Em "Como tornar proveitoso um mau negócio" (BION, 1979), ele retoma a conhecida citação do analisando de Hannah Segal, que não podia tocar violino porque estaria se masturbando em público. A visão dita correta e superior seria a de que o analisando não percebe a realidade de que tocar violino não é se masturbar. Bion considera que essa também é uma visão enganosa. Se o problema do analisando é não poder reconhecer um homem tocando violino em público, o das demais pessoas seria não poder perceber a pessoa se masturbando em público. Considero ser essa uma maneira de considerar a visão binocular. A tentativa de extirpar um vértice ou o outro seria aquilo que desenvolveria uma perturbação mental e uma impossibilidade de desenvolvimento e crescimento criativo, tal como o relato da atriz Fernanda Montenegro coloca em evidência.

Citando-o no mesmo texto:

> Se o sono ("S-state") é considerado digno de respeito, assim como a vigília ("W-state") – se o árbitro for imparcial –, então, onde estivermos, o que se vê e experimenta deve ser considerado tendo um valor que é igualmente válido. Isso está implícito quando Freud, como muitos antecessores, considera que os sonhos são dignos de respeito. Assim poderemos dizer que a elaboração da vigília deverá ser considerada tão digna de respeito quanto a elaboração onírica. Mas, por que o estar acordado, consciente e lógico é considerado como tendo "domínio das faculdades mentais", se ele tem apenas metade dessas faculdades? Quão desagradável é encontrarmos uma larva numa maçã! Não é tão desagradável quando encontramos metade da larva na maçã. Assim, vemos que ter apenas metade das faculdades sob domínio é uma descoberta muito perturbadora. (BION, 1979, p. 473-4.)

190   OS CONCEITOS

Permitir-se entrar em contato com essa visão binocular costuma ser uma experiência assustadora[106] (e, paradoxalmente, pode ser igualmente muito prazerosa e estimulante – o prazer também associado à expansão e ao alcance de novas percepções que possa trazer, o que pode torná-la extremamente atraente, como atuar deve ser para alguns atores), tal como mencionou a atriz Fernanda Torres ao se referir à zona de trabalho em que sua mãe costuma estar em cena.[107] Sem uma análise longa e extensa do analista, que

---

106   Em entrevista concedida a *Caros Amigos* (julho, 1999), Zélia Gattai disse que Jorge Amado participou de seus livros unicamente como personagem. Não interferia quando os livros eram escritos, salvo uma vez, quando ela escreveu *Crônica de uma namorada* (1994-2001). Ela começou a se mostrar aflita, andando de um lado para outro. Jorge quis saber o que estava ocorrendo. Zélia decidiu dizer:"Olha, Jorge, é que não consigo mais levar o romance adiante. Perdi o controle dos personagens. Um deles está querendo abusar de uma prima bem mais nova. Já se aproveitou dela, mexeu nela. Pior de tudo é que a menina está gostando. Não sei o que fazer com ele". Jorge Amado olhou Zélia de alto a baixo e fez apenas um comentário, que foi também uma sentença: "Zélia, não se meta na vida dos outros!".

107   Estive presente a uma apresentação de Rei Lear, de Shakespeare, no teatro Sérgio Cardoso de São Paulo, com Raul Cortez no papel-título. Durante a encenação começou-se a ouvir um intenso barulho de água correndo, como uma chuva forte. Após uns instantes, parte do urdimento e da iluminação despencou e ficou pendurada sobre o palco. A apresentação foi interrompida e o ator Raul Cortez deixou de ser Lear e dirigiu-se à plateia informando que estava havendo um problema que precisaria ser verificado, e que a peça estaria suspensa por alguns minutos até que se tivesse um diagnóstico da situação. Até então, considero que ele estava em uma dimensão em que ele "acreditava" e era o rei Lear. Por outro lado, penso que sempre esteve presente, apesar de que momentaneamente escanteada, a percepção de que se tratava de uma encenação em um teatro. Todavia, se na hora de atuar não acreditar – de certa forma, alucinar – que é o rei Lear, e se a plateia não acreditar-alucinar, como nos sonhos, de que está vendo mesmo o drama de Lear e suas filhas, o fenômeno teatral não acontece. A questão surge quando espectadores não têm essa visão binocular e atacam na rua atores que fazem papel de vilão, ou quando o espectador não pode acreditar/alucinar, como nos sonhos, mesmo em vigília, ficando excluído do fenômeno teatral e de toda a expansão e enriquecimento de que quem pode

o habilite a familiarizar-se com essa zona de trabalho que também é a sua, o que ele pode acabar fazendo é uma imitação de psicanálise, ficando restrito a uma ou outra percepção, o que prejudicaria o desenvolvimento de "Pensamento", situação em que ele não seria prudente, capaz de antecipar situações, ou de agir em conformidade com aquilo que só essa visão complementar poderia habilitá-lo.

No terceiro seminário de Bion em Los Angeles, em 17 de abril de 1967, pode-se ler:

> *É necessário considerar as possibilidades de que o paciente esquizofrênico tenha habilidades que são grandes demais para ele; de que seu contato com a realidade é de um tipo que a torna intolerável. A partir desse ponto de vista, pode-se dizer que o místico é realmente o destroço – ele é o lugar em que [...] o esquizofrênico ocupa o lugar em que o místico estava, até que uma explosão acontece, até que sua personalidade desintegra, porque simplesmente não pode tolerar as experiências emocionais que estão disponíveis para ele. Se pudesse, então seria alguém que é dotado, e assim por diante.*
>
> *Não quero sugerir ou manter um ponto de vista de que se alguém é esquizofrênico é, portanto, uma pessoa muito importante e por aí vai. Penso que se tem de encarar que um esquizofrênico é um desastre. Algo de muito ruim realmente aconteceu. Pode ser que sua personalidade simplesmente não seja suficientemente forte para*

---

vivê-lo pode alcançar. Na encenação referida, por graves problemas técnicos, a plateia acabou sendo dispensada e os ingressos devolvidos, depois de uns trinta minutos de investigação do problema.

conter seus dotes e intuições, tal o poder que tem, ou pode ser simplesmente que suas ambições excedam sua capacidade. Mas há uma disparidade aqui. Há algo que faz uma imensa diferença em Freud, que indubitavelmente podia suportar suas intuições e permaneceu intacto, não obstante a dor da experiência que teve – suas depressões, suas dúvidas a respeito da análise; ele podia suportar isso tudo –; e isso é o que faz com que Freud seja Freud. Enquanto o esquizofrênico, penso que é razoável supor, não é apto a fazer isso, e você lida com os restos, com os escombros de uma personalidade [...].

2.6.3 *Genialidade e senso comum* (common sense)

"Newton foi bem sucedido ao unificar os movimentos nos céus e na Terra em uma única teoria. Esta foi a primeira grande unificação na ciência moderna."[108]

Retomo, neste ponto, a constatação de que as ideias aparentemente geniais de um esquizofrênico acabam, em geral, tendo repercussões limitadas ao grupo imediato que o circunda e poucas reverberações no decorrer do tempo e, também, por outro lado, de que as ideias dos gênios/místicos podem não mobilizar reconhecimento imediato, podendo mesmo ficar no ostracismo durante certo período, mas, quando revelam *insight* profundo e duradouro,[109]

---

108 MILLER, A. I. (1996). *Insights of Genius.*Cambridge/ London: MIT Press, 2000.

109 Isso me faz pensar nos textos de Walter Benjamin escritos em folhas avulsas ou em precários cadernos durante a Segunda Guerra Mundial. Tudo levaria a crer que teriam como destino certo a destruição ou o mais completo esquecimento.

acabam se impondo e mantêm a constante capacidade de comover e perdurar. Considero que o fator que distinguiria as duas situações seria a existência no verdadeiro *insight* (tendendo a O) daquilo que Bion chamou de *common sense*. Em português pode-se traduzir por senso comum ou, igualmente, bom senso.

O senso comum (*common sense*) é um importantíssimo conceito desenvolvido por Bion. Com esse termo ele designa uma situação na qual haveria o que o nome diz: uma percepção que seria comum a todos os órgãos dos sentidos. A percepção visual de uma mesa não garante que estejamos, de fato, diante de uma mesa.[110] Há a necessidade de acrescentarmos a essa primeira impressão uma segunda, como a do tato, que poderia ou não confirmar aquilo que foi percebido pela visão. A indicação pelos diversos sentidos, que tendem a confirmar a impressão uns dos outros, seria sinal de que a percepção seria verdadeira, real. Podemos nos reportar a uma piada que fala sobre a definição feita por diversos cegos do que seria um elefante. Um deles está abraçado à tromba, o outro, a uma pata, um terceiro, ao rabo, um quarto, sobre o dorso. Cada um descreve algo completamente diverso dos demais – o que está pegando no rabo diz que o elefante é uma coisa fininha e roliça, o que está sobre o dorso descreve algo enorme e disforme etc. Não há senso comum entre o grupo de cegos, pois as percepções de cada indivíduo são díspares (apesar de estarem usando o mesmo órgão

---

Contudo, não foi o que aconteceu. Da mesma forma, tenho em mente a maior parte dos escritos de Kafka, destinados por ele mesmo à destruição quando de sua morte. Porém, a força do conteúdo de seus manuscritos levou-os a serem publicados com a enorme repercussão que tiveram no mundo literário. Não há escritor e obra sobre os quais se tenha escrito mais a respeito do que Kafka e sua produção.

110 O pintor surrealista belga René Magritte fez um quadro no qual está representado um cachimbo. Sobre a representação do cachimbo ele escreveu: "ceci n'est pas une pipe" (isto não é um cachimbo).

sensorial, o tato). O problema também decorre de estarem usando apenas um único sentido, faltando-lhes, no caso, a visão que poderia reorganizar as diversas experiências táteis separadas (da mesma maneira, poderia haver maior senso comum e apreensão mais próxima do animal, caso houvesse confronto e articulação entre as diferentes percepções táteis de todos os cegos – mas esse não é o caso da anedota).

O único modo de uma pessoa saber se está ou não tendo alucinações[111] é conversar com os que estejam participando da mesma situação. Estando só, o indivíduo precisa verificar se o que constata é comum a todos os seus sentidos ou a apenas um deles. Sendo esse último o caso, seria um indicativo de distúrbio de percepção ou de pensamento. Contudo, poder perceber de modo diferente daquele que parece ser o senso comum de um grupo não implica, necessariamente, que se esteja perturbado. O grupo pode não mais estar percebendo o que observa. Em vez de usar os órgãos perceptivos para delinear uma realidade, pode estar apenas se orientando pelo que "deve ser", pelo que está estabelecido por teorias ou mentalidades vigentes; segue o instituído, o *establishment*.

O psicótico aparentemente não usa ou não tem senso comum. A experiência psicanalítica, contudo, indica que ele possui senso

---

111 Alucinações seriam percepções na ausência de objeto. No entanto, todo estado criativo passa pela percepção visual (audível no caso dos músicos) de algo que não é efetivamente visível, tomando-se os fatos em consideração. O distúrbio de funcionamento mental não se deve à questão do que se percebe, mas à convicção irrevogável de que aquilo que se percebe é o que de fato existe. O mesmo problema se apresenta em situações em que o perceptível tem substrato nos fatos. Podemos verificar uma situação dessa ordem nos relacionamentos interpessoais nos quais os envolvidos acreditam, sem qualquer sombra de dúvida, que seus parceiros são exatamente aquilo que percebem. Os seres humanos têm acesso somente às suas percepções, aos seus conhecimentos, não às coisas em si. Todavia, essa distinção raramente é feita.

comum. A diferença é que pode estar cindido e expelido da personalidade ou que o senso comum seja utilizado de maneira não comum. Ressalto uma descrição feita por Bion em *Cogitations*,[112] na qual o paciente que entra na sala senta-se no divã e diz que há sangue por toda parte. Bion chama-nos a atenção para o fato de que o paciente sabe que sua percepção não é de senso comum entre ele e o analista, visto ter necessidade de informar ao analista sua constatação. Caso considerasse que o analista estivesse vendo o mesmo que ele, essa sinalização seria desnecessária. Além do mais, ressalta que a percepção de que há sangue por toda a sala não é de senso comum para o próprio paciente, pois, se assim fosse, não sentaria sobre um divã ensanguentado e reagiria com o olfato ao odor produzido por uma sala cheia de sangue. Bion diz que o senso comum do analisando está espalhado no ambiente, é o sangue que ele vê (em uma experiência de alucinação). Contudo, o psicótico pode usar sua arguta percepção de senso comum para se valer dele de forma divergente, tal como ocorre em pessoas que procuram análise, mas que espreitam e intuem com grande habilidade todas as maneiras com que podem atingir o trabalho de modo a levá-lo a um fracasso; mesmo que ao custo de suas próprias esperanças de uma qualidade de vida melhor do que a que levam. São pessoas capazes de fomentar grandes tumultos e desagregações grupais não em função de um *insight* ou ideia, mas da sua habilidade em usar de maneira inusual o senso comum para obter reações daqueles que as circundam que reforcem suas crenças alucinatórias e delirantes. Esses pacientes podem se valer do senso comum de um grupo social que determina que um analista deva ser capaz de operar milagres e de salvar desenganados, para criar situações de graves prejuízos ao analista e à psicanálise.[113]

---

112 Páginas 15-9, 23, 258, 215.

113 Na página 103 de *Cogitations*, referindo-se a um episódio ocorrido com Millais Culpin, no qual um paciente suicidou-se após uma entrevista com esse pro-

196   OS CONCEITOS

Bion considera como função do sonhar (*dream-work*) uma tentativa de alcançar senso comum (*common sense*).[114] Quando um psicótico (ou quando uma pessoa está operando com a parte psicótica da personalidade) relata o que chama de sonho em sessões de análise, não costuma haver associações livres, visto que suas percepções nos sonhos não representam, mas são coisas em si – portanto, o chamado sonho é somente alucinação. A um sonho, propriamente, seguem-se associações e costumam promover evoluções na mente do analista, contrariamente ao "sonho" psicótico, cujo relato não costuma estimular des-envolvimento. O mesmo se daria com mitos, literatura e arte de qualidade e teorias científicas que tivessem a característica que possui o sonho: um esforço para alcançar o senso comum. Se tal esforço for bem-sucedido, os mitos, teorias e trabalhos artísticos tendem a se perpetuar,[115] ou, pelo

---

fissional que veio a sofrer, em decorrência desse fato, execração pública, Bion comenta: "Jamais se deve esquecer que se está lidando com um esquizofrênico. Isso quer dizer que nunca se deve esquecer que o paciente é tanto assassino quanto irresponsável, e que o 'senso comum', i. é, o senso comum da sociedade, dita um diagnóstico particular e uma atitude particular dos membros individuais da sociedade para com o paciente. Resistência a esse comando traz as punições com as quais o grupo sempre ameaça cobrar aqueles que resistem a seus ditames. O 'senso comum' do paciente, não importa quão invisível e indetectável possa parecer, lhe diz isso, visto que ele *tem* senso comum, apesar de fazer uso incomum dele [...]. O paciente [...] está preparado para interpretar sua parte ao cobrar uma pesada punição se o analista não se comportar com a perspicácia que não é requerida apenas pelo trabalho, mas também pela determinação do paciente em que o analista deva suportar, com sua conduta de devotar sua atenção exclusivamente ao paciente – não importando o custo que possa ter para si mesmo –, o narcisismo do paciente contra o seu 'socialismo'. (E também ser socialmente colocado em ostracismo.)". (Grifo de Bion.)

114 Ver em *Cogitations*, "The Tower of Babel:...", p. 226-41.

115 O escritor Arnold Wesker (apud SEGAL, 1991), em uma entrevista no *The Guardian* de 12 de novembro de 1988, diz: "Penso que há duas coisas necessárias para que algo se torne universal: uma delas é aquilo que selecionamos, a metáfora que escolhemos; a outra é o poder de nossas percepções sobre essa metáfora, sobre esse material. E se nossas percepções forem surpreendentes,

menos, ter repercussão ao longo de várias gerações. Essa repercussão duradoura é decorrente do fato de encontrar algo de senso nessas produções; algo que ajuda os indivíduos a dar sentido a suas próprias experiências mesmo em grupos, vivendo séculos depois do enunciado, da forma plástica ou musical terem sido concebidos. Por serem suficientemente abertas, essas obras (de arte, mitológicas ou científicas) também se prestam a que lhes sejam atribuídos novos e desconhecidos sentidos por cada novo espectador, ouvinte ou leitor. Como ressalta Jean- Pierre Vernant (VERNANT, 2000), o mito[116]

> *[...] sempre comporta variantes, versões múltiplas que o narrador tem à sua disposição [...]. Enquanto uma tradição oral de lendas estiver viva, enquanto permanecer em contato com os modos de pensar e os costumes de um grupo, ela se modificará: o relato ficará parcialmente aberto à inovação.*

Todavia, é preciso ficar alerta quanto à expressão "senso comum". Segundo dois pesquisadores italianos: "Na mente de Bion, SC [senso comum] é um profundo componente da personalidade

---

ou vívidas, então elas persistirão". Segal reforma essa citação ao dizer que uma coisa é a criação do símbolo, e a outra, o senso de realidade sobre os meios materiais por meios dos quais ele se exprime. Ela considera que Freud tinha razão ao afirmar que o artista também retorna à realidade, só que não da maneira proposta por Freud (com as recompensas mundanas obtidas com o sucesso de suas obras), *mas ao fazer algo no mundo externo real e para esse mundo*. O símbolo, como vimos anteriormente, só se forma com tolerância à frustração, pois ele representa algo que está ausente e não é uma coisa em si. Ele é o reconhecimento de uma ausência.

116 Em *Cogitations*, p. 186, Bion escreve: "Mitos devem ser definidos; eles devem ser comunicáveis e ter algumas das qualidades do senso comum – poderiam ser chamados de 'não senso comum'".

198   OS CONCEITOS

e, por conseguinte, longe de ter 'senso comum' de uma maneira conformista".[117]

Conforme Nebbiosi e Petrini, tão importante quanto o senso comum, isto é, o que há de comum entre os sentidos, tanto em um único indivíduo quanto em um grupo, está no "ponto de vista emocional comum [*common emotional view*] que é a possibilidade de correlacionar e a possibilidade dessas correlações convergirem de modo a definirem uma experiência".

Para haver percepção correta, além da correlação daquilo que percebem os órgãos dos sentidos, é similarmente necessário:

> *Estar apto a correlacionar minhas emoções em relação ao mesmo e único objeto na minha experiência: meu amor por você, meu ódio por você, minha inveja de você e minha admiração por você.* **Se elas estão todas correlacionadas na minha relação com você, elas permitem, de acordo com Bion, uma experiência de verdade.** *Podemos dizer, de modo mais preciso, que a possibilidade de correlação entre várias experiências – seja perceptiva ou emotiva – é uma das características de se tornar O. Acreditamos ser esse o senso mais profundo que Bion atribuiu ao termo "comum" quando falou a propósito de percepções, emoções e relacionamento no grupo. (p. 172-3, tradução livre e grifo do autor.)*

---

117 Citação de Nebbiosi e Petrini no artigo *The Concept of 'Common Sense' in Bion's Work*, p. 168, que está no livro *W. R. Bion: Between Past and Future*. Tradução livre minha. Segundo os autores, "a prática clínica de Bion era preenchida com um senso do grupo, indo muito além da teorização examinada em *Experiences in Groups* – seu primeiro livro".

Segundo Miller,[118] em *Insights of Genius,* o desenvolvimento científico ocorre na substituição de um senso comum anterior por um novo senso comum mais amplo. A substituição, contudo, não ocorre sem maiores dificuldades, pois o senso comum anterior tende a obstruir o surgimento desse novo e mais amplo senso comum (reação à nova transformação em O). As teorias científicas de valor são aquelas que conseguem abranger os fenômenos de que as anteriores procuravam dar conta e outros que elas não conseguiam integrar. As melhores teorias científicas são as que, do modo mais sucinto possível, abrangem o maior número de fenômenos. A própria ideia de *common sense* é desenvolvida dessa maneira. Escrevendo a propósito de Einstein, Miller diz:

> *Einstein acreditava que as teorias científicas são meios para expandir nossa intuição para domínios além das nossas experiências sensoriais. Desse modo, também nossa noção do que é senso comum é transformada.[119]*

Encontramos um paralelo muito próximo às ideias de Bion, para quem o uso da observação, do senso comum dos órgãos dos sentidos e do comum das experiências emocionais (possível com o afastamento de memórias e desejos) propiciaria o contato com a realidade psíquica *não sensorial.*

Segundo Miller,

> *Os cientistas interessados nos fundamentos de seus temas, do gabarito de Galileu, Newton, Einstein, Niels*

---

118 Não confundir com o dramaturgo.
119 Traduções livres do inglês, minhas.

Bohr e Werner Heisenberg são capazes de pôr de lado o não essencial e ir diretamente ao coração do problema. Eles não ficam presos no lodaçal das tecnicidades [...]. Desembaraçados das trivialidades matemáticas e físicas (do ponto de vista deles) [...] concentraram-se nas questões se e por quê. Eles se movem com facilidade no mundo dos hipotéticos, de algum modo sabendo quando parar de perguntar por quê.

A capacidade de afastar o não essencial e ir direto ao coração do problema representaria, de acordo com a linguagem de Bion, a capacidade de entrar em contato direto com as evoluções de O, de viver transformações em O, de captar a alma, a essência do fenômeno.

Para Bion, a ideia de senso comum (*common sense*) é indissociável do problema do narcisismo e do social-ismo. O senso comum é o sentido da relação primária do indivíduo com o grupo.

[...] Se, por alguma razão, ao paciente faltam estas ou outras séries similares de capacidades para alcançar subordinação ao grupo, ele tem de se defender contra seu temor do grupo [...] através da destruição de seu senso comum ou do senso de pressões grupais sobre si como indivíduo, como o único método através do qual ele pode preservar seu narcisismo. Na forma mais extremada de defesa no psicótico o resultado desses ataques destrutivos aparece como uma superabundância de narcisismo primário. Mas isso é uma aparência – o suposto narcisismo primário deve ser reconhecido como secundário ao medo do socialismo. (BION, 1992, p. 30.)

Como destacam Nebbiosi e Petrini, o senso comum preenche a posição-chave na oscilação entre o narcisismo e o social-ismo, isto é, os impulsos em direção ao indivíduo e os impulsos em direção ao grupo respectivamente. Esse é o ponto central do conflito. No conflito, o que é atacado é o vínculo entre narcisismo e social-ismo, que é o senso comum (*common sense*). A genialidade de Bion, segundo os autores, estaria evidenciada no seu *insight* sobre o senso comum, o qual revela que *a mesma coisa que para um indivíduo estabelece uma conexão direta entre seu relacionamento com o grupo, estabelece a correlação entre seus próprios sentidos*. O senso comum é o que nos permite manter contato com outras pessoas. Quando esse contato nos aterroriza, tendemos a atacar ou destruir o senso comum, resultando em megalomania, indolência ou psicose. No entanto, se o contato for tolerável, torna-se possível comunicar-mo-nos com o grupo e, portanto, com um conhecimento compartilhado. Isso leva-nos à questão da public-ação, a qual para Bion é essencial para o método científico.

> *Public-ação [public-ation] é uma essência do método científico e isso quer dizer que o senso comum tem um papel vital. Se for inoperante por qualquer motivo, o indivíduo em quem ele é inoperante não pode publicar e trabalho não publicado não é trabalho científico.* (BION, 1992, p. 24.)

Penso que é preciso ter claro que publicação não significa necessariamente que tenha sido publicado por alguma editora. Pode ser a publicação em congressos, encontros científicos, reuniões entre colegas e para si mesmo (quando o próprio autor se torna leitor daquilo que escreveu). Bion ressalta a raiz da palavra comunicação: comun-icação, associando-a ao conceito de senso comum.

202 OS CONCEITOS

O alcance do senso comum se daria pelo fato selecionado. Na ocorrência desse, os elementos vistos até então como não tendo relação são percebidos em uma conjunção constante, isto é, revela-se algo que é comum a todos eles. O fato selecionado exclui a ideia de causa e efeito. Isso não é decorrente daquilo. A experiência revela a conjunção constante, mas não corresponde a uma ideia de que algo gerou outra coisa.

Ainda valendo-me das contribuições de Petrini e Nebbiosi, destaco que Bion salientou o valor e o perigo do *senso comum* – qual seja: *tem simultaneamente a função de revelação e a possibilidade de operar como um truque quando empregado em uma função coercitiva*. Na página 189 de *Cogitations* Bion escreve:

> *Berkeley diz que o estímulo pode ser Deus; o mesmo diz Descartes. Devo manter aqui que há verdade nisso, e que entre todos os objetos que uma dada hipótese afirma em qualquer dado momento como estando em conjunção constante há sempre o elemento que é aquele elemento que "Deus" apresenta. Assim, se eu disser que eu vejo uma mesa, estou afirmando que essa é uma experiência empírica na qual minha hipótese de que certos elementos estão em conjunção constante – esses elementos em fato cuja conjunção constante decidi chamar uma "mesa" – estão novamente unidos; além do mais, entre esses elementos – dureza, forma etc. – está um elemento que é a contribuição de "Deus", um apresentar-se em mim da percepção de certas sensações [...]. O que é Deus ou o Demônio? No meu ponto de vista não é nada mais do que o componente social, "vox populi, vox dei", do equipamento instintual [...]. Tal evidência [...] é, no mí-*

nimo, não incompatível com o ponto de vista que estou proponho: que certas percepções do indivíduo não são tanto qualidades sob investigação quanto são imposições sobre o indivíduo do enquadre do senso comum (em minha terminologia) ou a ideia de Deus (na terminologia de Berkeley) ou os enganos de Deus e do Demônio (no de Descartes).

Quando ocorrem vivências que correspondem a transformações em O, haveria vislumbre da realidade última. Para isso, Bion sugere que precisaria haver talento natural aliado à disciplina de afastar memórias e desejos (ver em *Attention and Interpretation*).

Um analista comum, com a disciplina de afastar memórias e desejos e, após uma longa análise que o capacite a tolerar muito de suas próprias turbulências emocionais, aliado a algum talento para a tarefa (precisa ser naturalmente intuitivo,[120] algo não passível de ser desenvolvido em uma análise) poderia alcançar os *insights* que Freud, Klein ou Bion alcançaram. Isto é, reconhecer na experiência (transformações em O) aquilo que esses gênios foram capazes de perceber em O e postular através de formulações em K. Tendo a condição de reconhecer, por experiência, a qualidade das intuições alcançadas, pode-se ajudar outras pessoas a perceberem o que eles viram. (Essas percepções têm consequências práticas, da mesma maneira que, na Física, um *insight* sobre o funcionamento da natureza pode ajudar a propiciar melhores condições de vida à humanidade.) Eventualmente, um de nós pode trazer outro pequeno aporte ou contribuição ao que eles foram capazes de per-

---

120 Da mesma maneira, para um músico, artista plástico, matemático, médico, comerciante etc., toda atividade profissional requer não só interesse ou vocação, mas certa habilidade natural para o seu exercício.

ceber. Contudo, a maioria dos profissionais não tem condição de vislumbrar e propor algo da extensão que puderam captar e formular aquelas mentes singulares.

Estudamos a vida toda e nos esforçamos para alcançar o que certos gênios foram capazes de intuir e expressar. Ressalto, contudo, que o que acabo de mencionar não deve ser confundido com devoção religiosa ou culto à personalidade. Considero que só é verdadeiramente possível verificarmos a estatura mental desses gênios quando reconhecemos, na nossa própria experiência, suas formulações, não quando há submissão a "autoridades" e cerceamento da capacidade de questionar.

Isso nos remete à questão da tolerância à frustração, de estar no escuro e diante do desconhecido, que corresponde às vivências da posição esquizoparanoide, na qual os elementos não se juntam. Quando há um elemento que surge (fato selecionado) dando coesão à situação, há uma integração correspondente à posição depressiva. Logo em seguida, pode-se abrir novo espaço para as indagações ou para o desconhecido que a nova situação ou patamar de conhecimento levantam (nova vivência esquizoparanoide). Tal como assinalado anteriormente, quando o estado de mente é de tolerância à frustração, tais vivências por parte do analista (ou de quem for), análogas às posições de Melanie Klein, são denominadas "paciência" (esquizoparanoide) e "segurança" (depressiva). Quando não há tolerância às frustrações, o desconhecido é experimentado como perseguidor e, não podendo ser tolerado (sem paciência), pode ser rapidamente preenchido por falso conhecimento (-K, alucinação/alucinose). Bion considera a experiência de oscilação entre "paciência" e "segurança" indicativa de que o trabalho está sendo feito.[121] Aguardar que haja evolução e que algo

---

121 *Attention and Interpretation*, p. 124.

se mostrará exige do analista ou de qualquer cientista uma atitude de *fé*; é um *ato de fé* de que vai surgir o que dará coesão (sentido). Não há evidentemente conotação metafísica nessa fé. Ela é uma atitude científica que possibilita aguardar que os fatos se mostrem, para que não procuremos saturar o que desconhecemos por não tolerarmos ficar no escuro. A *fé* permitiria aguardar que, pela observação, os sentidos se mostrem.

2.6.4 Psicanálise, ciência e artes plásticas

O que haveria em comum entre psicanálise e artes plásticas? Entre ciência (tal como encaro a psicanálise) e as artes? Recorro novamente a Miller em *Insights of Genius* para ajudar-me nessa questão.

> *Experiências criativas como a de Arquimedes (entrando em sua banheira), Poincaré (entrando em uma carruagem), Charles Darwin (lendo Malthus), Marcel Proust (mordendo um pedaço de torrada[122]), Einstein, Pablo Picasso, Joan Miró e Mark Rothko (descrevendo suas ideias mais criativas que aparecem sem nenhum pensamento consciente prévio) e tantos outros parecem evitar deduções racionais evidentes. Seus insights irracionais levaram a repentinas novas representações da natureza. As ideias seminais não emergem em qualquer sequên-*

---

122 *"Toast"* no texto original em inglês de Miller. Na realidade, trata-se de uma madalena. A tradução livre do inglês deste e dos demais trabalhos cujos originais estão nessa língua são de minha autoria. As citações de Hannah Arendt e de Cornford foram obtidas das versões publicadas em português de seus trabalhos.

> *cia temporal real, mas em uma explosão de pensamento [...]. [...] arte e ciência são as aventuras mais fundamentais para dentro do desconhecido, nas quais artistas e cientistas buscam representações estéticas de mundos além das aparências.*[123](p. 325-6)

No livro *Sonho, fantasia e arte* (SEGAL, 1991), encontramos uma citação de Roger Fry: "Há também algo de objetivo e desinteressado na emoção estética e algo semelhante à busca da verdade pelo cientista".

Para um psicanalista, é fundamental encontrar um modo de comunicar o que possa intuir no que concerne a experiências muito profundas e intensas para as quais ainda não existe linguagem disponível. Em *Cogitations*, Bion diz:

> *Esses poetas e artistas têm seus métodos de registrar suas percepções de algum tipo de influência, estímulos que vêm de fora, o desconhecido que é tão aterrorizador e que estimula sentimentos tão poderosos que não podem ser descritos em termos comuns. Eles têm de ser considerados como perceptíveis apenas até o ponto em que o ser humano possui órgãos talâmicos e experiências talâ-*

---

123 O colega Celso Antônio Vieira de Camargo relatou-me o seguinte episódio, que lhe teria sido confidenciado pelo Dr. Yutaka Kubo, quando em análise com Frank Philips (ambos membros falecidos de grande relevância na Sociedade Brasileira de Psicanálise de São Paulo – Philips analisou-se com Melanie Klein e com Bion, de quem se tornou amigo e foi responsável pelas diversas vindas dele ao Brasil). Durante a sessão, Philips comunica algo. Kubo diz que não entendeu. "Nem eu", teria dito Philips.
No que parece ter sido a apreensão de Kubo, o que Philips havia captado não passou pelo entendimento – e ter-se-ia perdido se houvesse esforço para entender.

micas, e que a própria mente humana, descrita em termos físicos, seja um sistema nervoso central que tenha se desenvolvido apenas até o tálamo, portanto, não deixa qualquer comunicação sináptica real entre o tálamo e o subsequente desenvolvimento da mente. [...] Necessitamos inventar alguma forma apropriada de discurso a qual pudesse chegar mais próximo de descrever essas realidades, fenômenos que eu não tenho a possibilidade de descrever.

Considera que um termo como *Yaveh*, por exemplo, é um modo de falar a respeito de uma força, um poder que não pode ser descrito através de discurso articulado. O discurso articulado falaria de onipotência, onisciência ou outras formulações religiosas comuns incapazes de chamar a atenção e descrever aquilo que realmente merece atenção e precisa encontrar um meio de comunicação.

Na página 372[124] do mesmo livro, comenta:

É necessário que haja uma linguagem para o infrassensual[125] e para o ultrassensual, algo que se situe fora do espectro da experiência sensual e da linguagem articulada. Pode ser aproximada por métodos de comunicação que não são puramente sensuais; o artista que pinta uma pequena casa em Delft[126] pode ver e comunicar uma realidade ao observador que, então, vê algo que é

---

124 *Cogitations*, 1992.
125 *"Sensuous"* em inglês. Em português, duas traduções são possíveis: sensual e sensorial.
126 Bion refere-se a Vermeer.

muito diferente de qualquer parede de tijolos ou casinha que possa ter conhecido ou visto antes em sua vida.

[...] Eu poderia tentar colocar da seguinte maneira: a realidade fundamental é "infinito", o desconhecido, a situação para a qual não há linguagem – nem mesmo aquela tomada emprestada do artista ou do religioso, que me parece chegar a algum lugar mais próximo de descrevê-la.

Ao final de sua vida, a partir dos anos 1970, quando se instalou na Califórnia, Bion procurou escrever seus trabalhos em linguagem que, a meu ver, buscava transmitir à experiência emocional mais que um entendimento racional, tal como é habitualmente proposto em trabalhos científicos.[127] Em *The Long Week-End*, nos comentários de *War Memories,* em *A Memoir of the Future* e no inacabado *All my Sins Remembered*, valeu-se de uma linguagem que nos aproxima de uma experiência onírica que tivesse condição de transmitir aquilo que fosse essencial da vivência e não facilmente se prestasse a esvaziamento pelo entendimento racional. Lembro-me claramente de minha experiência ao ler *The Long Week-End*, que me deixava muito desconfortável, pois diversas vezes sentia-me muito confuso, sem ter noção do que estava ocorrendo, principalmente no que se referia às experiências de guerra, no campo de batalha. Sentia-me atordoado, sem saber como tinha

---

127 Isso se deveu também à sua constatação de insuficiência da linguagem chamada "científica" como método de comunicação daquilo que intuía. Buscou uma linguagem que pudesse transmitir ou provocar as experiências emocionais que seriam o que realmente precisaria ser captado para que se pudesse saber o que procurava informar. Essa linguagem, *aparentemente* não científica, também teria como finalidade não se prestar a entendimentos racionais que saturem de significados o que se enuncia, impedindo com a saturação um real *insight* pela experiência.

surgido uma situação ou como se desenrolavam os fatos, até me dar conta de que essa vivência de profundo desnorteamento, de *flashes* que se sucediam, sem se saber como de uma situação se chegava à outra ou, mesmo, o que uma coisa tinha a ver com as demais, era, a meu ver, exatamente a experiência que seria importante verificar. Ao escrever de modo que o leitor experimentasse o atordoamento e um turbilhão desnorteante, Bion procurava a linguagem de êxito para comunicar aquilo que importava, ou seja, a vivência.[128] Reconheço um paralelo desse modo de se expressar em Proust, em sua *Recherche*,[129] quando o narrador passa muito tempo obcecado pela figura de Albertine e lemos centenas de páginas que se referem a essa personagem. O narrador aflito, durante esse período, indaga-se quando deixaria de pensar em Albertine, pois parece que aquele pensamento não lhe dará jamais sossego (nem ao leitor). Outras centenas de páginas se passam para que, subitamente, ao receber uma carta que toma como sendo enviada por Albertine (na verdade, já falecida), ele se dê conta de que havia tempo não pensava mais nela. O leitor também se dá conta, naquele momento, de que havia centenas de páginas em que, de fato, Albertine não era mais mencionada; ou seja, o autor constrói a obra de tal maneira que nos leva a *compartilhar a experiência emocional*. Considero que essa é a característica fundamental de toda verdadeira obra de arte – plástica, literária, musical, cinematográfica ou dramática – realizada com ou sem consciência por parte do artista.[130]

---

128 Em vez de descrever a posição esquizoparanoide e suas respectivas experiências, o texto leva o leitor a experimentar a fragmentação e a perseguição relativas a ela.

129 PROUST, M. *A la Recherche du Temps Perdu*. Paris: Éditions Gallimard, 1954.

130 Em documentário de João Moreira Salles, de 2003, realizado sobre o pianista Nelson Freire, o próprio critica artistas que se tornam *popstars*, ou seja, quando suas pessoas passam a ser mais importantes do que as obras que interpretam. Freire considera que ele é apenas o veículo para a música que interpreta e que sua pessoa não é aquilo que deva ser destacado, muito ao contrário; está lá

210 OS CONCEITOS

O processo que leva a um *insight* sobre o modo de expressar não é, como se costuma verificar, consciente; a construção daquilo que se intuiu, sim, necessita de (alg)uma participação consciente e racional. Uma coisa é o *insight* de um Bion ou de um Proust sobre o modo de procurar fazer uma comunicação; outra coisa é a procura dos meios para se realizar a intenção. Nesse ponto, entra o aspecto que necessita da participação de algo consciente. Um artista plástico terá de considerar qual o tipo de suporte mais adequado para transmitir o que vislumbrou, quais equipamentos seriam necessários (para um pintor, tela, cavalete, tintas, solventes, pincéis adequados e não adequados, técnicas adequadas para seus intentos e assim por diante). Os *insights,* como mencionei, dependem de processos inconscientes, daquilo que Bion chamou de função alfa e da ocorrência de fatos selecionados.

Retomo, expandindo a citação de Heisenberg presente na Introdução deste livro. Vejamos o que ele diz a esse respeito:

> *O que frequentemente acontece na física é que, a partir de se ver algum fragmento de uma situação experimental, tem-se um sentimento de como a situação experimental geral é, ou seja, chega-se a algum tipo de imagem [picture]. Pois bem, deveria haver aspas em torno da palavra "imagem" [picture]. Essa "imagem" permite adivinhar como outros experimentos podem surgir. E, naturalmente, então, tenta-se dar a essa imagem alguma forma definida em palavras ou fórmula matemática. Então, o que frequentemente acontece em seguida é que a formulação matemática da "imagem", ou a formula-*

---

apenas a serviço da música. Seria essa a postura que revela o verdadeiro artista?

ção da "imagem" em palavras revela-se algo mais com característica de equívoco. Ainda assim, as conjecturas experimentais são mais para corretas, ou seja, a "imagem" fatual que se tinha em mente era muito melhor do que a racionalização que se tentou transcrever na publicação. Isso é, naturalmente, uma situação bem normal, porque a racionalização, tal como todos sabem, é sempre o último estágio e não o primeiro. Portanto, primeiramente tem-se a impressão daquilo que se pode chamar uma impressão de como as coisas estão conectadas e, a partir dessa impressão, pode-se conjecturar as coisas corretas. Mas, então, se diz: "Bem, por que você conjectura isto e não aquilo?". Então tenta racionalizar para usar palavras e dizer: "Bem, porque eu descrevi tal e tal". A imagem muda o tempo todo e é agradável ver como tais imagens [pictures] mudam.[131]

Considero que Heisenberg ressalta a dificuldade de encontrar uma linguagem para exprimir aquilo que intui. O procurar melhorar a linguagem ou achar um novo meio de expressão acaba também refletindo na própria percepção, que também acaba evoluindo, modificando-se. Para essa nova percepção, busca-se do mesmo jeito linguagem adequada[132] que se verifica sempre insuficiente.

---

131 Apud MILLER, A. I. (1996). *Insights of Genius*. New York: Copernicus, 2000.

132 Retomo o posicionamento de Kris (*Psicoanalisis del Arte y del Artista*). Para ele, a ilusão estética é o que permitiria a apreciação da obra de arte. No que diz respeito ao teatro, trata-se da condição de distinguir a encenação de fatos propriamente, ao mesmo tempo que é preciso acreditar no jogo o suficiente para que o fenômeno teatral ocorra sem, todavia, esquecer-se que se trata de um jogo. Kris fala de uma suspensão voluntária da incredulidade quando da apreciação de uma peça de teatro. Tratei dessa questão de modo mais detalhado em minha dissertação de mestrado, em que menciono o uso da capacidade de

212 OS CONCEITOS

Bion, como vimos anteriormente, considera que os artistas e os místicos seriam aqueles que mais se aproximariam de alcançar linguagem mais eficiente nesse sentido. Em conferência proferida em Paris, em 1978,[133] ele sugere aos colegas ouvintes que verifiquem durante as sessões como pintariam aquela situação, qual cor aquele quadro teria, qual seria a do paciente, se verde de inveja (na França seria amarelo), vermelho de ódio... – qual seria a representação

---

alucinar como um fator decisivo para que se dê o fenômeno teatral. Ao mesmo tempo, os sentidos não devem estar demasiadamente saturados de maneira a perderem a visão binocular, ou seja, acredita-se na brincadeira, sem, contudo, deixar de se perceber que é uma brincadeira. Quando ocorrem transformações em alucinose, essa distinção se perde e o representado é tomado por coisa em si. Na medida em que predomina a crença na identidade e modelo, a forma da imagem deixa de ser importante. Segundo ele, o homem projeta sua visão alucinatória sobre o objeto. O ídolo existe em virtude da onipotência do pensamento. Quando essa identidade de concepção é removida, deixa de haver o investimento da onipotência e a imagem adquire outra função.

Na função de comunicação, a imagem tem um lugar junto ao gesto e à palavra, com a diferença de não pressupor a presença da pessoa a quem se destina. Os gestos precisam ser vistos quando realizados e as palavras escutadas quando ditas. As imagens podem ser contempladas posteriormente. De certa maneira, dominam e triunfam sobre o tempo e, desse modo, permanecem mágicas. Disso decorrem evoluções distintas: quando predomina a função de comunicação, a imagem se torna independente da arte (ver o posicionamento de Arendt). O que primeiramente era uma imagem se tornou um signo, uma simples letra. A invenção do alfabeto foi considerada primeiramente uma degeneração de símbolos representativos que se converteram em letras. Contudo, parece haver motivos para se crer que o emprego de um signo como letra se deve a uma convenção. De qualquer maneira, sempre que há um passo na direção de uma escrita alfabética, isso se deveria à interação de diversas funções do ego.

De acordo com Kris, as imagens não expressam apenas um pensamento ou um significado; elas capturam a realidade para o homem que as verá. Ainda segundo ele, o artista não interpreta a natureza nem a imita, mas volta a criá-la. Domina o mundo por meio de sua obra.

133 BION, W. R. (1978). *A Seminar Held in Paris (july 10th, 1978)*. Originalmente publicado na *Revue Psychotherapie Psychanalytique de Groupe*. Disponível no site da British Psychoanalytical Society.

pictórica daquela situação. Segundo ele, seria algo fundamental para se alcançar um *insight* sobre os eventos. Vejamos o que ele diz:

> *[...] Mas sugiro que valeria a pena considerar isso não como sendo o seu consultório, mas como o seu atelier. Que tipo de artista é você? Um ceramista? Um pintor? Um músico? Um escritor? Na minha experiência, muitos analistas não sabem realmente que tipo de artistas eles são.*

Um participante da conferência faz a seguinte pergunta:

> *– E se eles não são artistas?*
> *Bion: – Então eles estão no trabalho errado. Eu não sei se haveria algum trabalho que servisse porque, mesmo que não sejam psicanalistas, precisam ser artistas na vida mesmo. Um matemático pode ver que uma fórmula matemática é uma bela fórmula; um músico pode ouvir o manuscrito que são simplesmente marcas pretas no papel. Mesmo usando a linguagem que conheço melhor, não posso dizer o que um "artista" é; prefiro que você vá além dessa palavra e veja o que eu estou tentando transmitir com o uso dessa palavra tão inadequada. Certamente não é alguém que é capaz de iludir os seus olhos, de fazê-lo pensar que há uma árvore onde não há, mas alguém que o tornou capaz de ver que realmente há uma árvore lá e até as raízes dela, mesmo que estejam sob o chão.*

As artes plásticas, assim como os verdadeiros sonhos, se prestariam a dar forma, a ajudar a visualizar as experiências emocio-

214   OS CONCEITOS

nais que de outra maneira não poderiam ser alcançadas.[134] Para podermos falar de algo, precisamos inicialmente ser capazes de "ver" esse algo. Os sonhos verdadeiros, de acordo com Bion, têm a função de nos apresentar visualmente aquilo que intuímos. Provenientes da função alfa, "amarram" e nos apresentam por imagens o que estaríamos captando para que possamos, em seguida, falar do que foi apreendido.

A imagem onírica sintetiza e expressa aquilo que se capta da experiência. Vejamos uma citação de Bion que se refere a isso (trata-se de um dos escritos do fim de sua existência, em que ele usa uma abordagem estética para falar de psicanálise): "Eu mesmo: Seu 'sonho', tal como você o chama, soa como uma melhor descrição dos 'fatos' do que os fatos".

No "Comentário" (p. 208), em *War Memories*,[135] Bion se vale de um diário que havia escrito na juventude em que descreve um sonho seu durante a I Guerra, relativo à sua experiência na Batalha de Amiens (a Travessia do Steenbeck). No "Comentário" do diário, escrito cinquenta anos depois, descreve um diálogo que se estabelece entre "Eu mesmo (*Myself*)", ou seja, o autor com mais de setenta anos, e "Bion", aquele que escreveu o diário em Oxford nos anos 1920, relatando sua experiência na Guerra. O que ele quis salientar, a meu ver, é que a descrição sucinta feita pelo sonho (e a descrição do sonho no diário) revela muito mais verdade sobre a experiência vivida do que toda a narrativa "histórica" que procurou fazer, ao descrever detalhadamente os eventos dos quais participara. A verdade emocional estava na descrição do sonho, ou

---

134 Rodin, citado por Segal (p. 93), disse que os modelos quase invariavelmente não gostam dos bustos feitos por verdadeiros escultores porque mostram aspectos de suas personalidades que eles não conhecem ou dos quais não querem saber.

135 BION, W. R. (1997). *War Memories*. London: Karnac Books, 1997.

seja, cinquenta anos depois, a descrição do sonho o colocava muito mais em contato com a experiência real que todo o esforço racional para descrevê-la acuradamente. Algo similar, no meu entender, é que daria tanta notoriedade a uma obra como *Guernica*, de Pablo Picasso. Naquele quadro único estariam colocadas vivências que não poderiam ser (re)conhecidas, não fosse pela linguagem tão sucinta quanto eficaz.

A psicanálise, assim como a física subatômica, ocupa-se de mundos não vistos e não visíveis e investiga-os. Segundo Arthur Miller, particularmente desde o século XX, os cientistas têm lutado para descobrir meios de representar mundos não vistos e a representação da natureza tem sido o problema principal para cientistas e artistas. Relata o assombro que existe no paralelismo entre o desenvolvimento da arte moderna e da ciência, especialmente a partir do fim do século XIX, quando houve mudança na arte: de algo extremamente figurativo e naturalista para algo cada vez mais abstrato. Essa mudança, segundo ele, coincidiu com a crescente abstração na teoria física acompanhada por transformações na intuição. Miller considera que, no momento nascente da criatividade, os limites entre as disciplinas se dissolvem. Ainda segundo esse autor, muitas vezes se verifica que cientistas são frequentemente mais felizes que artistas ao articular o que consideram ser estética, apesar de alguns, tais como Braque e Picasso, terem sido muito diretos nisso.

Penso que, sobre a questão da estética, vale a pena considerar algo que está escrito em *All my Sins Remembered*:[136]

---

136 BION, W. R. (1985). *All my Sins Remembered and the Other Side of Genius.* London/New York: Karnac Books, 1991.

"Massacre" é uma palavra; mas a coisa da qual ela é o nome é... é... bem, depende do seu ponto de vista. Após longa experiência, descobri que havia um artista que podia mostrar-me a beleza de um açougue.[137] Eu não teria notado que aquela pequena casa em Delft era bela se Vermeer não tivesse chamado minha atenção para ela.

O artista plástico possibilita material, imagens pelas quais outros seres humanos podem se valer para perceber e significar experiências que veem, mas não enxergam. Como vimos anteriormente, a pequena casa pintada por Vermeer permite-nos enxergar algo (de nós mesmos) e sintetizar nessa imagem o que não havia sido percebido antes.[138]

2.6.5 Diferença da concepção e função das artes entre Freud e Bion

A concepção das artes, que ora exprimo, é diversa daquela conhecida em psicanálise que, conforme Freud,[139] seria em grande

---

137 Parece-me que Bion se refere a Rembrandt.

138 Ver adiante o que diz Hannah Arendt sobre a função da arte.

139 FREUD, S. (1908) *Creative Writers and Daydreaming*, (1911) *Formulations on the Two Principles of the Mental Functioning*. SE 12, p. 224; e também na suas *New Introductory Lectures* (1933) afirma que o escritor/artista não alcança êxito na realidade e volta-se para a fantasia, mas retorna à realidade por meio de sua obra, que então lhe traz o que ele busca: honra, poder e o amor das mulheres. Segundo Hannah Segal (1991), é o tipo de formulação que deixa Freud exposto a ataques, pois é notório que o verdadeiro artista não raro sacrifica dinheiro, poder, posição e até o amor das mulheres em benefício da integridade de sua arte. Segal compara essa postura à do próprio Freud, que arriscou sua carreira e atraiu injúrias em prol da verdade que sentia haver descoberto. Para ela, o artista difere essencialmente do devaneador, porque este último evita o conflito por meio de uma fantasia de satisfação onipotente de desejo, enquanto o artista busca localizar seu conflito e resovê-lo em sua criação (conflito entre o narcisismo e o social-ismo – como ser e permanecer quem se é em meio ao grupo).

parte manifestação de natureza neurótica ou primitiva na qual o artista, frustrado nas suas experiências de vida, realiza de modo alucinatório aquilo que não seria realmente capaz de obter na vida real, ou seja, a arte é concebida como evasão. Com o sucesso que finalmente obteria com o reconhecimento social, por conta de seu trabalho artístico, acabaria obtendo aquilo com que sempre sonhara e que procurara realizar de modo alucinatório por meio da arte: dinheiro, mulheres etc. A expressão artística, conforme o que exponho, diverge da anterior.[140] Ela aproxima-se do fato selecionado, do sonho, do mito, da formulação matemática e da teoria científica. A arte sintetiza apreensões (*insights*), aumentando a percepção e tornando senso comum o que até então não o era (como faz a ciência). Ela reformula a própria concepção de senso comum. Não é, portanto, manifestação doentia ou primitiva.[141] Ela é algo necessário e fundamental ao desenvolvimento da humanidade. Não há perigo de um artista, ao ser analisado, perder seus dotes artísticos, que seriam manifestações não muito diversas de sintomas neuróticos. Se um indivíduo possui real talento, a análise vai, na verda-

---

140 Na verdade, ela não exclui a anterior, mas ressalta a semelhança com o sonho real, situação em que ocorre uma satisfação alucinatória de desejo, mas que também inclui a evidência da frustração desse desejo. Quando o artista passa a efetivamente se evadir da realidade (alucinar propriamente) não consegue mais produzir, pois a confecção de um objeto de arte implica em se trabalhar com elementos reais (o material adequado para exprimir o que foi visualizado).

141 Isso não impede que indivíduos com mentes bastante perturbadas possam eventualmente beneficiar-se da expressão artística. Essa expressão pode ajudá-los a organizar algo do mundo interno e das apreensões que têm do mundo externo, como ocorre nas análises de criança com os desenhos e pinturas. Contudo, aqueles que conseguem desenvolver algo significativo no domínio artístico (como Bispo do Rosário) o fazem por possuírem reais dons artísticos que podem expressar-se quando os meios adequados tornam-se acessíveis. Para tal, no entanto, algum contato com a realidade precisa ser mantido. Tendo isso em vista, a capacidade para expressar-se artisticamente estaria associada aos aspectos preservados (ou saudáveis) da personalidade.

de, ajudá-lo a se apropriar cada vez mais dessa sua característica, pois uma análise serve para apresentar uma pessoa a ela mesma (e pode, consequentemente, ajudá-la a ser ela mesma). Desse modo, um bom artista tornar-se-ia um melhor artista e não o contrário, da mesma maneira que Bion considerou que um ladrão, com uma análise, tornar-se-ia um melhor ladrão.[142]

Hannah Segal considera que a verdadeira arte é uma expressão de integração depressiva (portanto, em termos de Bion, está associada a um aumento de senso comum, só possível na posição depressiva). Ela tem duas apreensões sobre o que representa uma obra de arte: numa, o artista recria o mundo, restaurando, pela criação, os objetos danificados de sua vida emocional; na outra (que se aproxima da que proponho), o artista não cria, mas revela uma realidade. Segundo Segal, foi dito que ninguém havia percebido a névoa sobre o Tâmisa até que Turner a pintasse. Se um quadro representa uma paisagem que conhecemos, sentimos que se revelam aspectos, traços e impressões não verificados anteriormente. Ainda segundo Segal, concordando com Roger Fry, parte da experiência estética se deve à impressão de *revelação de alguma verdade incompletamente percebida ou apreendida, descoberta e não inventada*. Esta última concepção também está fortemente ancorada na elaboração de vivências depressivas, pois integra aspectos até então desconexos entre os quais não se percebia qualquer relação. Essa integração, por sua vez (pela experiência de fato selecionado), põe em evidência o que não pôde ser verificado anteriormente.

Para Segal,

---

142 Em *A Memoir of the Future*. Da mesma forma, em *Transformations*, Bion ressalta que, se uma pessoa for muito invejosa por natureza, isso não constitui uma doença; é a própria característica da pessoa de que não poderia ser "curada".

[...] o impulso criador nasce de ansiedades depressivas e como expressão dessas ansiedades, de um modo que seja significativo para o perceptor, envolve processos tais como os que são mobilizados na posição depressiva: a capacidade de simbolizar a percepção da realidade interna e externa e a habilidade de suportar a separação e a existência separada contigentes. Defesas excessivas contra um conjunto de sentimentos que caracterizam a posição depressiva podem inibir a criatividade artística ou refletir-se no produto final. Defesas esquizoides e maníacas prejudicam a experiência estética.

Citando Rodin, ela acrescenta:

[...] toda beleza artística está em enfrentar percepções verdadeiras, externas e internas, e todo malogro estético está na negação da verdade interna. Para mim, isso soa como a descrição da percepção alcançada no enfrentamento da posição depressiva.

No final do livro, Segal recorre a Richard Holmes, um famoso escritor de biografias (em *Footsteps*), que diz:

Nesse sentido, o biógrafo está continuamente sendo excluído, ou alijado, da comunicação ficcional que estabeleceu com seu sujeito. Ele é como o jornalista a quem se conta algo em tom confidencial, em off, mas que não pode fazer nada a respeito até que tenha encontrado provas independentes de outras fontes.

Considero que essa última citação deixa evidente a relação entre posição depressiva e o aumento de senso comum. A consideração pela realidade interna e externa está intimamente associada ao equilíbrio entre o narcisismo e o social-ismo. A verdadeira obra de arte, assim como um verdadeiro trabalho científico, alcançaria um grande equilíbrio entre esses polos.

Segundo Segal, o momento em que Freud teria chegado mais perto de tocar a experiência estética, mas que não se ateve, foi na sua apreciação do Moisés de Michelangelo. Nesse artigo ele escreveu:

> *A meu ver, o que nos prende tão poderosamente só pode ser a intenção do artista, até onde ele consegue expressá-la em sua obra e fazer-nos compreendê-la. Percebo que isso não pode ser simplesmente uma questão de compreensão intelectual; sua intenção é despertar em nós a mesma atitude emocional, a mesma constelação mental que nele produz o ímpeto de criar.* (FREUD, 1914: 212, SE.)

Essa observação de Freud ressalta a função de comun-icação da arte, da busca de transmissão e compartilhamento da experiência emocional e dos *insights* a ela associados. Compare-se essa ideia ao que se propôs Bion com seus últimos escritos e ao que Proust realizou na sua *Recherche*. A comunicação leva em conta o social, o outro, o não eu. Leva igualmente em conta os aspectos narcísicos e, caso seja bem-sucedida, permite o equilíbrio entre essas polaridades como mencionei anteriormente. Ressalto o *comum* da palavra comunicação, porque essa qualidade de senso comum ou de promover um senso comum onde não havia seria fator fundamental dessa atividade.

A experiência estética para Segal pode ser definida por Rodin:

> *O que na realidade chamamos de "feio", em arte pode tornar-se uma grande beleza.*[143] *Chamamos de "feio" o que é informe, insano, que sugere doença, sofrimento, destruição, o que é contrário à regularidade – o sinal da saúde [...]. Chamamos também de feio e imoral, o vicioso, o criminoso e toda anormalidade que produz o mal – a alma do parricida, o traidor, o egoísta... Mas deixe que um grande artista consiga apropriar-se dessa feiura. Imediatamente ele a transfigura – com um toque de sua varinha mágica ele a transforma em beleza.*

Segal considera que a varinha mágica é, na realidade, o trabalho do artista. Verifica que na Tragédia Grega o parricídio, o matricídio, o incesto, toda sorte de violência e desastre são contrabalançados pelo seu oposto na forma: o ritmo da poesia e as unidades aristotélicas de ação, lugar e tempo propiciam uma forma harmoniosa e ordenada. Essa forma provê um continente (Segal diz "contém") para os sentimentos que não poderiam ser contidos de outra maneira. A arte, dessa forma, serve não apenas para transmitir e compartilhar uma experiência emocional, mas também o faz, proporcionando um continente capaz de lhe dar uma forma e torná-la assimilável para o artista (narcisismo) e para o público (social-ismo) É, conforme a proposta deste trabalho, indissociável da função de *reverie*.

---

143 Essa sentença também começa a introdução do livro *Fascination de la Laideur – L'en-deçà Psychanalytique du Laid* (*Fascinação da Feiura – O lado psicanalítico do Feio*), de Murielle Gagnebin, 1994.

3. Ideias que se aproximam na mitologia, na literatura e nas ciências[1]

Em *Conjecturas e refutações*, Karl Popper escreve (POPPER, 1963, p. 154):

> *[...] as teorias científicas não resultam da observação: são, de modo geral, produtos de nossa capacidade de formular mitos, e de testes. Os testes se apoiam em parte na observação, daí a importância que esta tem; mas sua função não é produzir novas teorias: têm um papel a desempenhar na crítica e na rejeição de teorias – desafia-nos a produzir novos mitos, novas teorias que podem resistir a testes baseados na observação. Só compreenderemos a importância da tradição para a ciência se entendermos isso.*

---

1 Deve ficar claro que não tenho qualquer pretensão de fazer um tratado sobre mitos ou sobre a Tragédia Grega. Valho-me deles como modelos, da mesma maneira que considero que Freud fez com o mito de Édipo e outras tantas citações literárias (especialmente com Goethe e Shakespeare).

Em *Cogitations*, Bion diz:

> *Até que ponto é a formação de mitos uma função essencial de* α? *Pode ser que a impressão sensorial tenha de ser transformada para que se torne material adequado para o pensamento-sonho, mas é função do pensamento-sonho usar o material colocado a sua disposição por* α, *as unidades dos pensamentos-sonho por assim dizer, de modo a produzir mitos.*
>
> *Mitos devem ser definidos; eles devem ser comunicáveis e ter algumas das qualidades do senso comum – possíveis de serem chamados de não senso[2] comum. (Tradução livre do autor.)*

Jean-Pierre Vernant (VERNANT, 2000), em *O universo, os deuses, homens*, enuncia:

> *O relato mítico, por sua vez, não é apenas, como no texto poético, polissêmico em si mesmo, por seus planos múltiplos de significação. Não está fixado numa forma definitiva. Sempre comporta variantes, versões múltiplas que o narrador tem à sua disposição, e que escolhe em função das circunstâncias, de seu público ou de suas preferências, podendo cortar, acrescentar e modificar o que lhe parecer conveniente. Enquanto uma tradição oral de lendas estiver viva, enquanto permanecer em contato com os modos de pensar e os costumes de um grupo, ela*

---

2   *Common non-sense.* Se tomarmos ao pé da letra, toda narrativa mítica é de não senso (*non-sense*).

se modificará: o relato ficará parcialmente aberto à inovação. Quando um mitólogo especialista em Antiguidade encontra uma lenda já fossilizada em textos literários ou eruditos, como afirmei para o caso grego, se quiser decifrá-la corretamente terá de alargar sua pesquisa, passo a passo. Primeiro, de uma de suas versões a todas as outras, por menores que sejam, sobre o mesmo tema; depois, a outros relatos míticos próximos ou distantes, e até mesmo a outros textos que pertençam a setores distintos da mesma cultura – literários, políticos, filosóficos; finalmente, a narrações mais ou menos similares de civilizações distantes.

O sonho, de acordo com Bion, sintetiza algo da experiência emocional e do aprendizado de um indivíduo singular. Uma determinada experiência, para ser efetivamente apreendida e internalizada, precisa ser sonhada. Para isso, a pessoa que vive a situação precisa ser capaz de tolerar as emoções que acompanham sua vivência, transformando os dados sensoriais e as próprias emoções em elementos alfa que, por sua vez, são capazes de formar sonhos e pensamentos. Em *Cogitations*, descreve uma situação na qual uma conversa com um amigo seu sobre o lugar onde iria passar um feriado mobilizou nele imagens de uma igreja que se situava em um vilarejo próximo à pequena cidade onde iria ficar. Considerou, fazendo uma nova leitura do trabalho onírico de Freud, que mais que reminiscências despertadas pela conversa, as imagens da pequena igreja, que lhe ocorriam durante a prosa que tinha com o amigo, representavam de forma sintética, tal como em uma fórmula matemática, algo apreendido, intuído da própria relação que ali transcorria. Modificando a contribuição de Freud sobre o trabalho onírico, Bion considerou que mais importante que interpretar um sonho, tornando o conteúdo latente manifesto, era possibilitar que as experiências vividas no consultório com pacientes de análise pudessem ser sonhadas na própria sala de consultas e fora dela. No mesmo livro ainda lemos:

> *[...] Os métodos de trabalho onírico alfa não são os mesmos que os do trabalho onírico que é relacionado à interpretação dos sonhos, mas são os **recíprocos** do trabalho onírico e são relacionados à capacidade de sonhar, isto é, de transformar em sonho eventos que são alcançados apenas em um nível consciente e racional. Desse modo, α é o recíproco do trabalho onírico. Além do mais, sugere que o elemento "resistência" no trabalho onírico, tal como elucidado por Freud, é um composto de dois elementos: resistência, da maneira que foi descrita por Freud, e uma necessidade sentida de converter a experiência racional em sonho, mais do que a necessidade de converter o sonho em experiência emocional consciente. A "necessidade sentida" é **muito** importante; se não lhe é dada a devida significância e peso, o verdadeiro mal-estar[3] do paciente está sendo negligenciado; ele é obscurecido pela insistência do analista em interpretar o sonho. (Tradução livre minha, grifos de Bion.)*

---

3   Em inglês há um jogo de palavras intransponível para o português. Bion escreve "dis-ease", que traduzi por mal-estar. A palavra "disease", sem hífen, seria traduzida por "doença".

3.1 Vernant e a Teogonia. Establishment *x* renovação. Expansão *x* enrijecimento

Conforme já vimos, mitos, assim como sonhos, equivalem a fórmulas matemáticas nos sistemas dedutivos científicos. Eles representam uma forma sintetizada de experiências emocionais e aprendizado de coletividades inteiras ou mesmo de toda a humanidade. Jacques Roubaud, citado por Jean-Pierre Vernant,[4] diz sobre os poemas homéricos e seu elemento lendário: "Eles não são apenas relatos. Contêm o tesouro de pensamentos, formas linguísticas, imaginações cosmológicas, preceitos morais etc. que constituem a herança comum dos gregos na época pré-clássica"[5].

Na obra citada, Vernant faz uma síntese reflexiva da origem dos deuses gregos e narra o princípio, que era o Caos, o qual consiste em um abismo cego, noturno, ilimitado, um vazio escuro onde não se distingue nada. Do Caos surgiu a Terra (*Gaîa*), a qual, apesar de representar em certos aspectos o oposto do Caos, por ter forma distinta, separada, precisa, não deixa de ser, em suas profundezas, similar ao abismo. O mundo nascido do vasto Abismo passa a ter um chão. O que existe na base de Gaia, contudo, sob o solo firme e sólido, é sempre o Abismo, o Caos.[6] Surgida do Abismo, a Terra liga-se a ele em suas profundezas. No mais profundo da Terra, encontra-se o caos original. Não podemos deixar de reconhecer nesse relato um modo de realizar as experiências emocionais dos seres

---

4   VERNANT, J.-P. *O universo, os deuses, os homens*. São Paulo: Companhia das Letras, 2000, p. 14.

5   ROUBAUD, J. *Poésie, Mmémoire, Lecture*, Paris-Tubigen: Eggigen, Edições Isele, coleção Les conférences du Divan, 1998, p. 10.

6   Bion usa, como uma de suas referências prediletas, *Paradise Lost*, de Milton (*Transformations*, p. 151):
    The rising world of waters dark and deep
    Won from the void and formless infinite

humanos que Freud pôde reorganizar muito posteriormente na sua segunda tópica, na qual está evidente a semelhança na descrição do surgimento do ego a partir do id. Isso nos remete novamente ao postulado de Bion – de o pensamento ser anterior ao pensar – e também ao de evoluções de O, proposto em *Transformations*, que pode ser vislumbrado. A divindade propriamente é inacessível; porém, suas emanações ou evoluções poderiam ser percebidas, na forma da Trindade. A realidade não é alcançável, está na dimensão do infinito, mas suas evoluções poderiam ser captadas em dimensões finitas. Os pensamentos buscam pensadores para pensá-los. Isso está descrito de modo bastante aparentado pelo escritor Henry James em seu conto "Benvolio":

> Como os grandes de sua arte, *ele parecia emitir algo daquele vago murmúrio mágico – a voz do infinito – que espreita nas involuções de uma concha do mar. Ele próprio, por sinal, fez, uma vez, uso dessa pequena analogia e escreveu em um poema, no qual era melodiosamente apresentado que as mentes poéticas espalhadas pelo mundo corresponderiam às pequenas conchas que alguém pega na praia, todas reverberando o eco do oceano. A coisa toda era, naturalmente, arredondada pelas areias do tempo, as ondas da história e outras concepções harmoniosas.*[7]

É marcante, lendo o relato de Vernant sobre a mitologia grega, a tentativa de elaboração do aprendizado com a experiência e de sua "amarração" (de modo a que o aprendizado não se perca) em

---

7   JAMES, H. "Benvolio". *Daisy Miller and Other Stories*. Wordsworth Classics, 1994, Hertfordshire, UK (tradução do inglês e grifo do autor).

CLAUDIO CASTELO FILHO   229

uma narração mítica, da mesma maneira que cientistas do gabarito de um Einstein procuram fórmulas matemáticas que organizem e "amarrem" seus *insights* (ou ainda, um Beethoven se esforça para conseguir uma notação precisa para a música ouvida em seu íntimo). Podemos perceber isso de modo muito nítido no episódio em que Gaia (a Terra) aconselha Zeus a juntar-se com forças (divindades) primordiais que já existiam antes dele mesmo, que eram os três Ciclopes e os três Cem-Braços (*Heratonkhîres*), Titãs que possuem toda a brutalidade das forças naturais, de modo a conseguir se impor no comando das demais divindades:

> [...] *para vencer e subjugar as forças da desordem é preciso incorporar o poder da desordem. Seres puramente racionais, puramente ordenados não conseguiriam vencer. Zeus precisa contar com protagonistas que encarnem as forças da brutalidade violenta e da desordem apaixonada, representada pelos Titãs.* (VERNANT, 2000, p. 33.)

A diferença entre Zeus e as demais divindades (principalmente o avô, Urano, e o pai, Crono[8]) que o possibilita a se valer de todas

---

8   Urano não sai de cima da Terra (Gaia), impossibilitando que seus filhos vejam a luz e se separem da mãe, sufocando-os. A única alternativa é um rompimento violento com a ordem anterior através da castração de Urano pelo filho mais novo, Crono. Este último, temendo sofrer o mesmo destino que deu ao pai, devora os filhos que tem com Rea, filha de Gaia e semelhante a esta (todavia com características mais antropomorfas), impedindo-lhes o desenvolvimento. Rea, por meio de um ardil proposto por sua mãe Gaia, engana Crono, oferecendo-lhe para ser devorada uma pedra envolta em cueiros como sendo seu filho mais novo, Zeus, o qual, na verdade, já havia escondido para que pudesse crescer e se desenvolver. Novamente a mudança de uma geração para outra, do antigo para o novo, se dá de forma violenta através de uma guerra de longuíssima duração. Esta é vencida por Zeus, que, possuidor da astúcia, não procura destruir o que existe, mas distribui, entre todos os seus antecessores,

as forças da desordem sem, no entanto, sucumbir a elas, é a de ser possuidor de Mêtis (inteligência relacionada com a astúcia, com a capacidade de prever os acontecimentos). Mêtis era originalmente uma deusa, primeira esposa de Zeus. Temendo que um filho seu nascido de Mêtis pudesse ser mais capaz e poderoso que ele mesmo, Zeus devora Mêtis tão logo ela engravida, incorporando-a, tornando a inteligência e a astúcia atributos próprios. O bebê que esperava Mêtis era uma deusa, que nasce de uma dor de cabeça de Zeus: Atena.

O estabelecimento da nova ordem entre os deuses não se faz sem turbulência. A guerra entre os deuses na disputa pela supremacia leva a uma nova vigência do Caos.

> [...] O Céu desaba sobre a terra. Volta-se ao estado de Khaós, ao estado primordial de desordem original, quando ainda nada tinha forma. A vitória de Zeus não é só um modo de vencer o adversário e pai Crono, é também uma maneira de recriar o mundo, refazer um mundo ordenado a partir de um Caos, onde nada é visível e tudo é desordem. (p. 35)

Com a vitória dos deuses olímpicos, há um novo movimento para impedir o retorno da ordem anterior, com o aprisionamento dos Titãs inimigos no Tártaro brumoso, onde nada se pode distin-

---

irmãos e filhos, os privilégios e poderes sobre o universo, reservando para si, contudo, a supremacia, o comando de todos. Aqueles que não se colocaram a seu lado, ele subjuga com tremendos castigos, alguns, na verdade são árduas e necessárias tarefas (tal como Atlas, encarregado de carregar a coluna que sustenta a abóboda celeste). Podemos ver nessas formulações mitológicas um modelo para o desenvolvimento e maturidade mental da maneira que os concebemos atualmente em psicanálise.

guir. O deus Posêidon tem a tarefa de construir uma muralha que separa o Tártaro no mais profundo solo.

O reinado de Zeus define um universo diferenciado do anterior. A começar, são os pares de Zeus que o escolhem como rei (em virtude dos atributos de que efetivamente dispõe). Ele distribui entre os demais deuses honras e privilégios, estabelecendo uma hierarquia divina, ordenada e organizada que proporciona estabilidade.

A qualidade de Zeus como soberano também é diferente. Crono era a não justiça, não levava em consideração seus aliados, era força bruta. Zeus é capaz de certa justiça e se ocupa em favorecer a igualdade e também as demais divindades.

Penso que está claro, nos mitos referidos, o tema central deste trabalho, referente ao narcisismo e ao social-ismo, a possibilidade ou impossibilidade de assimilar o novo e crescer com ele e o temor de ser derrotado e destruído por este. Em vez de tentar sufocar ou destruir o novo (pelo menos neste episódio), na figura do filho que possa destroná-lo, Zeus incorpora o atributo que faria a diferença e passa a se valer dele. Da mesma maneira, acolhe em si os elementos primevos de modo a instrumentá-los a seu favor. (Em um pensamento paralelo, poderíamos considerar, também, a condição de aproveitar a tradição, o passado e readaptá-los ao novo que surge.)

A oscilação das posições esquizoparanoide e depressiva, conforme a proposta de Bion, também pode ser verificada na descrição de que um desenvolvimento necessariamente passa por uma desorganização daquilo que está estabelecido. O Caos volta a se apresentar. Alcançada uma nova ordem (ou um novo *insight* que organiza o conhecimento e a percepção), surge, ao mesmo tempo, nova experiência de temor de perda daquilo que foi alcançado. Esse temor da perda do que é conhecido e da ordem alcançada pode, por sua vez, levar à nova estagnação e ao autoritarismo que resiste a qualquer mudança e evolução. Procura-se a estabilização/estagnação não somente por conta do temor de perda de privilégios alcançados, mas também devido ao medo do desconhecido e da desordem.[9]

Finda a luta entre os deuses, quando Zeus parece estar assumindo finalmente a hegemonia sobre o universo. Quando tudo parece estar resolvido, nesse exato momento, a Terra (Gaia) dá à luz um novo rebento que concebe com o Tártaro: Tífon (ou Tifeu). A Terra se une ao abismo (Tártaro, antípoda do céu) que tem dentro de si mesma. Tífon é um ser que questiona Zeus e todo o sistema olímpico. É monstruoso, gigantesco, primordial, com a força assustadora da desordem e do Caos. É um ser do movimento, está todo o tempo mexendo, movimentando pernas e pés. Reúne em si os aspectos mais contrários e incompatíveis. Segue-se à guerra dos deuses o combate com Tífon. Nessa luta, em diversas versões, Zeus parece desarmado e desamparado. Teria sido salvo por entidades secundárias, deuses menores que também são providos de artimanhas, de astúcia. Em uma versão, Tífon é derrotado por uma artimanha na qual, levado a crer que, bebendo de um determinado líquido tornar-se-ia imbatível, acaba por ingerir um alimento *perecível*, incompatível com sua condição divina e imortal, enfraquecendo-o e debilitando-o (esse destino também é dado aos Gigantes, outra estirpe de seres que, por sua vez, também ameaçam

---

9   Podemos observar em classes desfavorecidas o apego à ordem estabelecida mesmo que esta lhe seja bastante antagônica. A dedicação ao Tsar, ao rei, ao príncipe, ao ditador, ao fascismo parece ser algo surpreendente se considerarmos apenas as condições físicas às quais estão sujeitas. O temor do novo, do que não se sabe, está sempre associado à perda do chão e do céu (à instalação do Caos). A ordem já existente, mesmo que desfavorável, consiste em uma espécie de continente, um chão e um teto conhecidos.

o sistema olímpico).[10] Sobre ele é lançada uma montanha que o imobiliza pelo menos parcialmente. É o monte Etna, de onde volta e meia ainda se podem verificar as manifestações dessa entidade durante as erupções, lavas e tremores. Outras manifestações de Tífon sobre a Terra são as borrascas (*typhoon*, tufão), ventanias carregadas de neblina que, quando se abatem sobre o mar (ou sobre a terra), não permitem que se enxergue mais nada, não havendo mais direção ou referências estáveis.

A vitória de Zeus não consegue exterminar de vez a força caótica representada por Tífon. Essa força caótica que os olímpicos não conseguem desfazer, eles a despacham para a Terra. Os homens é que têm de conviver com elas.

A descrição feita pode, mais uma vez, ser percebida como uma organização mítica de aprendizado com a experiência dos humanos que, posteriormente, foi referida em psicanálise, isto é, em uma formulação científica com menor proximidade dos elementos sensoriais dos quais derivou, como sendo a oscilação da posição esquizoparanoide para depressiva e desta para nova situação esquizoparanoide. Alcança-se um *insight* (vivência da posição depressiva) através de um fato selecionado que organiza os elementos até então percebidos como dispersos, cuja relação entre eles nunca havia sido percebida. Logo que acontece a integração (depressiva),

---

10 Outra versão atribui a Héracles a derrota dos Gigantes, que, não sendo humanos e nem deuses olímpicos, mas crias da própria Gaia que brotavam espontaneamente como guerreiros prontos e armados do chão, os quais os deuses não dispunham de modos eficazes de derrotar. Héracles, meio humano e meio deus, é que teria os meios para tal feito e é a ele que Zeus recorre. O que penso que vale a pena ressaltar é que, toda vez que se tem a impressão de que algo definitivo está estabelecido, surge, a despeito de toda violência e repressão, como que brotando do chão de maneira incontornável, o que vai desestabilizar aquilo que acabou de se firmar. O *establishment*, por sua vez, luta desesperadamente para eliminar aquilo que o ameaça.

ocorre, ao mesmo tempo, uma nova vivência esquizoparanoide decorrente da própria percepção do que acabou de se configurar. A nova configuração revela, nesse instante, outro universo desconhecido, com incontáveis novos elementos não percebidos até então (e só passíveis de o serem com a configuração que acabou de se mostrar, não antes[11]).

Retomo o relato mítico.

3.2 Prometeu

Zeus permanece sempre a temer que um filho seu, algo novo que surja na ordem estabelecida, seja capaz de vencê-lo e, por conseguinte, provoque nova disputa desastrosa entre os deuses em um infindar de relações destrutivas entre as sucessivas gerações. Prometeu, que quer dizer "aquele que vê antes",[12] um dos Titãs que ajudou o próprio Zeus a vencer as demais divindades primordiais (incluindo outros Titãs, seus irmãos), mas que, no entanto, tem uma relação ambígua com o rei dos deuses, é o único que sabe a identidade da deusa com a qual Zeus, caso venha a se acasalar, produzirá um herdeiro capaz de suplantá-lo. É a deusa Tétis, irmã de Mêtis. O segredo só é revelado quando da libertação de Prometeu (em troca desta), após seu longo castigo por ser o único deus capaz de ter compaixão dos humanos e de a eles ter oferecido o fogo que

---

11 No início deste trabalho refiro-me à situação de hostilidade dirigida a Colombo quando afirma que a Terra é esférica. A angústia violenta (posição esquizoparanoide) suscitada em seus contemporâneos, de acordo com minha proposta, é mobilizada por sentirem, literalmente, que até aquilo que lhes parece mais óbvio e conhecido, o chão sobre o qual andam, não é aquilo que até então pensavam ser.

12 Mais uma vez a diferença se dá em razão da união que se faz com a inteligência e a astúcia.

roubou dos deuses. Não foi apenas o fogo, no sentido concreto, que Prometeu trouxe aos homens, mas o fogo no sentido de possibilitar o cozinhar não só os alimentos como também as ideias, isto é, a capacidade de refletir, de pensar antes de agir. Prometeu, assim, deu a alma aos humanos e a possibilidade de civilizarem-se.

A ordem estabelecida e definitiva (mesmo que precária) parece ser algo alcançável apenas pelos deuses. Lançam sobre os humanos tudo aquilo que possa ameaçá-los e desagregá-los. Toda vez que há um problema entre eles que possa intrigá-los entre si e abalar a ordem estabelecida, o problema é lançado sobre o mundo humano. Um exemplo dessa situação está no julgamento de Páris.

Durante as festas das bodas da deusa Tétis com um mortal – artifício usado por Zeus para impedi-la de se unir a outra divindade que pudesse produzir com ela o filho que viesse a suplantá-lo –, a Discórdia, que não havia sido convidada[13] pelos demais deuses, aparece mesmo assim e lança, em meio aos convivas, o pomo de ouro dedicado à mais bela. As três deusas mais importantes, Hera, Atena e Afrodite consideram a honraria destinada a elas. Cria-se um impasse. Zeus não vai julgar esse conflito e nem tomar uma decisão que pudesse levá-lo a desequilibrar a ordem que conseguira. Quem fica responsável pelo fardo? Um homem, naturalmente.

Páris, pastor e príncipe de Troia, recebe a incumbência. Ele se decide por Afrodite (que lhe promete a capacidade de ser um irresistível sedutor e de possuir a mais bela das mortais, Helena) e o conflito recai sobre os humanos, não mais entre os deuses, que ficam imunes a ele (brincam apenas com os humanos, assim como os humanos jogam com bonecos ou com peças de xadrez). Quan-

---

13 Para mim, é impossível não lembrar da semelhança com *A bela adormecida no bosque*.

do há desentendimento entre os deuses, o conflito não se dá no Olimpo, mas na Terra, sendo os homens os peões do tabuleiro.[14] A Guerra de Troia, entre os humanos, é onde o conflito se declara, não no Olimpo.[15] Isso me leva a pensar que os gregos estavam colocando em forma de mito o *insight* que alcançaram: ser o conflito inseparável da condição humana. A ordem definitiva, estabelecida e imutável, em uma infinita bem-aventurança, era atributo divino (e olhe lá!).

3.3 Prometeu acorrentado e o espírito livre

Destaco o mito de Prometeu na tragédia de Ésquilo,[16] paradigma do conflito entre o narcisismo e o social-ismo. Tem como característica a liberdade de espírito: "Saiba bem que eu não trocaria minha infelicidade por sua escravidão" – é o que ele diz, acorrentado ao rochedo, ao deus Mercúrio (Hermes), mensageiro de Júpiter (Zeus).

Prometeu parece ter a característica dos livres-pensadores com talentos geniais e o destino que, em geral, também têm. Por di-

---

14 Não posso deixar de pensar no brincar de crianças em sessões analíticas. Nessa atividade, os conflitos que não podem ser atuados diretamente sobre as pessoas reais relacionadas a elas são deslocados para os brinquedos que ficam encarregados de viver os conflitos para eles transferidos.

15 Na *Ilíada*, contudo, podemos ver Zeus sendo vítima de inúmeras artimanhas de sua esposa Hera ou de outras divindades, malgrado as ameaças de destruição que ele lhes faz. Durante as batalhas diante de Troia, Zeus se compraz ao observar as brigas entre os deuses que tomaram partidos opostos. É significativo observar-se que a deusa Atena sempre leva a melhor sobre seu irmão Ares, ferindo-o por duas vezes, indicando que a astúcia acaba levando a melhor sobre a violência bruta.

16 ÉSQUILO (525-456 a.C.) Prometeu Acorrentado. *Prometeu Acorrentado, Édipo Rei, Medeia.* São Paulo: Abril Cultural, 1980.

zerem aquilo que são capazes de perceber com antecedência, que não é senso comum para a época em que vivem (mas que frequentemente, em razão do que disseram ter relação com a Verdade – ou com "O" –, acaba se tornando de senso comum em gerações posteriores, seja porque a comunidade acaba absorvendo o que foi percebido, seja pela imposição catastrófica dos fatos relacionados à percepção do visionário), são hostilizados ou mesmo crucificados. Prometeu diz a Mercúrio (Hermes): "Não há nada que o tempo não ensine em seu decurso". Ele é capaz de inteligência e astúcia. Zeus se vale dele para triunfar sobre o Universo, mas não acha conveniente que permaneça um espírito livre depois de seu triunfo. A relação de Prometeu com Júpiter (Zeus) entronado é de ambiguidade. Prometeu tenta favorecer os homens e, nesse favorecimento de seres diferentes dos deuses, torna-se uma ameaça à ordem estabelecida por estes últimos. Os instrumentos fornecidos à raça humana por esse Titã, principalmente o fogo, pode tornar os homens independentes. Para acabar com qualquer possível ameaça à supremacia dos seres olímpicos, esses enviam à Terra a portadora dos maiores malefícios que os humanos possam experimentar: Pandora. Ela é enviada ao irmão de Prometeu, Epimeteu, que, inversamente ao primeiro, é aquele que vê depois (quando já é tarde demais). Prometeu procura avisar o irmão para não receber qualquer presente enviado do Olimpo. Todavia, ao ver a belíssima oferenda bater à sua porta, Epimeteu a convida a entrar. E o resto da história é conhecido.

O que percebo de comum nesse episódio com aqueles que estou cotejando é o sofrimento e o banimento de que costumam padecer aqueles que, com sua capacidade visionária, trazem novas contribuições às suas comunidades. Essas contribuições e aqueles que as trazem são vividos como diruptivos pelos grupos sociais. À generosidade se paga com crueldade ou incompreensão. Essas criaturas com diferenciado talento e astúcia, pré-videntes, são absolutamente necessárias ao desenvolvimento e ao bem-estar, ao mesmo tempo que tão temidas e rejeitadas, pois suas próprias qualidades desejáveis são também ameaças à ordem estabelecida, já que tudo aquilo que possam ver, que seja novo, pode desequilibrar o que está estabelecido e aparentar ser um porto seguro.

Prometeu é subversivo por ter dado ao homem a capacidade de reflexão.

> *Quero contar, não para denegrir o homem, mas para vos mostrar com quantos e tais favores minha bondade os cumulou. Outrora viam sem ver, escutavam sem entender. Semelhantes às formas dos sonhos, confundiam tudo ao acaso ao longo de toda a sua vida [...]. (p. 26-7)*

Aquele que instrumenta os demais a pensar e ter discernimento próprio jamais será percebido como inócuo pelo *establishment* (tanto interno quanto externo aos indivíduos). Prometeu é símbolo de ameaça porque dá os meios e capacita com o desenvolvimento da possibilidade de refletir, de pensar, àqueles que deveriam permanecer apenas como joguete de deuses poderosos. O *establishment* olímpico procura suborná-lo com confortos divinos desde que ele se submeta à ordem vigente, caso contrário, como ocorre na tragédia, é sepultado com toda a violência possível.

> *Mercúrio: [...] Então considera, se não quer se render aos meus conselhos, que a tempestade, que vagalhões monstruosos vão recair sobre você, sem que possa escapar. Antes de mais nada, meu pai vai chicotear esse alto cume com seu trovão e o fogo do raio vai depois esmigalhar a pedra, e seu corpo vai desaparecer sepultado dentro da*

pedra. Muito tempo feito por muitos dias e noites vai-se passar até que você volte à luz...

Prometeu: [...] Faça o que fizer, não conseguirá fazer perecer o deus que eu sou. [...] Aaah! Os atos se seguem às palavras: a terra vacila, e das profundezas vem o estrondo do trovão; os relâmpagos riscam o ar em trajetórias flamejantes. Um ciclone faz rodar a poeira com a velocidade de um turbilhão. Todos os ventos se chocam uns contra os outros, e o éter se confunde com o mar. Eis o temporal que Júpiter, para me aterrar, desencadeia sobre mim. Ó, minha venerável mãe, e tu, Éter, que fazes rodar ao redor do mundo a luz comum a todos, vede o tratamento que me infligem?

Penso que está registrada de maneira dramatizada a percepção de que algo que seja verdadeiro, real, pode ficar por muito tempo suprimido da percepção pelo *establishment*, mas não pode ser destruído. A verdade, o que é real, acaba sempre por se impor.

A outra personagem com traços semelhantes e com destino trágico é Cassandra,[17] princesa troiana a quem Apolo, despeitado por uma paixão não correspondida, dá o dom de prever o futuro, todavia, com o senão de que ninguém haveria de levar a sério e crer no que ela previsse, por mais verdadeiro que fosse. Cassandra em inglês é uma expressão que se tornou sinônimo de uma pessoa desagradável, inoportuna e inadequada, alguém que sempre antecipa de modo sombrio o porvir. Todo aquele que parece ser capaz de antever uma situação, de ver o que ninguém ainda percebeu, parece estar fadado a sofrer esse tipo de destino. O físico

---

17 Ver em *Agamenon*, primeira tragédia da *Trilogia de Orestes* de Ésquilo. Rio de Janeiro: Ed. Tecnoprint, 1988.

Max Plank disse que foi necessário uma geração de colegas seus morrerem para que a nova geração pudesse levar em conta aquilo que ele vinha propondo. A teoria do heliocentrismo já havia sido aventada por Aristarco de Samos e atestada por Arquimedes e Plutarco, todavia ficou soterrada por dois mil anos, só sendo resgatada por Copérnico após todo esse tempo.

O temor de ser capaz de verificar algo na experiência que não esteja de acordo com o que está sacramentado, mesmo na ciência, não só por abalar os dogmas e ter contra si a violência do "clero científico", mas também devido à imensa angústia de não ter o que pôr no lugar de uma teoria conhecida, configurando uma espécie de possível Caos temido pelo cientista. Um exemplo dessa situação pode ser claramente vislumbrado em artigo publicado no jornal *Folha de S.Paulo*, de 8 de agosto de 2002 (p. A26). Nele, o cientista britânico Paul Davies, radicado na Austrália, teria dito que a velocidade da luz, principal premissa de Einstein, pode estar errada. Suas considerações estariam baseadas em observações feitas por um grupo de cientistas que anunciaram que a "assinatura" da luz proveniente de um objeto muito antigo e distante apresentava uma característica muito incômoda: sugeria que a velocidade da luz, considerada uma constante, seria variável. Pelo menos de acordo com o que está escrito no artigo, na minha leitura, essa intuição parece estar incomodando muito o próprio cientista, em razão de estar pondo em xeque uma teoria quase dogma e do temor, mencionado por Davies, de que, uma vez provada falsa a teoria da relatividade, nada restaria para se colocar em seu lugar, o que faria desmoronar toda a física estabelecida. A angústia parece ser patente, tanto pela ameaça ao cânone quanto por um sentimento de que, uma vez desmoronada a teoria, a própria realidade também desmoronaria. Penso que vale a pena lembrar a observação de Bion, em *Cogitations*, de que diversas vezes se permaneceu utilizando uma teoria sabidamente falsa como instrumento enquanto não surgia outra melhor, o que é diferente de manter uma teoria inconsistente em virtude do temor ao desconhecido.

É o que ocorre em certas situações analíticas em que o analisando passa a questionar, tal como um advogado, a adequação, ou falta dela, de uma observação ou interpretação feita pelo analista. A argumentação não visa esclarecer; ela pretende derrotar o analista. Ele precisa que o analista recue, a todo custo, de sua proposta. O problema não é propriamente o conteúdo da interpretação, mas ela revelar ou propor a existência de uma realidade que não é aquela em que "vive" o analisando. Em estados mentais mais primitivos (ou psicóticos, quando no adulto), a realidade para o analisando é igual àquilo que "pensa",[18] é um produto de sua mente. O que existe é o que "penso", seria o mote da situação. Qualquer dúvida que surja, ou outro ponto de vista, não é uma ideia, uma concepção de realidade que fica questionada para ele; é a própria realidade, a própria existência, que fica ameaçada, ou poderia ser aniquilada. Não há a discriminação entre as ideias, percepções, transformações, conforme propõe Bion, e a realidade última, a coisa em si. Uma dúvida significa, para alguém nesse estado, uma ameaça de extermínio, de catástrofe, de fim de mundo. Cabe ao analista, nesse

---

18 Coloco "pensa" entre aspas porque é exatamente o que o analisando quando está nesse estado não faz: pensar. O pensar propriamente implica a percepção de que os pensamentos são tentativas de aproximação daquilo que seria a realidade última, a coisa em si, mas não se confundem com ela. O pensar implica em dúvida e tolerância à frustração, exatamente o que o funcionamento psicótico não tolera. Quando digo psicótico, não implica que o analisando seja alguém tão perturbado que precise estar internado em alguma instituição, mas situações mentais bem mais frequentes em todos nós do que se costuma considerar. Em algumas pessoas, de modo bastante relevante. É mais evidente naquelas que não toleram dúvidas e que ficam muito transtornadas quando têm seus pontos de vista questionados, quer por outras pessoas, quer por suas próprias experiências de vida, quando os fatos teimam em não ocorrer conforme consideram que seria o mais certo ou apropriado.

contexto, não insistir para que o analisando considere o que ele havia proposto, mas convidar o analisando a observar esse estado de mente seu em que suas ideias se confundem e coincidem com a própria existência, com a coisa em si, e para o terror que experimenta ao ser confrontado com outro ponto de vista, que para ele implica uma ameaça de completo aniquilamento. Os fatos em si não dependem do que pensa o analisando ou o analista. O analista propõe outro vértice de observação ou interpretação dos fatos, diverso daquele do analisando, porque considera que a apreensão do analisando deve estar mais distante – e, portanto, não funcional na prática da vida – do que a dele, analista, que deve ter como pressuposto que suas apreensões sejam menos perturbadas ou distorcidas do que as de seus analisandos (isso, contudo, não é garantia).

Retomando o que estou desenvolvendo a respeito dos mitos, considero que estes são, da mesma maneira que as obras de arte – plásticas, musicais ou literárias –, sintetizações do que foi apreendido pela experiência por um grupo social, formuladas em narrativas de modo a "amarrarem" nesses relatos de aparente não senso (*non-sense*) comum aquilo que foi apreendido, intuído e aprendido. O repetir, isto é, o recordar e o recontar o mito permite às gerações sucessivas recuperarem pela expressão com características de sonho todo esse aprendizado da vida. O mito sintetiza, tal como em um sonho individual para seres singulares, aquilo que foi alcançado através da vivência e que foi possível ser elaborado pela experiência emocional. Ele nomeia e organiza o aprendizado e ajuda, com a "moral da história" que possa ser depreendida, as sucessivas gerações a não perderem, de certa maneira, os *insights* alcançados.

3.4 A obra de arte e Hannah Arendt

A mesma função têm as verdadeiras obras de arte. Como afirma Hannah Arendt em "A crise na cultura: sua importância social e política",[19] tendem à eternidade,[20] visto que, através de incontáveis gerações e de diferentes culturas, mantêm a capacidade de comover.

Nesse artigo, Arendt desenvolve as seguintes ideias:

A autora explora a expressão "sociedade de massas" e o tema da cultura de massas referente à sociedade de massas. A sociedade de massas indicaria uma nova situação na qual a massa da população foi suficientemente liberada do trabalho fisicamente extenuante e passou a ter tempo para lazer e cultura. Sociedade de massas e cultura de massas teriam como denominador comum a sociedade à qual as massas foram incorporadas.

Segundo ela, "Sociedade" é um termo mais genérico e mais antigo surgido na época moderna. A "boa" sociedade teria se originado nas cortes europeias e, sobretudo, no tempo de Luís XIV, que conseguiu reduzir a nobreza a meros cortesãos intriguentos (conforme vimos com Elias e St. Simon). A sociedade, por assim dizer, restringia-se a determinadas classes da população. A ideia de homem da massa surgiu com Rousseau e com Stuart Mill, que se encontravam em rebelião declarada contra a sociedade. Segundo Arendt, as possibilidades que um indivíduo tinha para subsistir às pressões da sociedade eram razoáveis, tendo em vista haver outros estratos, além da sociedade, para os quais o indivíduo poderia escapar (divergindo do que pensa Elias). Isso não seria mais possí-

---

19 ARENDT, H. "A crise na cultura: sua importância social e política". *Entre o passado e o futuro.* São Paulo:, Perspectiva, 2000, p. 248-281.

20 Harold Bloom (2002), no final de seu livro *Gênio*, diz: "O tempo, que nos destrói, reduz o que não é genial a lixo".

vel na sociedade de massas, pois a sociedade já teria incorporado todos os estratos da população. O derradeiro indivíduo que teria permanecido na sociedade de massas seria o artista.

A importância do artista decorreria do fato de ser o autêntico produtor dos objetos que as civilizações deixam como a quinta-essência e testemunho duradouro do espírito que as animou. O fato de os próprios produtores de obras de arte precisarem se voltar contra a sociedade (explicitado no desenvolvimento da arte moderna) com a qual estavam anteriormente comprometidos revela antagonismo entre sociedade e cultura, anterior à ascensão da sociedade de massas.

O artista estaria em contraposição ao "filisteísmo", termo utilizado por Clemens Von Bretano que significa uma mentalidade que julga todas as coisas em termos de utilidade imediata e de valores materiais, não tendo qualquer consideração por objetos e ocupações "inúteis" encontrados na cultura e na arte. A arte moderna teria se rebelado contra a cultura em decorrência de o filisteísmo não ser apenas inculto e vulgar. Ele também representa uma situação na qual a sociedade passou a se interessar por todos os pretensos valores culturais, monopolizando a cultura em função de seus próprios interesses, tais como posição social e *status*. O filisteu usa a cultura para progredir socialmente e "educar-se", afastando-se das camadas "inferiores" e colocando-se em regiões "superiores" onde o belo e o espírito estariam em seu elemento. A arte é usada como fuga da realidade. Os artistas se rebelariam contra seus protetores, tendo em vista o perigo de serem excluídos da realidade e levados a uma situação de futilidade, na qual tudo o que fazem não teria real sentido.

Para a autora, o único critério não social e autêntico para o julgamento do que seria um objeto de arte ou cultural seria sua permanência relativa no tempo ou sua eventual imortalidade. O problema reside na situação em que as obras imortais do passado são usadas como objetos de refinamento social e *status*, perdendo sua qualidade mais importante, que seria de apoderar-se do leitor ou espectador, comovendo-o por séculos. O filisteu educado usa a obra de arte por conta de seu desejo de autoaprimoramento, permanecendo alheio ao que de importante um Shakespeare ou Platão pudessem estar efetivamente comunicando. Transformam essas obras em "pura poesia e doçura de luz", negando a própria realidade à qual elas se referem.

Surgiu, no século XIX, o *Kitsch*. O *Kitsch* surge em decorrência do tratamento dado pelo filisteu cultivado aos objetos culturais (de arte), lançando mão deles para comprar uma posição mais elevada na sociedade, tratando-os como outros valores quaisquer, acabando por desgastá-los como moedas velhas, tirando-lhes aquilo que lhes era peculiar, ou seja, a capacidade de prender a atenção e de comover. Por conta desse desgaste, colocou-se um novo problema: a saber, a tarefa de descobrir os grandes autores do passado sem auxílio de nenhuma tradição. Com o fio da tradição rompido, coloca-se a tarefa de descobrir o passado por nós mesmos.

A principal diferença que haveria entre a sociedade e a sociedade de massas é o fato de, mesmo tendo em conta todos os fins mesquinhos que pudessem ser atribuídos aos bens culturais, a sociedade não os consumia. A sociedade de massas, por sua vez, não quer cultura, mas diversão. Os produtos da indústria de divertimento são, por sua própria natureza, consumidos como quaisquer outros bens de consumo. Servem para matar o tempo em que se está livre de todos os cuidados requeridos pelos processos vitais.

Os produtos da indústria do divertimento são logo consumidos, não tendo permanência. Isso, por um lado, ameaçaria menos a cultura que o desgaste proporcionado pelo filisteísmo educado; por outro lado, todavia, não é bem assim, pois, tendo em vista o apetite pantagruélico que a indústria de entretenimentos tem para o surgimento de novos produtos que possam ser consumidos (e que por sua vez, rapidamente são digeridos), ela se voltou para os bens culturais como fonte de material aproveitável. A obra de arte tal como ela é não pode ser aproveitada, precisa ser simplificada e diluída para se tornar entretenimento. A cultura de massas passa a existir na medida em que a sociedade de massas se apodera dos objetos culturais, passando a ser um verdadeiro perigo serem consumidos e destruídos. A destruição se dá na medida em que os objetos de arte são modificados – reescritos, resumidos, digeridos, tornados *Kitsch*,[21] resultando em algo empobrecido e meramente funcional. Isso poderia causar mais dano a uma obra de arte que o esquecimento.

Segundo a autora, a ideia de que arte deva ser funcional não tem qualquer conexão com arte mesmo e é algo extremamente recente. Estaria vinculada à ideia de beleza, mesmo quando se trata de beleza de arte religiosa, tal como uma catedral que transforma conteúdos e preocupações religiosas e supramundanas em interesses e conteúdos seculares, reificando e transformando aquilo que antes existia exteriormente ao mundo.

> *Entre os objetos que não ocorrem na natureza, mas tão somente no mundo feito pelo homem, distinguimos objetos de uso e obras de arte, os quais possuem ambos uma certa permanência que vai desde a durabilidade ordinária até a potencial imortalidade como nas obras de arte.*

---

21 Como acontece com a mitologia grega, reescrita, simplificada, distorcida, tornada simplória e *Kitsch*, nos filmes blockbuster de Hollywood.

Como tais, elas se distinguem, de um lado, dos bens de consumo, cuja duração no mundo mal excede o tempo necessário ao seu preparo, e, por outro, dos produtos da ação, tais como eventos, feitos e palavras, os quais são em si mesmos tão transitórios que mal sobrevivem à hora ou dia em que apareceram no mundo [...]. Do ponto de vista da mera durabilidade, as obras de arte são claramente superiores a todas as demais coisas [...] são o que existe de mais mundano entre todas as coisas [...] não são fabricadas para homens, mas para sobreviver ao período de vida dos mortais [...]. Somente quando essa sobrevivência é assegurada falamos de cultura, e somente quando nos confrontamos com coisas que existem independentemente de todas as referências utilitárias e funcionais e cuja qualidade continua sempre a mesma, falamos de obras de arte.

O critério para julgar aparências é a beleza. Contudo, ele só pode ser utilizado na medida em que não estejamos presos às preocupações com a sobrevivência.

O problema da sociedade de massas é ser essencialmente sociedade de consumo. O entretenimento e o consumo (de coisas que logo se esgotam) levam a uma situação na qual a própria vida vai se esgotando ao lançar mão de coisas que não lhe servem de fato. Disso tudo não resulta uma cultura de massas, algo que, na realidade, não existe.

O fato é que uma sociedade de consumo não pode absolutamente saber como cuidar de um mundo e das coisas

> *que pertencem de modo exclusivo ao espaço das aparências mundanas, visto que sua atitude central ante todos os objetos, a atitude do consumo, condena à ruína tudo em que toca.*

3.5 Shakespeare e a linguagem de êxito

As obras de arte, com a qualidade descrita por Arendt, correspondem, no meu entender, àquilo que Bion chamou de "linguagem de êxito" (BION, 1970, p. 125).

O desenvolvimento da linguagem de êxito ou de alcance (*language of achievement*) para tornar possível a comunicação daquilo que não havia sido percebido antes caracteriza um Shakespeare. Para transmitir tudo o que vislumbrou, precisou praticamente inventar a língua inglesa nos séculos XVI e XVII. Shakespeare foi capaz de intuir e expressar dimensões da realidade humana até então nunca alcançadas, mas não existia em sua época um modo de expressar aquilo que percebia. Toda a língua inglesa moderna é descendente direta de Shakespeare. Shakespeare criou algo de senso comum, uma língua que permitiu a seus contemporâneos e descendentes expressarem aquilo que, a partir dele, pôde ser reconhecido como sendo de senso comum. Ele produziu não somente para a mentalidade de sua época e de seus contemporâneos, mas também para mentalidades que ainda não existiam da época em que escreveu, como as dos séculos que se sucederam e a nossa, dos tempos atuais.

3.6 Martins e o demônio na fábrica

Menciono aqui uma leitura que me havia servido na época que produzia o meu doutorado e que estava presente na primeira edição deste livro, mas que posteriormente serviu-me como uma das preconcepções (inconscientes) para a composição da imagem-sonho que aparece na situação clínica exposta nesta nova edição, em que vejo um indivíduo passar entre mim e o analisando, ocorrida muitos anos depois. As preconcepções, conforme propõe Bion em *A Theory of Thinking* e em *Learning from Experience* (BION, 1962), são espécies de protopensamentos, ou fantasias inatas, pensamentos vazios, em busca de uma realização. As primordiais e inatas são as preconcepções do seio e as edípicas. As preconcepções podem também ser teorias ou ideias aprendidas formalmente, que ainda não encontraram fatos na experiência de vida que lhes proveja realizações, tal como a teoria de identificação projetiva pode ficar para um aluno sem experiência como um pensamento vazio, à espera de algo em sua experiência prática que lhe dê "substância", um "ah! Parece que existe mesmo isso" verificado na prática e não por ouvir dizer. Podem corresponder ao que lemos em guias turísticos antes de viajarmos, quando se encontra com a vivência da chegada fatual ao local anteriormente estudado. Há a Paris da preconcepção de nossas leituras e aquela que, ao ser encontrada, a realiza, formando uma concepção que, ao ser nomeada, forma um conceito. Se o conceito não ficar saturado, pode servir de preconcepção para posteriores experiências (a Paris da primeira viagem pode ser uma concepção que vira preconcepção para a seguinte). Se não estiver saturada, a Paris da segunda viagem pode se revelar ainda diferente da primeira, e assim por diante. Na prática psicanalítica, as preconcepções, como são também todas as teorias psicanalíticas, só são úteis se inconscientes para o analista durante os atendimentos. Quando se procura lembrá-

-las, tornam-se preconceitos, elementos da coluna 2 da grade (da resistência, da mentira, -K) por parte do analista, que teme o desconhecido e permanece na ignorância. Se não lembradas, podem evoluir ao encontrar uma experiência que as re-signifique (numa transformação em O, e não em K).[22]

Essa leitura surgiu originalmente para fornecer um modelo sobre a maneira como estou considerando a produção de um mito, como se pode ler a seguir. Ela fora feita para uma disciplina durante o doutorado, e acabou servindo, num primeiro ciclo, como preconcepção para o texto que ora se segue. Anos depois, essa preconcepção foi "reaproveitada" de forma espontânea e inusitada, em um segundo ciclo, para a "confecção" da imagem-sonho/alucinada que surgiu durante a sessão com o analisando (e que só vim a saber que ela tomou parte nela após a sessão, ao refletir sobre como aquilo havia se processado, e o demônio desse texto apareceu como um de seus fatores).

---

22 Quando estive em Paris pela primeira vez, com dezenove anos, deixei minhas coisas em um pequeno hotel da Rue des Écoles e fui flanar sem um propósito pelos arredores. Em pouco tempo, devido à proximidade, deparei-me com um imenso edifício de pedras brancas com uma feérica decoração em sua fachada, como os castelinhos de areia respingada que se faz nas praias. Fiquei impactado e deslumbrado. Ao levantar meus olhos para o alto, deparei-me com duas torres simétricas e quadradas, e veio-me o impacto: é a Notre-Dame de Paris!!!! As torres quadradas correspondiam ao monumento que via nas ilustrações de meu primeiro livro de francês do ginásio. Porém, tanto as ilustrações quanto as fotos em preto e branco do livro não correspondiam, na minha ideia, àquilo que encontrei. A riqueza de detalhes e a cor da pedra branca de Caen, que acabara de ser limpa pela primeira vez em séculos, mudando e chocando muitos parisienses que sempre haviam visto o monumento enegrecido pelo tempo em algo claro e resplandecente, eram muito diferentes do que existia em minha imaginação. Havia algo da preconcepção que se realizou no encontro com a experiência, ao mesmo tempo que outras percepções muito discrepantes das esperadas também se apresentaram, reformando, na formação da concepção e do conceito, a minha ideia do que era a Notre-Dame de Paris.

O texto de que me valho é *A aparição do demônio na fábrica, no meio da produção*, de José de Souza Martins.[23]

O artigo narra um evento ocorrido durante a juventude do autor na época em que foi office-boy na Cerâmica São Caetano, na década de 1950, no estado de São Paulo. O evento consistiu na aparição do demônio para algumas funcionárias da última etapa de trabalho da empresa, a seção de escolha.

Nesse período, ocorreu uma transição no modo de produção da indústria, passando de uma maneira mais antiga, de certa forma ligada à produção artesanal, para a produção de natureza efetivamente industrial.

O sistema anterior estava mais ligado a relações de trabalho de natureza patriarcal e familiar (boa parte dos funcionários eram parentes próximos e moravam em vilas operárias ao lado da fábrica), com intimidade com o sistema artesanal no qual o mestre ensina aos discípulos e há o conhecimento pessoal dos modos de produção por aqueles que dele participam. Os mestres funcionavam na etapa de produção tal como boas cozinheiras o fazem em suas cozinhas, isto é, retendo o segredo de suas receitas de modo a não perderem significação na confecção do produto.

No novo sistema adotado, nitidamente industrial e capitalista moderno, a produção sofreu uma fragmentação de maneira que os funcionários não tinham mais noção das etapas de fabricação do produto e nem possuíam noção do processo de sua confecção. Apenas emprestavam seus corpos, que acompanhavam o ritmo das

---

23 MARTINS, J. S. A aparição do demônio na fábrica, no meio da produção. *Tempo Social*: Revista de Sociologia da USP, vol. 5 – n. 1-2, 1993 (ed. em nov. 1994), p. 1-29.

máquinas em um trabalho alienado (de acordo com a terminologia marxista usada por Martins).

Na instalação do novo maquinário que se implantou na linha de produção, praticamente uma nova fábrica foi construída ao lado da antiga. O novo maquinário foi concebido por uma empresa alemã e, em seguida, instalado e regulado por engenheiros com conhecimentos completamente alheios aos dos antigos mestres. A estes foi feita a demanda de adequarem o processo de produção aos novos meios. Houve certa forma de protesto camuflado com a aparente sonegação, por parte dos mestres, de informações que consideravam essenciais para a finalização e qualidade do produto. Sua eventual colaboração, no sentido de estarem revelando preciosos segredos, era acolhida com benevolência, mas não era realmente considerada, por parte dos engenheiros superiores, de real importância. Eles aparentemente acatavam para evitar maiores atritos com os funcionários que se sentiam ameaçados em sua importância e alijados do verdadeiro conhecimento do novo processo de produção. A eles, dali por diante, cabia unicamente executar o que lhes era solicitado, mas não, efetivamente, participar do processo de produção com qualquer forma de conhecimento real.

As relações dentro da indústria passavam de um tipo de contato pessoal para outro completamente despersonalizado, e no lugar da consideração com a autoridade do mestre, ao qual os demais operários se sujeitavam, passou a haver um sistema de vigilância impessoal, de natureza policial no controle da produção e das relações entre os funcionários e entre eles e a empresa. O próprio autor, quando foi entrevistar alguns de seus antigos chefes, era alguém de cuja existência não conseguiam se lembrar, apesar de haver trabalhado com eles durante anos a fio. Um dos chefes era seu homônimo e nem por isso ele conseguiu se lembrar do antigo *office boy*, cuja função, segundo o autor, era realizar uma tarefa "insignificante" e "invisível" de modo a permitir o andamento das tarefas realmente consideradas, executadas pelos engenheiros. Destes últimos, não havia dificuldade em lembrar a existência e os nomes, pois eram os que passaram a importar na confecção do produto.

Havia uma única etapa no processo produtivo que não foi atualizada: a das operárias da seção de escolha, que verificavam a qualidade do produto acabado e precisavam separar o que era de primeira qualidade do que não era. O processo de trabalho delas continuou o mesmo, todavia o ritmo foi alterado em função da velocidade da produção com o novo equipamento.

Nesse setor é que acaba ocorrendo o aparecimento do diabo para algumas funcionárias, que desmaiam ao percebê-lo.

Para o autor, isso se deveu ao seguinte: a aparição do demônio teria sido uma expressão dos temores gerados pelo conservadorismo dos setores colocados à margem das inovações e decisões que levaram a elas. Teria sido a forma que o imaginário das operárias deu às inovações para compreendê-las no conflito que também traziam.

De acordo com o autor, Marx distingue entre sujeição real e sujeição formal do trabalho ao capital. Na formal, o artesão mantém os procedimentos artesanais e o saber que o sustentam. A alienação do trabalhador se dá em termos de alienação de seu trabalho, não de sua consciência profissional, que permaneceria como um contraponto crítico ao processo de trabalho capitalista.

Na sujeição real do trabalho ao capital, este último desmonta o processo de trabalho organizado, fragmenta seus procedimentos e o refaz na sua própria lógica, organizando-o com base em um saber que lhe pertence e não pode ser apropriado isoladamente e com sentido por nenhum trabalhador específico.

Ao operário, não cabia mais pensar o seu trabalho; cabia apenas reagir interpretativamente aos movimentos que o ritmo do processo impunha ao seu corpo.

Com a nova forma de produção, com o novo maquinário, a cerâmica que do modo anterior saía com alto grau de perfeição apareceu nos primeiros tempos de adaptação à nova tecnologia com um alto índice de imperfeições e baixa qualidade. Houve também maior aproveitamento da matéria-prima na medida em que os ladrilhos se tornaram mais finos, podendo, com o mesmo material, produzir o dobro em quantidade de produto final. Durante a adaptação, houve muita perda por conta da necessidade de adaptar e conhecer o novo sistema por parte da engenharia. Essa etapa, que era conhecida e considerada normal pelas cabeças "pensantes" da empresa, foi tomada pelos funcionários como a presença do demônio na fábrica (o que levava aos defeitos e à má qualidade do produto). Ao mesmo tempo, como já mencionei, havia um novo e policial sistema de vigilância e um novo ritmo de produção das operárias da seção de escolha que as tornaram extremamente tensas na adaptação ao novo e violento ritmo industrial. As operárias alegaram que o aparecimento do demônio se devia ao fato de a nova planta não ter sido benta por um padre antes de começarem com a nova produção.

As grandes transformações que estavam ocorrendo na produção traziam para o cotidiano da fábrica tensões e incertezas do ponto de vista dos trabalhadores e mesmo dos mestres, que não podiam fazer parte de uma rotina de trabalho legitimada pela tradição.

Do ponto de vista sociológico e, principalmente, do psicológico, segundo o vértice que proponho, o demônio **deu visibilidade ao invisível** das inovações tecnológicas que alteraram o ritmo de trabalho e por esse meio oculto se apossaram do corpo das operárias. Marx diz que a produção do pior artesão é superior à produção da melhor abelha, porque o artesão pensa sobre aquilo que faz. *O demônio emerge como esvaziamento cultural promovido pelas transformações técnicas que a fábrica levou ao trabalho.* Nesse sentido, segundo Martins, o demônio teria sido uma manifestação de resistência alienada. Essa resistência era uma crítica na própria ação. O núcleo da resistência expressou-se na exigência da bênção das novas instalações por um padre. Isso significaria uma restituição simbólica da fábrica ao tempo cósmico e qualitativo que fora banido com a completa sujeição de todo o processo de trabalho ao tempo linear, quantitativo e repetitivo da produção automatizada, na imposição dos gestos do trabalho segmentado. Uma banalização do trabalho artesanal e também do trabalhador.

> *O demônio aparece como uma figuração da ameaça ao "humano" pela racionalização do trabalho, como denúncia do domínio da pessoa pela coisa presente e invisível.* (MARTINS, 1993)

A figura do demônio vê, mas não fala nem se move. Deixa-se ver por uns, mas não por outros, equivalendo ao sistema de vigilância policial estabelecido no novo critério. O demônio denuncia a vigilância dissimulada e desleal. Nas relações despersonalizadas a essência é de suspeita e dissimulação.

O autor surpreende-se com o tradicionalismo rural e católico da origem das funcionárias, expresso na aparição do demônio, invadindo a grande indústria e a produção moderna e nelas se recriando e se atualizando.

O caso da aparição do demônio na fábrica de cerâmica revela que ele foi associado aos meios capitalistas de produção. Nele, as contradições da riqueza como fruto do trabalho e instrumento de opressão do trabalhador, segundo a leitura de Martins, assumem figuração humana, no falso humano que é o demônio, na sua capacidade de assumir forma humana sem humano ser. Por meio do demônio, o invisível, que é a força impessoal do processo de trabalho capitalista, torna-se visível. No caso relatado indica que na cultura operária, pela aparição das forças do mal, o trabalhador toma consciência do duplo e contraditório caráter do trabalho: concreto e abstrato. Também toma consciência da força objetiva do trabalho social que se tornou uma força do capital e da permanente coexistência dos opostos na produção, o que se vê e o que não se vê, mas é e está lá.

Nesse ponto, recorro ao trabalho de Bion para falar da alfabetização e da formação de mitos.

Havia pensamentos em busca de alguém que os pensasse. Assim se produziu uma primeira síntese na configuração de uma imagem visual: o demônio. Contudo, o processo não foi muito adiante, mantendo-se mais em nível alucinatório, de coisa em si, não sendo possível reconhecer a imagem como algo ideogramático, que *representasse*, da mesma forma que em um verdadeiro sonho, algo que foi intuído. Quem pôde reconhecer a característica de ideograma na figura do diabo foi o sociólogo, efetivamente capaz de sonhar, de alfabetizar (tornar alfa o que era beta) aquilo que as operárias não puderam fazer até o fim.[24] Considero que o trabalho de Martins pode nos dar ótima oportunidade de vislumbrar como surgem os mitos, na medida em que vivências como essas a que ele se refere possam se tornar narrativas com características poéticas (de sonho, não de coisa em si). Martins, porém, vai mais além ao formular uma teoria científica daquilo que intuiu.[25]

---

24 Em meu ponto de vista, a angústia de sobreviver não permite (ou, pelo menos, dificulta muito) o indivíduo destacar-se do sensorial.

25 A leitura de Martins da situação parece-me um tanto maniqueísta, mas é

3.7 Algumas evoluções a partir da (re)leitura de As bacantes, de Eurípedes,[26] e de Édipo Rei e Antígona, de Sófocles[27]

Volto à linha de pensamento referente aos mitos gregos. Duas importantes tragédias de Sófocles e de Eurípedes ajudam a perceber os conflitos entre narcisismo e social-ismo, entre o (suposto) conhecimento e o real conhecimento que se apresenta provocando turbulência e mudança catastrófica. A oposição do *establishment* diante das revelações que irrompem apesar de toda oposição e rejeição ao novo.

Em *Édipo Rei* e em *As bacantes,* existe uma série de paralelos. No começo, ambos os personagens centrais, Édipo e Penteu, são reis e muito arrogantes. Édipo trata seus súditos como filhos, mesmo que sejam os sábios de sua terra. Ele é aquele que sabe tudo, o solucionante de enigmas, o salvador da pátria. Se há um problema, ele o solucionará; que ele próprio seja o problema, é inconcebível. Penteu também é um jovem rei arrogante. Não tem dúvida de coisa alguma. Sabe o que é certo e o que é errado, o que há e o que não há. Tem horror ao desconhecido e nega sua existência, o que é traço fundamental da arrogância.

Penteu (em *As bacantes*) é apresentado ao deus Dionísio, que vem, sob a forma de um belo jovem estrangeiro, requisitar as hon-

---

uma boa formulação para o meu modelo de formação de mito. Ela própria já é um mito, como toda formulação científica, que pode descambar e tornar-se equivalente a uma verdade, ou seja, uma manifestação de pensamento religioso, ou psicótico (quando um vértice teórico confunde-se com a coisa em si, a "Verdade" última).

26 EURÍPEDES (485-406 a.C.). *As bacantes*. São Paulo: Livraria Duas Cidades, 1974.

27 SÓFOCLES (496-406 a.C.). *Édipo Rei. Prometeu acorrentado/Ésquilo. Édipo Rei/Sófocles. Medéia/Eurípedes*. São Paulo: Abril Cultural, 1980.

ras divinas que lhe cabem. Dionísio é primo do próprio rei que, no entanto, não só se recusa a reconhecer a natureza divina e olímpica dele como o relacionamento e a descendência divina da tia (Cadmo, avô do protagonista, é pai de Sêmele[28]). Penteu desafia o deus e manda encarcerá-lo. O deus procura dissuadi-lo de sua insensatez assim como, logo antes, o fizera o adivinho Tirésias. Édipo (em *Édipo Rei*), informado pelo oráculo da necessidade de vingar a morte do rei Laio, recorre ao mesmo Tirésias para descobrir o paradeiro do assassino. O profeta tenta se esquivar de esclarecer. Desafiado por Édipo, acaba revelando a verdade: de que ele, Édipo, o assassino de seu pai (o rei Laio) e se deitava com a própria mãe. Tanto Penteu quanto Édipo são informados da realidade do problema com que precisam lidar, mas recusam-se, por conta da arrogância e da prepotência, a reconhecê-lo. Apesar do suceder de informações que vão numa mesma direção, numa verdadeira chuva de indícios ou mesmo esclarecimentos inequívocos, confirmando o que já estava informado, não conseguem ou se recusam a juntar uma coisa com a outra. O que para o leitor (ou espectador da tragédia) já está patente de tão escancarado permanece, para ambos os protagonistas, incoerente. Eles sempre arranjam uma

---

28 Sêmele era uma bela princesa tebana por quem Zeus se apaixonou. Foi induzida pela deusa Hera (esposa de Zeus), que se apresentou sob um disfarce, a conseguir do senhor do Olimpo que lhe concedesse um pedido irrecusável como prova de seu amor. Zeus se comprometeu a dar a Sêmele o que ela pedisse. Ela, por sua vez, pediu-lhe que aparecesse em sua forma original e divina, não com a aparência humana que ela o via. Zeus tentou dissuadi-la por todos os modos desse pedido, pois sabia que seria fulminada se assim procedesse e morreria instantaneamente. Sêmele, no entanto, exigiu que seu pedido fosse atendido, pois sua rival disfarçada (Hera) a havia persuadido de que, se isso ocorresse, Sêmele seria imortalizada. Zeus se apresentou em todo o seu esplendor à sua amante e, como era de esperar, ela foi reduzida a cinzas. Das cinzas, o rei dos deuses tirou o filho que Sêmele esperava e o implantou em sua coxa. Após o tempo correspondente à gestação, nasceu da perna de Zeus o deus Dionísio.

saída que nos parece absurda àquela altura dos acontecimentos (funcionamento em –k). Édipo já sabia que estava fadado a matar o pai e a casar com a mãe. Vão surgindo evidências atrás de evidências que confirmam a realização da profecia sem que ele *realize* sua situação. Penteu agrilhoa o deus. Em seguida, há um terremoto e um incêndio no palácio. O deus se liberta ileso tal como havia afirmado que o faria. As mulheres da cidade estão enlouquecidas pelos campos e florestas ao redor; porém, nem presenciando tudo isso, Penteu reconhece a situação, e sequer diante de quem se encontra. Quando finalmente a realidade se impõe, já é tarde demais e um desastre sucede, tanto para Penteu como para Édipo. Essa fragmentação, esse não juntar coisa com coisa, a incapacidade de reunir evidências que *não estão escondidas*, não podendo ser mais óbvias, são descrições de estados que Melanie Klein relatou como pertinentes à posição esquizoparanoide.[29] Os vínculos que reúnem uma informação à outra são atacados e destruídos. Aquilo que é informado pelos órgãos dos sentidos não é negado, mas o que vincula uma percepção a outra é arrebentado, tal como descreve Bion em "Ataques ao elo de ligação".[30] O traço de personalidade comum que leva à ruína ambos os reis é a arrogância e a inexistência de um átimo de reflexão entre um impulso e uma ação.

A tragédia de Édipo, mais conhecida, lida com a questão do incesto e do drama de se evitar uma realidade em vez de enfrentá-la. Édipo cumpre seu destino na medida em que busca fugir dele. Ele não segue a principal orientação do oráculo de Delfos, que é conhecer a si mesmo. Em *As bacantes,* Dionísio também alerta a Penteu: "Não sabes o que dizes, nem o que fazes, nem o que és". O presunçoso Penteu pensa ter uma resposta para o aviso ao dizer:

---

29   "Notes on Some Schizoid Mechanisms", KLEIN, 1946.

30   *Estudos Psicanalíticos Revisados (Second Thoughts).* Rio de Janeiro: Imago, 1988.

"Meu nome é Penteu. Sou filho de Equíon e de Ágave", da mesma maneira que uma pessoa, hoje em dia, pudesse saber quem é ao repetir os dados que se encontram inscritos em sua carteira de identidade.

O incesto e questões relativas ao masculino e ao feminino são centrais na tragédia de Eurípedes. Numa reviravolta surpreendente, que revelaria a incongruência interna e a fragmentação de Penteu, ele, ao ver o jovem representante de Dionísio, na verdade o próprio deus, livre após tê-lo prendido, e incólume após os desastres sucedidos no palácio, resolve seguir a sugestão do deus de espionar o que as mulheres da cidade, sobretudo o que sua própria mãe e suas irmãs estariam fazendo no meio dos campos e florestas. Dionísio instiga o rei a travestir-se de mulher de modo que pudesse se infiltrar entre elas sem ser distinguido. Penteu, *embriagado* pela excitação e curiosidade instigadas pelo deus, segue, insensata e paradoxalmente, os conselhos daquele que acabara de destratar e desacatar.

Levado até onde se encontravam as mulheres, Penteu reclama por não conseguir espiá-las de onde se encontra. Leiamos o que Eurípedes descreve que acontece nesse ponto:

> *[o estrangeiro/deus] Pega da alta ramada de um pinheiro alterando-se para o céu, e ao solo negro* **o verga, o verga**... *Semelhante a um arco que tendesse, ou ao volúvel traço que o compasso descreve, assim o estrangeiro domou os ramos da árvore, com força que a dos mortais supera. E, tendo entre as frondes colocado Penteu, lentamente, sem que das mãos o largue,* **deixa que o tronco se alce,** *cuidando de que a montada do cavaleiro não desmonte antes de a meta alcançar.* **Reto para o céu,** *o*

pinho endireitou as ramadas, levando meu senhor em seu dorso, e antes que descobrisse as Mênades, delas a descoberto ficou. (p. 53, grifos do autor.)

Para mim é patente a descrição de um jovem embriagado pela excitação sexual e curiosidade (tomado pelo deus, um aspecto da natureza que Penteu nega existir em si) que vai espionar as mulheres. Essas mulheres não são quaisquer mulheres; são, entre as demais, sua mãe e suas irmãs. Seu disfarce dura pouco, pois, em meio a elas, experimenta uma ereção (ou em meio a elas se masturba: "o verga, o verga...") que o denuncia. As Mênades atacam-no e estraçalham-no. A primeira coisa que fazem é arrancar com as próprias mãos o "pinheiro reto para o céu" do solo para, em seguida, esquartejarem o resto de Penteu.

O desastre de Penteu se dá não tanto pela sua curiosidade e excitação sexual, mas devido ao fato de ter uma mãe embriagada e incapaz de pensar antes de agir, além de ele mesmo já ser alguém com a mesma situação mental limitada (tal como um bebê ou uma criancinha). A mãe não tem condição de acolher as vivências emocionais e pensá-las antes de tomar uma atitude. Na linguagem de Bion, é incapaz de *reverie*.[31] O *reverie* não significa ser condescendente com o avanço do jovem, mas ser capaz de reconhecer a experiência, acolhê-la e nomeá-la de modo a possibilitar um *des--envolvimento*.

A rainha Jocasta também não é capaz de pensar antes de agir. Malgrado o vaticínio de estar fadada a casar-se com o próprio filho assassino do marido, une-se a um estrangeiro sem questionar sua atitude, logo após o homicídio de Laio. Só pensa quando não há

---

31 BION, 1962.

mais o que negar, pois ela própria é escrava de seu desejo e de seus impulsos sexuais. Apesar das evidências, procura dissuadir Édipo do esclarecimento de sua identidade de maneira a permanecer satisfazendo seus impulsos eróticos (uma mulher mais velha com um jovem fogoso, não importa se pode ser seu filho) e por temer o que poderia suceder à tomada de consciência. Sua rejeição à investigação e ao conhecimento também se deve ao horror com que vislumbra a integração depressiva. O "superego" da personagem não corresponde a imagos internalizadas que sejam reflexivas e pensantes, mas a aspectos parciais, fragmentados e idealizados dos seios/mãe/pai (extremamente bons ou extremamente maus) que exigem do ego algo igualmente ideal. A consciência não é uma "com-sciência" que tende a integrar o ego e integrar-se a ele. O superego primitivo, resultante das introjeções precoces dos objetos parciais (tal como descreve Klein em "The origins of transference"[32]) que não sofreram uma integração depressiva, corresponde a uma consciência moralista, cruel e assassina. Também tem as características da Consciência Moral Primitiva, tal como postula Bion, e referida anteriormente. A consciência de Jocasta, incapaz de *reverie*, leva-a ao autoextermínio quando ocorre o *insight*. Édipo, por sua vez, também sofre um desastre e se ataca com crueldade, furando os próprios olhos.

Todavia, em *Édipo em Colono*, é possível ver um Édipo sábio que usou essa catástrofe para aprender com a experiência. Sua consciência torna-se uma "com-sciência". Em *As bacantes* a revelação dos crimes também leva a banimento e exclusão, mas pode proporcionar elementos para reflexão e conhecimento para os leitores ou para a plateia. Ambas as peças serão lidas ou vistas de modo diferente, caso a consciência (que aqui estou igualando ao superego) possa usar o que capta para aprender ou para aplicar juízos de valor moralistas (manifestação de clivagens, arrogância

---

32 KLEIN, 1952.

e horror ao desconhecido). A mudança de qualidade, que pode ocorrer no superego, depende em grande parte da ocorrência da *reverie*, permitindo uma integração depressiva sem um concomitante desastre. Uma condição limitante a esse desenvolvimento são as características constitucionais desfavoráveis de um indivíduo (predominância do instinto de morte, ou para continuar na Grécia, de Tânatos).

A tragédia se dá não em razão da sexualidade e do impulso para o incesto, ela ocorre devido aos modos arrogantes e primitivos, não pensados, de se lidar com a própria natureza (impulsos). O deus, na minha leitura, é uma força da natureza, contra a qual os homens nada podem. É representante da natureza, da própria humanidade, da própria condição humana. Desconsiderar a embriaguez e a luxúria dionisíaca, como em *As bacantes*, torna Penteu incapaz de lidar com ela. Ao não reconhecer a inexorabilidade e supremacia de sua natureza, fica completamente à mercê dela. Dionísio aconselha Penteu que, em vez de confrontar-se com o deus e negá-lo, o reconheça e tire proveito do que ele tem a oferecer. O respeito à natureza é vital para a sobrevivência e para a qualidade de vida. A humanidade não pode impedir a ocorrência de furacões ou terremotos, contudo, o conhecimento da natureza e a consideração devida a esta podem evitar que suas manifestações se tornem desastres de grandes proporções. Quem conhece e tem respeito pelos vulcões não vai morar em suas crateras; da mesma maneira, a meteorologia pode evitar maiores morticínios durante um furacão na costa americana, diferentemente de algo que sucede em Bangladesh, onde, por conta da ignorância, da precariedade de recursos, um evento da mesma natureza costuma configurar grandes perdas humanas.

Na Islândia, país de características vulcânicas acentuadas próximo ao polo Norte, os habitantes construíram usinas termoelétricas nas bordas de crateras de vulcões ativos. Aproveitam toda a energia produzida por essa atividade sem, contudo, desconsiderar ou negligenciar a natureza do fenômeno, estando cientes de que, a qualquer momento, as próprias forças das quais tiram benefícios poderão devastar tudo. Portanto, não descuidam de verificar os primeiros indícios de tal possibilidade.

Mais uma vez, nessas magníficas tragédias estão, a meu ver, sintetizados os profundos *insights* que os geniais e extraordinários autores foram capazes de organizar nessas narrativas de grande força que, malgrado 2500 anos terem se passado, não perderam nada de sua capacidade de se oferecerem como elementos oníricos que nos auxiliam a perceber e elaborar algo da realidade mais íntima e profunda de toda a humanidade. Elas organizam intuições e *insights* muito poderosos, tornando possível aos demais humanos comuns que não são capazes por si sós de tão profundas percepções terem acesso a elas, ajudando-os no seu desenvolvimento.

Em, *Antígona*, de Sófocles,[33] o drama do conflito entre narcisismo *x* social-ismo, entre o *establishment* e um pensamento diverso do imposto por este, está no seu ápice.

Antígona, filha de Édipo e Jocasta, afrontando o *establishment* representado pelo tio Creonte, rei de Tebas, enterra o irmão Políníce, que havia sido considerado traidor por aliar-se a potências estrangeiras e procurar invadir Tebas na disputa pelo trono. Políníce é morto pelo próprio irmão, Eteócles, a quem igualmente mata. Antígona afronta o rei e sacrifica-se por suas convicções religiosas. Creonte, à maneira de Édipo e de Penteu, de modo arrogante, recusa-se a ouvir qualquer conselho no sentido de comutar a pena de morte que impõe a Antígona, sobrinha e noiva de seu

---

33 SOPHOCLES. Antigone. *The Complete Plays of Sophocles*. New York: Bantam Books, 1967.

filho. Como resultado, após lacrar Antígona em uma gruta, vê o filho suicidar-se e logo em seguida o mesmo se dá com sua esposa e rainha. A tragédia se encerra com Creonte reconhecendo tardiamente a necessidade de ser humilde, aterrorizado diante da dor que terá de carregar pelo resto de sua existência por verificar-se responsável, devido a sua soberba, pelo extermínio de sua família.

Em *Antígona* podemos verificar o desastre resultante do conflito entre um *establishment* excessivamente rígido, sem qualquer flexibilidade, incapaz de expansão ou de adaptar-se (portanto de evoluir) às novas circunstâncias que se apresentam, representado por Creonte, e a comunicação diruptiva colocada pela personagem-título. Da mesma maneira que o *establishment* é rígido, igualmente, em sentido oposto, é Antígona quem procura impor a ferro e fogo suas convicções. Uma comunicação por meio de uma postura tão arrogante quanto a do *establishment* é feita por ela. O continente rígido como uma couraça é penetrado por um conteúdo (contido[34]) que se introduz de forma violenta e inflexível levando ao desastre. De qualquer maneira, a personagem de Creonte sobrevive. Seu aprendizado com a experiência se dá da maneira mais penosa e sofrida. A reflexão final orienta no sentido da humildade e do desenvolvimento da condição de conviver com contradições e tolerá-las para que o des-envolvimento se dê de maneira mais favorável e construtiva.

O paradoxal em *Antígona* é que o Estado, tendendo ao laico, representado por Creonte, personagem mais velha, é confrontado por uma Antígona bem mais jovem, que representa a tradição religiosa. Ambos, contudo, se manifestam de forma rígida e arrogante, levando ao desastre e ao desenlace trágico.

---

34 Em inglês, *"contained"*.

266 IDEIAS QUE SE APROXIMAM NA MITOLOGIA...

Todavia, percebemos a eficácia de penetração do texto de Sófocles (*linguagem de êxito*, segundo Bion), milhares de anos depois, ao colocar-nos para refletir sobre tantas questões fundamentais da condição humana, proporcionando expansão e crescimento. Deve-se salientar, contudo, que tanto ler quanto assistir à encenação desse texto requer razoável condição para conter angústia e intensas vivências emocionais de considerável turbulência.

Há de se indagar o que teria acontecido na Grécia clássica que proporcionou o surgimento de tantos gênios de uma só vez: de Sócrates[35] a Platão, dos escultores e arquitetos geniais aos extraordinários dramaturgos, tudo praticamente em cem anos. Depois, nunca mais na história da civilização ocidental houve tamanha concentração de mentes poderosas capazes de deixar sua marca indelével ainda nos dias de hoje. Toda nossa cultura está assentada nesses gregos. O que se terá produzido? Não foi certamente um tempo pacífico. As cidades-Estado não passavam mais do que cinco (extraordinariamente dez) anos sem estarem envolvidas em infindáveis guerras umas com as outras. Qual terá sido o ou os elementos capazes de propiciar tamanho florescer e desabrochar de mentes extraordinárias por tão curto período? [36]

---

35 Apesar da democracia, o conflito entre Sócrates e o *establishment* levou ao aniquilamento daquele. Outros foram banidos quando muito incômodos. A democracia ateniense reduzia-se a 10% da população da cidade; os demais eram escravos e metecos.

36 Citado por Bion em um discurso (*Psychiatry at a time of crisis*) dirigido à Seção Médica da Sociedade Britânica de Psicologia em 1947, Arnold Toynbee, em *A Study of History* (London: Oxford University Press, 1948, p. 190), sugere que a sociedade helênica estava comprimida por todos os lados e que, nesse período, houve uma transmutação nessa sociedade, graças a Atenas, de um processo extensivo para um intensivo e que foi a Era na qual a visão da posteridade sobressaiu como o ápice da civilização helênica.

Nossa natureza não é de nossa escolha, nossas características físicas e de personalidade tampouco. Elas são dadas e se impõem tanto quanto as dos fatos externos e da natureza do universo. O conhecimento e o respeito pelas características de nossas naturezas podem evitar sofrimentos consideráveis, visto que a obstrução a elas não vai alterá-las. Em vez de darmos murros em ponta de faca, brigando com características de nossa essência – por mais que possamos desgostar ou repudiar as coisas que verifiquemos, seja porque se confrontam com valores morais estabelecidos, seja por serem assustadoras, visto que todos nós somos capazes das maiores violências e barbaridades, seja pela tormenta que elas possam desencadear, como no sexo e nas paixões –, o relevante seria o reconhecimento e a aceitação delas, o que nos dá alguma margem de negociação e, eventualmente, a possibilidade de tirar proveito delas.

As dimensões apresentadas por Dionísio, do furor primitivo, da embriaguez, da sensualidade, do arrebatamento pelos sentidos, são inescapáveis. A primazia seria verificar o quanto podemos desenvolver a condição de pensá-las para decidir o que melhor fazer com elas.

A peça de Eurípedes é ela mesma uma evolução dessa constatação, apresentando-a para que possamos pensá-la e respeitá-la, da mesma forma que o próprio teatro (e o transe em que a plateia e atores precisam entrar, num estado alucinatório momentâneo, para que o efeito e a eficácia dramática se produzam) tem como patrono esse deus (uma forma de nomear a apreensão de uma conjunção constante de elementos da natureza humana sob a denominação Dionísio/Baco/bacantes/bacanal, conforme um olhar psicanalítico que proponho).

Ninguém escapa dessas dimensões, ninguém se livra delas. São realmente muito poderosas, tal como o deus Dionísio, a quem coube um culto muito importante, assim como a Afrodite. A paixão e a sensualidade são fundamentais; porém, qual a condição que se pode ter para negociar com elas? Como não acabar sem cabeça ou cego como Penteu ou Édipo? Qualquer um que já tenha se apaixonado, e o amor apaixonado[37] também é o estado em que uma pessoa fica mais próxima de si mesma, de ser quem ela é, de O – tal como propõe Bion em "A memoir of the future" (BION, 1991) –, sabe, por outro lado, como é difícil manter a cabeça fora da água nesse mar revolto.

3.8 Evolução da apreensão do complexo de Édipo a partir da obra de Bion

Bion deslocou o foco da questão edípica do aspecto sexual e do incesto para a questão dos estados mentais envolvidos na situação descrita pelo mito. Dentre esses estados, destacou o da arrogância, pois Édipo é aquele que tem a presunção de saber, acredita conhecer as respostas. Ao ser alertado pelo Oráculo sobre seu destino, toma decisões a partir daquilo que crê e não tem condições de investigar a respeito de sua natureza e origem ou de duvidar dos conhecimentos que possui a seu respeito. Afasta-se dos pais adotivos, tomando-os por consanguíneos. Malgrado o alerta de que estava fadado a matar o próprio pai e a desposar a mãe, não hesita, baseado nas convicções que tem sobre quem é, em matar um estranho que o desafia em seu caminho e tampouco titubeia em casar com uma mulher mais velha que acabara de enviuvar. Ele acredita que sabe quem de fato é. Essa considero ser a questão crucial de quem procura a análise e necessita dela, ou seja, são pessoas que vivem conforme as crenças (que para elas são fatos) que têm sobre si e

---

37 Cuja contrapartida é o amor bestial.

que, em geral, não correspondem efetivamente à realidade do que são. Tendo isso em vista, a finalidade primordial de uma análise é apresentar uma pessoa a ela mesma, àquilo que de fato é (tal como nas tragédias de Édipo[38] em que ele sai de uma condição de quem pensa saber sobre si mesmo para uma outra em que o conhecimento se aproxima daquilo que [e de quem] ele de fato é).

Outra condição mental a ser considerada é a da Esfinge. Ela quer respostas, não o conhecimento. É um monstro ávido por respostas e, quando as obtém, destrói-se, pois não tem mais motivo para existir. A resposta mata. Édipo fornece uma resposta para a Esfinge. Isso não significa que seja o conhecimento correspondente à pergunta colocada. Bion sugere em *Cogitations* que a resposta, na verdade, seria outra (todavia não explicita qual seria). Ao observar o seu triunfo sobre a Esfinge e as recompensas obtidas (o cetro e a rainha de Tebas), Édipo fica ainda mais firme nas convicções sobre sua sabedoria. No desenrolar do drama, quando alertado por Tirésias de sua ignorância, arrogantemente ataca aquele que lhe propõe dúvidas,[39] acusando-o de invejoso e assim por diante.

De qualquer maneira, outro aspecto ressaltado por Bion no mito é o da curiosidade, pois Édipo persiste em investigar a verdade quando desconfia da precariedade de sua pretensa sabedoria. Ele vai adiante e assume todas as consequências de sua curiosidade. Isso caracterizaria o vértice científico. As etapas das evoluções dos estados mentais na Tragédia de Édipo equivalem ao eixo horizontal da Grade.

---

38 *Édipo Rei* e *Édipo em Colona*.

39 Tirésias inicialmente tenta demover Édipo de qualquer investigação, por isso Bion associa sua "coluna 2" da Grade a Tirésias, ou seja, uma resistência. Somente quando é desafiado e ofendido por Édipo, Tirésias passa a questionar o rei.

No que diz respeito ao mito de Édipo e à formulação da teoria do Complexo de Édipo tal como proposta por Freud, tal como destaquei acima, Bion considera que há uma dificuldade devida à grande proximidade da teoria e do mito, ou seja, os elementos sensoriais do mito estão ainda muito presentes na teoria, tornando-a de baixo nível de abstração e, portanto, de alcance limitado, restrita a poucos eventos e observações. Um maior nível de abstração fazia-se necessário e, consequentemente, um maior afastamento da teoria do Complexo de Édipo dos elementos sensoriais do mito e da tragédia. Ao destacar os elementos não sensoriais – como arrogância, curiosidade etc. – dos elementos sensoriais do mito, a teoria torna-se mais abrangente e universalisante. A Grade proposta por Bion seria uma maneira não sensorial de utilizar os elementos dispostos no mito, o que possibilitaria abarcar uma quantidade muito mais abrangente de fenômenos. As próprias questões ligadas ao manejo da sexualidade e ao incesto expostas no mito e na tragédia seriam decorrência de estados mentais como arrogância, intolerância a frustração, ódio à realidade e assim por diante, deixando de ser os elementos centrais a se destacar.

As tragédias pessoais (como o incesto e o parricídio propostos no mito) de nossos pacientes decorreriam de problemas no desenvolvimento do equipamento para pensar. Esse equipamento pode se desenvolver. As questões ligadas à sexualidade e a tantas outras essenciais aos seres humanos podem ser abordadas e lidadas de modo menos desastroso, ou podem mesmo vir a ser aproveitadas de maneiras favoráveis, existindo a condição para pensá-las. A análise proposta a partir de Bion[40] desloca o foco de atenção da sexualidade (porém, a mantém como um fator fundamental) para os problemas na capacidade para pensar os pensamentos.

---

40 Assim como Melanie Klein já havia anteriormente deslocado o foco de sua abordagem para o problema da ansiedade.

O equipamento a ser utilizado pelo analista não pode ser o mesmo quando lida com os aspectos psicóticos da personalidade, precisa ser outro. A condição para se alcançar o O (ou seja, a realidade psíquica à qual ele reage) do paciente não é pelas associações, visto que não ocorrem verdadeiras associações, mas pela disciplina de afastar memórias e desejos que possibilitem o observador a deixar completamente transparente seu aparelho perceptivo, para fora e para dentro, para a realidade externa e para a realidade interna do observador. Assim procedendo, pode vir a captar intuitivamente o que se mostra de senso comum (comum dos sentidos) e de sentido comum de sua experiência emocional que venha a lhe revelar o O, ou melhor, as evoluções de O dos eventos que se desenrolam no ambiente.

Outro aspecto importante a ser verificado a partir das contribuições de Bion é o destaque para os elementos pré-edípicos. Muitas vezes em análise gasta-se tempo tratando de determinadas questões como se elas tivessem a qualidade do complexo de Édipo. Todavia, o que ele verificou e ressaltou é que muitos fatos clínicos observáveis evidenciam situações em que o complexo de Édipo propriamente não se constituiu: há apenas arremedos primitivos dessa situação ou fragmentos da preconcepção edípica.

Bion considera a existência de uma preconcepção edípica, assim como haveria uma preconcepção inata do seio, que, ao encontrar com a experiência de contato com um seio real, formaria a concepção e consequentemente o conceito de seio. Para que possa haver o encontro com o seio real e a formação do conceito de seio, é preciso que haja a preconcepção. Se esta não existir ou houver sofrido ataques e ficado aos pedaços, quando há o encontro com o seio real, a experiência fica sem sentido, não consegue adquirir significado, pois a experiência (contido/conteúdo) não encontra um continente (preconcepção) que a acolha e que possa preencher com os sentidos advindos da experiência. Sem o continente da preconcepção os sentidos providos pela experiência se perdem, não encontram receptor. A preconcepção inata do Édipo pode ser ela própria atacada por questões constitucionais ou situacionais. Ao ser fragmentada ou mesmo pulverizada, o indivíduo que vive esse drama não mais dispõe da preconcepção edípica e, ao defrontar-se com a situação edípica, não dispõe da preconcepção ou apenas dos fragmentos dela. Como decorrência, não consegue formar a concepção e muito menos o conceito da situação edípica, ou seja, o complexo de Édipo não se configura. Tendo isso em vista, toda e qualquer abordagem analítica que tente tratar da situação edípica em pessoas que tiveram a preconcepção edípica não configurada ou destroçada, e, portanto, só dispõem dos fragmentos dela, é inócua e sem sentido. É preciso que se reconheça essa diferença de modo a se abordarem as situações referentes a estados em que as preconcepções foram destroçadas ou não se configuraram para que possam ser refeitas ou configuradas de maneira a que a situação edípica possa, por sua vez, estabelecer-se. Não tem sentido interpretar algo na linha do complexo de Édipo quando a própria situação edípica ou o contexto para que ela possa ocorrer ainda não se configuraram. Em situações dessa natureza não há complexo de Édipo reprimido a ser interpretado: a situação edípica propriamente ainda está para se constituir.

4. Cristo, Isaac Luria, Freud, Klein e Bion

4.1 Isaac Ben Solomon Luria[1]

O rabino Isaac Luria revolucionou o estudo do misticismo judaico com a Cabala[2] (literalmente, *tradição revelada*). Também chamado de Isaac Ashkenazi, atraiu um grande número de seguidores que lhe atribuíram a denominação de O Leão, ou "HaAri", o que corresponde às iniciais de "haeloki Rabbi Yitzhak" – o divino Rabi Yitzhak.

---

1 Entre as minhas fontes de informação, estão a *Encyclopaedia Britannica* e diversos *sites* na internet (entre eles está a *Jews Virtual Library* e o *Dictionnaire du Judaïsme de Alan Unterman: La sagesse des mystiques juifs*).

2 Deve ficar claro que minha abordagem e conhecimentos sobre Luria e a Cabala são superficiais e simplistas e têm como finalidade apenas dar uma ideia de quem ele foi. O cerne do meu interesse é a relação que se estabeleceu entre o *establishment* e o místico Luria e o contraste com a situação do Cristo.

Místico judeu, com o pai de origem alemã (Ashkenazi) e mãe de origem sefaradita, nascido em Jerusalém. Em 1559 morava no Cairo e era mercador de especiarias. Foi para o Egito quando era menino e, com a morte do seu pai, foi criado por um rico tio chamado Mordecai Francis. Aos 15 anos, casou-se com uma prima e mudou-se para Jazirat al-Rawda, uma ilha isolada no Nilo de propriedade de seu sogro. Visitava a família apenas no Sabath e falava unicamente com a esposa em Hebraico. Aos 17 anos, entrou em contato com a Bíblia Cabalística *Zohar*, de Moisés de Leon, e com os trabalhos de outros antigos cabalistas. O principal motivo do misticismo da *Zohar* era o modelo teosófico de estruturas divinas subjacente no mundo cotidiano e na complexidade das práticas e dos ritos judaicos. Com essas estruturas, o místico poderia unificar em um todo sua própria experiência e as ideias e valores da tradição. O homem era considerado um microcosmo, colocando lado a lado em si mesmo as obras de Deus no seio do Cosmos. Seus mundos exterior e interior eram o reflexo um do outro. As explorações pessoais do cabalista na experiência mística eram ao mesmo tempo explorações teosóficas da realidade controlada por Deus. Luria deu aos símbolos Zoháricos uma interpretação que permitiu uma elaboração da experiência de exílio, tumulto e sofrimentos dos judeus sefaraditas expulsos da Espanha, proporcionando redenção ao colocar esses elementos no próprio Deus. A Cabala de Luria pregava um messianismo místico e teve enorme repercussão na imaginação de seus adeptos imediatos.

Luria interessou-se também, de modo particular, pela obra de seu contemporâneo Moisés Cordovero. Retirou-se para meditar em uma cabana próxima ao Nilo. À noite, sua alma ascendia ao Céu e conversava com professores celestes que, quando vivos, haviam sido homens de renome. Acreditava ter frequentes entrevistas como o Profeta Elias. Em uma delas, Elias o teria instruído

CLAUDIO CASTELO FILHO 275

a mudar-se para a terra de Israel. Mudou-se para Safed, situada na Galileia, terra de Jesus, um centro de estudos cabalísticos onde estaria enterrado Simeão ben Jochai, o pregador que fez a primeira ordenação escrita de trechos da Cabala, após a destruição do segundo templo de Jerusalém. Em Safed, estudou com Cordovero até a morte deste, em 1570. Foi considerado sucessor de Cordovero. A escola que ele fundou afetou de um modo extremamente poderoso o judaísmo.

Luria era conservador nas suas interpretações das leis judaicas e considerava que todas possuíam significado místico. Respeitava todas as restrições das tradições e, malgrado sua origem Ashkenazi por parte de pai, preferia a liturgia sefaradita. A Cabala de Luria se refere muito ao Messianismo e, de acordo com muitos, pavimentou o caminho para o falso Messias Shabbetai Zevi, ao qual me refiro adiante.

Ele morreu em uma epidemia em 1572 e foi enterrado em Safed. Seus seguidores estavam convictos de sua inspiração divina.

Segundo a crença, o Espírito Santo "encostou-se" nele, atraído pelos meios usuais dos místicos: autoflagelação, penitências etc. Teve *insights* espantosos e falava com os pássaros. Foram reportados inúmeros milagres. Fazia longas caminhadas com seus discípulos, aos quais pregava oralmente.

Luria recusava-se a transpor seus ensinamentos à escrita. Quando solicitado por seus discípulos para que o fizesse, dizia:

> *É impossível porque todas as coisas estão inter-relacionadas. Eu mal posso abrir minha boca e falar sem que sinta como se o mar rompesse seus diques e transbordas-*

se. Como poderia, então, expressar o que minha alma recebeu, e como poderia colocar isso em um livro?[3]

Foram vários discípulos, sobretudo Chaim Vital, que após a morte de Luria escreveram aquilo que poderia ser reduzido a palavras de sua doutrina. As ideias de Luria tiveram um grande impacto na religião judaica popular.

Menos de um século após a morte desse rabino, o poderoso elemento messiânico de sua teosofia levou ao surgimento de um movimento que se expandiu em todo o mundo judaico, trazendo consigo uma quantidade de estragos assoladores e heresias místicas em meio às comunidades judaicas da Europa e do Oriente. Esse movimento se desenvolveu, sobretudo, em torno da figura de Shabbetai Zevi (1626-76), que pretendeu ser o Messias e que conseguiu apoio de grande parte dos judeus, tendo em meio a eles os mais eminentes rabinos daquela época. Desde o momento em que Shabbetai Zevi foi forçado pelas autoridades turcas a abjurar o judaísmo para abraçar o islamismo, a maioria de seus seguidores o abandonou. Aqueles que lhe permaneceram fiéis interpretaram o evento segundo os termos da Cabala shabbetiana, que ensinava ser necessário que o Messias tivesse de descer às profundezas para salvar os elementos de santidade que estariam enclausurados nelas. Essa doutrina levou finalmente às poderosas correntes do antinomismo a crença de que a lei tradicional não liga os judeus a um só tempo pertencentes a esse novo grupo sectário secessionista e ao movimento frankista, conduzido por Jacob Frank (1726-91). Este último, por sua vez, abandonou completamente o judaísmo e converteu-se nominalmente ao cristianismo.

---

3   Conforme o que venho desenvolvendo neste trabalho a respeito das questões que dizem respeito a Continente e Contido.

Seguiu-se à derrocada do messianismo e do antinomismo um afastamento da especulação cabalística e os próprios místicos procuraram desmantelar a influência da teosofia luriânica entre as massas. A rejeição dessa intensidade messiânica levou à nova orientação com Israel Baal Shem Tov (1700-60, também chamado o Besht), que ressaltou a dimensão psicológica da Cabala e possibilitou, assim, a ressurreição do sistema luriânico livre do shabbetianismo e das sequelas frankistas. O Besht agiu como catalisador, agrupando uma constelação de místicos inovadores que constituíram o núcleo do movimento hassídico fundado após a sua morte.

Em *Attention and Interpretation*, Bion destaca as diferenças entre Cristo e Isaac Luria em relação ao *establishment* e a maneira pela qual este último lidou com a ideia messiânica. Segundo ele, o diretório judaico aprendeu (com o episódio do Cristo) a ser cauteloso e, quando teve de se adaptar à doutrina de Luria e às injúrias que seus opositores alegavam que esta infligia ao judaísmo, não resultou em uma explosão. Luria, por sua vez, insistia no seu conservadorismo e relacionava aquilo que dizia a outras autoridades. De modo significativo, como já vimos, não deixou escritos. A hierarquia judia manejou essa situação de modo bem mais eficaz, sem provocar ruptura e nem perda de ensinamentos. O destino de Jesus foi a crucificação como criminoso,[4] por um lado, e a deificação, por outro. Segundo Bion, tanto Luria quanto Cristo tiveram uma proliferação de biografias hagiográficas. No que tange a Jesus, a maioria delas não foi incluída no cânone. Os aspectos em comum que ambos teriam são: contenção de uma ideia messiânica em um indi-

---

4   Um dos problemas que teria atingido Jesus, que o levou a colher uma reação de grande hostilidade sobre si, foi a ênfase dada a sua capacidade milagrosa em detrimento das ideias que procurou veicular. A impossibilidade de satisfazer a enorme expectativa de curas e milagres criadas na população teria levado a uma reação furiosa. "Deus está lá para ser golpeado toda vez que nossas exigências absurdas não sejam satisfeitas."

víduo; contenção do indivíduo messiânico no grupo; o problema do *establishment* em relação ao grupo, por um lado, e com a ideia messiânica, por outro. No que tange a Jesus, o *establishment* teria manejado mal as coisas, visto ter se criado uma situação na qual a influência diruptiva de Jesus sobre a comunidade judia foi tal que esta última vem sofrendo as consequências disso desde então. O cerne do problema está em encontrar a maneira em que a contribuição, seja ela qual for, do místico, como Jesus, torne-se acessível e, apesar disso, o grupo sobreviva. Jesus e suas ideias tiveram efeito diruptivo para a comunidade judaica, mas logo as ideias foram apropriadas e passaram a ter função de controle na hierarquia cristã. Malgrado a tentativa de controle sobre as ideias do Cristo, volta e meia elas "estalam" e escapam do controle do *establishment*.

Para Bion, a hierarquia cristã herdou o problema, que são as ideias messiânicas, e os judeus, que têm o mesmo problema: aprenderam de modo consciente ou inconsciente a sabedoria que lhes ditaram os rabinos. Ele considera que a concepção de ideia messiânica nunca foi suficientemente bem compreendida, a não ser, talvez, por organismos judeus muito especializados que saberiam o que ela realmente significa.

Ainda de acordo com Bion, quando a intensidade ou a força alcança certo nível na ideia messiânica ou no místico, acaba exercendo sobre o meio efeito catastrófico,[5] explosivo e destrutivo.

---

5 Catastrófico *não* é necessariamente sinônimo de destrutivo. Significa reviravolta e tem como origem a encenação das tragédias gregas, nas quais o coro fazia um movimento semicircular (estrofe) em seguida outro no sentido oposto (antístrofe). A catástrofe implica uma completa reversão de perspectiva. Pode ser vivida como potencialmente diruptiva e destrutiva. Todavia, não haveria evoluções sem mudanças catastróficas. Em psicanálise clínica, a "mudança catastrófica" (BION, 1970, p. 92) é observada quando o paciente passa a manifestar e atuar no consultório aquilo que até então é referido ou colocado à

Esse desastre dependeria do meio, ou do *establishment*,[6] em que ocorresse.

A importância do *establishment* não é desprezível, pelo contrário, a qualidade dele indicará a possibilidade de apreensão das ideias messiânicas por um grupo, na emergência de um gênio/místico, sem que leve a um desastre, seja pela perda dos ensinamentos, seja pela destruição do místico ou do grupo.

Na conferência n. 2 de Bion em Buenos Aires, em 1968, ele diz:

> [...] *No campo da ciência: necessita-se de um Descartes ou um Galileu para inventar uma fórmula matemática capaz de medir o crescimento. Se este trabalho se realiza adequadamente, obtêm-se formulações de tal natureza que um escolar de hoje pode resolver problemas que uma vez tiveram de ser resolvidos nada menos do que por um Galileu ou um Descartes. Essa formulação tornou-se, hoje em dia, acessível. Assim, o que quero dizer é que o "Establishment" deve ser percebido como algo tão importante quanto o místico* [...].
>
> [...] *Em qualquer circunstância, o importante é ter em conta que sempre existe conflito entre "The*

---

distância. As emoções se tornam intensas e a turbulência é considerável. O temor quanto à incontinência dessas vivências leva ao medo de uma explosão fragmentadora com consequências, aí sim, destrutivas.

6 O sentido desse termo seria: as autoridades, os dignatários eclesiásticos, os membros do parlamento etc. Pode ser encontrado em todos os grupos, por menores que sejam, e também no indivíduo na medida em que ele pode estar representado em suas diversas características pelas pessoas de um grupo. Há uma parte do indivíduo que exerce certa função de controle. Dessa forma está colocada a relação entre o *establishment* e o místico.

Establishment" e as ideias que sobrevivem, a saber, se é possível despojar os ensinamentos de Jesus de todo o significado ou se estes hão de romper a sociedade [...].

[...] O dogma não é mais um intento de colocar ao alcance do homem comum certas experiências místicas, um substituto da experiência religiosa; é um substituto das dificuldades e das complicações implícitas no próprio místico. Assim, graças a essa formulação que é o dogma, se põe algo ao alcance da pessoa religiosa comum [...].

Na mesma conferência está mencionado que Nietzsche afirmou que a função de uma nação consistia em produzir um gênio, e que para isso é necessária toda a população de um país. Essa seria a sua função. Quanto ao indivíduo, ao gênio/místico, ele deve atrever-se a tolerar uma ideia que possa parecer muito megalomaníaca. Tal coragem, contudo, deve estender-se também ao grupo, à sociedade, ao continente mais amplo, que deve ser capaz de conter o gênio, da mesma maneira que o gênio precisa estar em condições de conter sua própria genialidade.

4.2 Freud, Klein, Bion

Seguem alguns episódios descritos por Freud[7] sobre o modo como compunha sua obra. A maneira, como há de se observar, assemelha-se àquela descrita por Lygia Fagundes Telles, Sam Shepard, Fernando Pessoa e os demais mencionados no início deste trabalho. Miller (1996, p. 325) escreve que as experiências cria-

---

7   MASSON, J. M. *A correspondência completa de Sigmund Freud para Wilhelm Fliess – 1887-1904*. Rio de Janeiro: Imago, 1986.

tivas tais como as de Arquimedes, Poincaré, Darwin, Proust, Einstein, Picasso, Miró, Mark Rothko (que descreviam suas ideias mais criativas como tendo surgido sem nenhum pensamento consciente prévio) e muitos outros parecem evitar raciocínios evidentes. São *insights* irracionais que levam a novas e revolucionárias representações da natureza. As ideias seminais emergem fora de qualquer sequência temporal, numa explosão de pensamentos.

> *A psicologia vai prosseguindo de maneira estranha; está quase concluída, composta como num sonho [...].* [Comentário contido em carta de Freud a Fliess, de 20 de junho de 1898.]

> *Aqui está. Foi difícil eu me decidir deixar que saísse de minhas mãos. A intimidade pessoal não teria sido uma razão suficiente; foi preciso também nossa honestidade intelectual um com o outro. Ele segue completamente os ditames do inconsciente, segundo o célebre princípio de Itzig, o viajante dominical: "– Itzig, para onde você vai? – E eu sei? Pergunte ao cavalo". Não iniciei um só parágrafo sabendo onde ele iria terminar. É claro que o livro não foi escrito para o leitor; depois das duas primeiras páginas, desisti de qualquer tentativa de cuidar do estilo. Por outro lado, é claro que acredito nas conclusões. Ainda não tenho a mínima ideia da forma que finalmente assumirá o conteúdo.* [Trecho de carta de Freud a Fliess, de 7 de julho de 1898.]

> *Estou completamente inútil em todos os outros aspectos, o que você compreenderá facilmente. Nada além*

282 CRISTO, ISAAC LURIA, FREUD, KLEIN E BION

*do [livro do] sonho. Levei ontem para o correio uma pilha de papéis manuscritos (inclusive cinquenta e seis páginas novas, interpretações dos sonhos, exemplos), e já a necessidade do trabalho para o último e mais espinhoso capítulo, o psicológico, vai-se fazendo sentir; mas ainda não sei como esboçá-lo e organizá-lo. Também devo fazer algumas leituras para ele; os psicólogos, de qualquer modo, encontrarão o bastante para repreender, **mas uma coisa como essa só vem à luz da maneira que bem quer. Qualquer tentativa de torná-la melhor do que ela vai saindo por si só lhe confere um caráter forçado. Logo, ela conterá 2.467 erros – que eu deixarei ficar.*** [Seleção de uma carta de Freud para Fliess, de 27 de agosto de 1899. Grifo do autor.]

[...] Encontrei uma saída renunciando a qualquer atividade mental consciente, de modo a tatear às cegas entre meus enigmas. Desde então, tenho trabalhado, talvez com mais habilidade do que nunca, mas realmente não sei o que estou fazendo. [Em carta de Freud a Fliess, de 11 de março de 1900, comentando seu modo de trabalhar com os pacientes.]

A disciplina de afastar memórias e desejos foi um *insight* de Bion, que sistematizou suas próprias intuições e aquelas que ele havia verificado no trabalho do próprio Freud.

Menciono, a seguir, outras referências a Freud, além das cartas a Fliess, obtidas na sua biografia feita por Ernest Jones,[8] na qual

---

8 JONES, E. (1961). *Vida e obra de Sigmund Freud*. Rio de Janeiro: Zahar Edito-

CLAUDIO CASTELO FILHO 283

se pode observar o conflito entre o narcisismo e o social-ismo. Com suas descobertas e autêntico interesse na verdade e na ciência, Freud assume as consequências de se ver privado da consideração do grupo social no qual está inserido, sofrendo também graves limitações financeiras e amputação de qualquer pretensão em carreira acadêmica. Malgrado seu sofrimento, Freud opta por preservar seu senso comum, ou seja, o senso comum de suas observações e *insights* científicos, em detrimento do senso comum do grupo de sua época. Preserva, assim, sua integridade (egoica). Ao não se encaixar nas expectativas e ditames do grupo, Freud contribui de maneira extraordinária para a mesma coletividade que o rechaça. Na linguagem proposta por Bion, o narcisismo de Freud corresponde a uma verdadeira autoestima, um real amor-próprio, que o capacita com uma verdadeira habilidade de amar o grupo, a humanidade. Nenhuma pessoa pode oferecer aos demais aquilo de que ela própria não dispõe. Se não pode contar com efetiva consideração por si mesma, não poderá ter real consideração pelos outros.[9] Isso é muito diferente de uma imitação de interesse e compaixão pelos demais, que tem como finalidade real a sedução. A sedução não é expressão de amor, mas de ódio e violência, pois visa ao engodo, ao controle da mente alheia, à posse dos demais indivíduos (tal como podemos verificar nas situações de corte em Versalhes referidas anteriormente).

Vejamos os relatos de Freud.

Estou bastante sozinho, aqui, na elucidação das neuroses. Sou encarado como uma espécie de momomaníaco,

---

res, 1975.

9   Na linguagem de Melanie Klein, isso indicaria a internalização consistente de um objeto bom, um seio bom ao qual se pode recorrer sempre que necessário. Freud tinha a crença de haver sido o filho predileto e amado de sua mãe.

284 CRISTO, ISAAC LURIA, FREUD, KLEIN E BION

> *embora tenha a nítida sensação de haver tocado num dos grandes segredos da natureza. Há algo de curioso na incongruência entre o apreço que se dá ao próprio trabalho intelectual e o valor que os outros lhe atribuem [...].*
> [Em carta a Fliess, de 21 de maio de 1894.]

O próximo trecho da obra de Jones (p. 278-9) é um pouco mais longo e se refere à época de seus *Estudos sobre a histeria*. É precioso para se ter uma percepção do caráter de Freud e de sua profunda consideração pela humanidade, a despeito da desconsideração que ele mesmo sofria.

> *A princípio não percebi a natureza peculiar daquilo que havia descoberto. Sem refletir, sacrifiquei no seu início a minha popularidade de médico e o crescimento de uma clínica de consultas destinada a pacientes nervosos, pelas minhas indagações quanto aos fatores sexuais vinculados à causação de suas neuroses; isso me possibilitou colecionar uma grande variedade de fatos novos que, em definitivo, confirmaram minha convicção da importância prática do fator sexual. Sem qualquer prevenção, falei perante a Sociedade Neurológica de Viena, então sob a presidência de Krafft-Ebing, esperando ser compensado pelo interesse e reconhecimento de meus colegas das perdas materiais que havia sofrido de boa vontade. Tratei as minhas descobertas como contribuições ordinárias à ciência e esperava ser entendido dentro do mesmo espírito. Mas o silêncio com que minhas conferências foram recebidas, o vácuo que se formou em torno de mim, as insinuações que chegaram até mim fizeram com que*

gradualmente me desse conta de que não se pode contar com a mesma acolhida em relação à parte desempenhada pelas neuroses que se conta quando se trata de outras contribuições quaisquer. Compreendi isso de uma vez por todas – que eu fazia parte daqueles que "haviam atrapalhado o sono do mundo", como diz Hebbel, e que não poderia contar com objetividade e tolerância da parte de ninguém. Desde, no entanto, que a minha convicção na correção geral das minhas observações crescia cada vez mais, e considerando que a minha confiança no meu julgamento não era, de maneira nenhuma, leviana, assim como a minha coragem moral, não podia haver dúvida acerca do resultado da situação. Resolvi que havia sido o meu dote o ter descoberto importantes conexões, particularmente, e que eu estava preparado para aceitar o destino que algumas vezes acompanha tais descobertas.

Comentando o que ocorreu a partir da publicação de *A interpretação dos sonhos*, a mais impactante e revolucionária obra de Freud, que estabeleceu o início da ciência psicanalítica propriamente, Jones escreve (p. 357-8):

Imprimiram-se seiscentos exemplares do livro, e oito anos foram precisos para que se esgotasse. Nas primeiras seis semanas venderam-se 123 exemplares e, depois, 228 nos dois anos seguintes [...].

[...] Escrevendo sobre o assunto dezoito meses depois, Freud observou que nenhum periódico científico, e somente um número restrito de outras publicações,

mencionou o livro. Foi simplesmente ignorado. O jornal Zeit de Viena havia publicado uma análise crítica das mais estúpidas e desdenhosas, escrita por Burckhardt, o antigo Diretor do Burgtheater, seis semanas após a sua publicação, e isso fez a vendagem cair a zero nessa cidade [...].

Como exemplo da receptividade obtida em Viena, Freud menciona o incidente com um Assistente de uma Clínica Psiquiátrica, que se propôs a escrever um livro a fim de contestar as teorias de Freud, mas sem haver lido A interpretação dos sonhos [...].

[...] Wilhelm Stern, o psicólogo, proclamou o perigo de que "espíritos sem capacidade crítica pudessem sentir-se atraídos para esse jogo com as ideias e corressem o risco de acabar dominados por um completo misticismo e por uma caótica arbitrariedade" [...].

[...] Em data mais recente, 1927, o Professor Hoche de Freiburg [...] agrupou a teoria de Freud [...] [a]"os tão conhecidos livros de sonhos que se imprimem em papel barato e que podem ser encontrados nas gavetas dos cozinheiros" [...].

Durante muitos anos, A interpretação dos sonhos não se vendeu de forma alguma. Poucas vezes um livro dessa importância deixou de ter um eco, qualquer que ele fosse. Somente dez anos mais tarde, quando a obra de Freud estava começando a ser reconhecida, é que se decidiu tirar uma segunda edição; houve oito edições, ao todo, durante a vida de Freud, sendo que a última se imprimiu em 1929. Nunca se fez qualquer alteração fundamental, nem mesmo era necessária [...].

A "Verdade", contudo, é uma necessidade humana. E, como a necessidade se impõe, o que era consistente e relacionado ao real acabou por penetrar as muralhas do medo e do preconceito. O choque produzido por Freud, todavia, ainda hoje, mais de cem anos passados, não foi integralmente absorvido. A turbulência emocional provocada pela leitura de sua obra permanece considerável. Na minha experiência com alunos de cursos de pós-graduação, mesmo aqueles em formação psicanalítica na Sociedade Brasileira de Psicanálise de São Paulo, verifico a angústia mobilizada pela leitura. Em geral (há poucas exceções), pode ser tolerada quando as pessoas têm uma análise pessoal que auxilie no desenvolvimento da condição de assimilar esse rodamoinho de emoções. Caso contrário, o que se verifica, na minha experiência e de demais colegas, ainda hoje, é um rechaço intelectual, transformando Freud e a Psicanálise em uma atividade fútil, de esnobes que não têm mais o que fazer, ou a apropriação de suas ideias de modo a anular a virulência emocional que as acompanha, tornando-as uma falação intelectual "sofisticada" e oca, desprovida de real sentido. A virulência também pode e vem sendo anulada pela institucionalização e fossilização das ideias psicanalíticas, tornando-as dogmas e letra morta, com "profetas" que detêm a Verdade da interpretação das Escrituras, de modo a impedir que a Psicanálise permaneça como ciência viva, que tenha como meta o Desconhecido e não a confirmação de suas teorias. Freud é colocado como uma espécie de Messias e a Psicanálise como religião; é engolido pelo *establishment* tal como Crono fazia com seus filhos, temendo ser derrubado por eles. Como propõe Popper em *Conjecturas e refutações*, e também de modo muito acentuado por Bion em toda sua obra, as teorias científicas não são para ser provadas (para Popper, o que interessa é o desenvolvimento de condições experimentais que possam testar uma teoria buscando provar a sua falsidade – uma teoria científica, não diferente do que seria em essência um mito,

288 CRISTO, ISAAC LURIA, FREUD, KLEIN E BION

permanece enquanto não houver experimento capaz de revelar suas inadequações ou não surgir modelo melhor para substituí-la e abranger maior quantidade de fenômenos de modo mais sucinto). O próprio Freud sempre foi capaz, por mais que lhe doesse, de revisar ou refutar suas próprias teorias na medida em que sua experiência clínica evidenciasse a insuficiência delas ou sua inadequação aos fatos.

Situações similares àquelas vividas por Freud podem ser verificadas nos livres-pensadores, no desenvolvimento da ciência psicanalítica com Melanie Klein e Wilfred Bion. Recomendo a leitura de suas biografias por Phyllis Grosskurth (Klein)[10] e Gérard Bléandonu[11] (Bion).

Como se sabe, Melanie Klein teve muitas dificuldades com o *establishment*, tendo de deixar Berlim e a sociedade dessa cidade devido à intolerância de seus membros para com ela. Foi acolhida por Ernest Jones, que nela percebeu um enorme potencial e talento, levando-a para Londres, onde nova comoção institucional se instalou. Com a vinda da família Freud para Londres, sobretudo de Ana, tida como sua rival, o ambiente ficou extremamente pesado. É de se ressaltar que Freud mal mencionou ter conhecimento de Klein (o que, do ponto de vista prático, é pouco crível), havendo uma nota de rodapé em sua obra referindo-se a ela. Contudo, apesar do grave enfrentamento que houve entre Klein e sua filha Ana, Freud não fez qualquer movimento para hostilizá-la ou ejetá-la do grupo psicanalítico. Parece-me evidente o respeito que devia ter por ela. A Sociedade Psicanalítica Britânica sofreu grandes turbulências com esses

---

10 GROSSKURTH, P. (1986). *Melanie Klein, her world and her work.* Cambridge: Harvard U. Press.

11 BLÉANDONU, G. (1990). *Wilfred R. Bion*: a vida e a obra, 1897-1979. Rio de Janeiro: Imago, 1993.

confrontos, porém, não se rompeu; possui, contudo, três formações distintas: kleiniana, (Ana) freudiana e o grupo do meio.

Bion também escreveu sua autobiografia em *War Memories*, *The Long Week-End* e *All my Sins Remembered*. Destaco, mais adiante, apenas um pequeno trecho de *Cogitations*, no qual, ao final de sua vida, menciona seus sentimentos e os de seus colegas e alunos da Califórnia, para onde se mudou, deixando a Inglaterra, por conta de dois movimentos paradoxais, mas com igual finalidade, dentro do meio psicanalítico. Um, daqueles que passaram a considerá-lo louco, insano, desde a publicação de seu livro, *Transformations*, que expandia a psicanálise de forma inequívoca para outros domínios não abarcados pela teoria que ele chamou "clássica", de Freud e Klein; o outro, daqueles que o colocavam como uma divindade inacessível, um monstro sagrado do qual ninguém poderia chegar perto. Temia tornar-se, por sua vez, um novo Profeta, condição na qual suas ideias, despojadas de valor intuitivo e reduzidas a dogma, estabelecessem um novo culto à personalidade, da mesma maneira que observou acontecer com Freud e com Klein. (Winnicott,[12] em carta encaminhada a Melanie Klein, alertava-a em relação a vários de seus seguidores que se haviam tornado uma espécie de tropa de choque defensora da inequívoca "verdade" kleiniana. Não eram mais cientistas, mas soldados de uma seita. Por sua vez, podemos observar o mesmo fenômeno ocorrer, em nossos dias, com a obra de Winnicott e com a de Bion, em disputa pela propriedade do "osso".) A mudança de Bion para a Costa Oeste americana, onde era desconhecido, também teve como meta um anseio de interromper um processo de mitificação e mistificação.

---

12 Carta a Melanie Klein, de 17 de novembro de 1952. WINNICOTT, D. W. (1987). *O gesto espontâneo*. São Paulo: Martins Fontes, 1990.

290 CRISTO, ISAAC LURIA, FREUD, KLEIN E BION

De acordo com o prefácio de sua esposa, Francesca, para seu livro póstumo *All my Sins Remembered*,[13] mudou-se para a Califórnia após receber uma solicitação e tendo em vista a oportunidade para escapar da "domesticidade aconchegante" da Inglaterra. Os vastos espaços do Oeste americano despertaram nele reminiscências de sua infância na Índia, apesar de a cultura na América ser totalmente nova para ele. Segundo Francesca, isso o libertou dos confinamentos do tradicionalismo e o capacitou a entreter seus "pensamentos selvagens". No fim de sua vida, sua mente estava tão aberta a novas impressões quanto em sua juventude. Francesca diz que foi no ambiente estranho, vital, perigoso e superficialmente idílico da Califórnia que ele se viu estimulado a escrever a trilogia *A Memoir of the Future*,[14] uma espécie de fantasia autobiográfica psicanaliticamente orientada – a mais controversa e menos compreendida de suas obras.

Ainda segundo ela,

Suas qualidades de coragem e liderança, já evidentes quando ele tinha vinte anos,[15] lhe prestaram bons ser-

---

13 BION, W. R. (1985). *All my Sins Remembered and The Other Side of Genius.* London/New York: Karnak Books, 1991.

14 BION, W. R. (1990). *A Memoir of the Future.* London:, Karnak Books, 1990.

15 Bion nasceu na Índia em 1897 e muito jovem foi sozinho para a Inglaterra para estudar em um internato. Seus pais, britânicos, permaneceram na Índia. Recém-saído da escola secundária e sem ter noção do que fazer na vida, alistou-se no exército, ainda adolescente, em plena Primeira Guerra Mundial. Serviu como oficial em um dos primeiros batalhões de tanques existentes. A maior parte dos seus companheiros foi morta em batalhas. Considerava haver sobrevivido porque a Guerra acabou a tempo, antes que chegasse a sua vez. Foi condecorado pelo rei em Buckingham Palace por atos de bravura e também com a Legião de Honra francesa. Valendo-se das condecorações de Guerra, pois não tinha condições financeiras e nem vinha de uma família tradicional, conseguiu ingressar em Oxford, onde se graduou em História, e, posteriormente, no London University College, onde se formou médico, já tendo em

viços como psicanalista. Ele fez muitos inimigos, da maneira em que pensadores originais sempre fazem, mas nenhuma quantidade de hostilidade jamais o desviou de sua determinação de ser verdadeiro para consigo mesmo e para com aquilo que acreditava.

Bion foi *Chairman* do comitê executivo da Clínica Tavistock, em Londres, em 1945, diretor da *London Clinic of Psycho-analysis*, de 1956 a 1962, e presidente da *British Psycho-analytical Society*, de 1962 a 1965. Segundo o depoimento de Franck Philips,[16] a época em que foi presidente da Sociedade Britânica teria sido o período de maior liberdade de manifestações e expressão que ocorreu naquela instituição. Considero que a questão não é o *establishment*, mas qual o uso que se faz dele.

---

mente tornar-se psicanalista. Foi analisado primeiramente por John Rickman e depois por Melanie Klein. Entre seus primeiros pacientes, estava Samuel Beckett. Ao que parece, houve uma profunda influência de um sobre o outro no desenvolvimento de seus trabalhos posteriores. (Ver ANZIEU, 1996, "Beckett et Bion", em *Créer-Détruire*.)

16 Um dos fundadores da Sociedade Brasileira de Psicanálise de São Paulo (SBPSP), analista didata da Sociedade Britânica e da SBPSP, foi analisado por Melanie Klein e, posteriormente, por Bion. Terminada sua análise com este, tornou-se seu amigo. A presença de Philips em São Paulo, principalmente quando de seu retorno ao Brasil no fim dos anos 1960, catalisou a penetração das ideias de Bion na SBPSP e auxiliou a vinda dele por diversas vezes ao nosso país. O Brasil foi pioneiro no acolhimento das ideias de Bion e essas ideias produziram grande impacto desde então. Seu pensamento teve profunda influência na Sociedade de São Paulo e, ainda hoje, causa grande turbulência. Alguns de seus livros foram primeiramente editados no Brasil, como o primeiro volume *The Dream* da trilogia *A Memoir of the Future* e *The Grid*. Boa parte dos analistas da SBPSP foi analisada por Philips e alguns de seus membros se analisaram com o próprio Bion. Poder-se-ia conjecturar que o Brasil (sobretudo São Paulo), sendo um território novo a ser desbravado, e não muito aferrado a tradições, constituiu-se num território fértil para a semeadura desses pensamentos.

292 CRISTO, ISAAC LURIA, FREUD, KLEIN E BION

Vejamos o trecho de *Cogitations* (como o nome diz, seu diário de meditações), no qual Bion escreve sobre sua vivência californiana.

> *O relacionamento entre mim e meus colegas aqui em Los Angeles poderia ser acuradamente descrito como quase inteiramente malsucedido. Eles estão intrigados comigo e não podem me compreender – mas têm algum respeito por aquilo que não podem compreender. Há, se eu não estou equivocado, mais temor do que compreensão ou simpatia pelos meus pensamentos, personalidade ou ideias. Não há dúvidas dessa situação – a situação emocional – não ser melhor do que em qualquer outro lugar. Eu poderia dizer o mesmo a respeito da Inglaterra. "The old order changeth, yielding place to new[17] [...]".*

Pode-se perceber em toda a obra de Bion que ele jamais se coloca em uma posição de ataque ou desconsideração a pensamentos alheios aos seus ou àqueles com quem se sente afinado (como Freud e Klein). Aliás, o que se percebe é a sua explicitação do que pensa, do que percebe, dos *insights* que pôde alcançar e, assim, seu esforço para expandir ideias que possam levar ao crescimento da psicanálise e ao benefício dos humanos, não à entronização de ideias e autores (tampouco ao repúdio). Não há espaço, na sua

---

17 A tradução seria algo como "A velha ordem muda, dando lugar ao novo". Citação do poema *Idylls of the King* (Alfred Tennyson, Penguin Classics 1983), que discorre sobre as aventuras do Rei Arthur. Nessa passagem, o rei consola Sir Bedivere, fazendo-o perceber que, não obstante quão extraordinária tivesse sido a instituição dos Cavalheiros da Távola Redonda, ela deveria passar e dar lugar a uma nova instituição, visto que toda instituição que se perpetua torna-se irrelevante e prejudicial à sociedade.

obra, para intrigas sobre quem detém e quem não detém a verdade.[18] No final de *Cogitations* (p. 377), ele escreve:[19]

> *Comparando minha experiência pessoal com a história da psicanálise e até com a história do pensamento humano que eu procurei esboçar de modo grosseiro, parece ser ridículo que alguém se ache em posição de se supor naquela linha de sucessão, em vez de ser apenas uma das unidades dela. É ainda mais ridículo que se espere que alguém participe desse tipo de competição por precedência a respeito de quem está no topo. Topo do quê? Onde isso vem nessa história? Onde vem a própria psicanálise? É a respeito do que essa disputa? [...]Estou sempre ouvindo – como sempre fiz – que sou um kleiniano, que sou louco. É possível estar interessado nesse tipo de disputa? Acho muito difícil ver como isso poderia ser relevante diante do background da luta do ser humano para emergir do barbarismo e da existência puramente animal, para alguma coisa que se poderia chamar de sociedade civilizada.*
>
> *Uma das razões por que estou falando assim aqui é que eu penso que deve ser útil sermos lembrados da escala da coisa em que estamos engajados e onde um pequeno nicho poderia ser ocupado por nós.[20]*

---

18 Para ele, por sinal, uma ideia que depende de uma autoria é sempre uma mentira (ver em *Attention and Interpretation*).

19 Na verdade, trata-se de uma fita gravada que foi transcrita.

20 Tradução minha.

294   CRISTO, ISAAC LURIA, FREUD, KLEIN E BION

Em seu artigo sobre o sentimento de solidão,[21] Melanie Klein fala, entre outros aspectos, de um que seria fundamental para o ser humano, que seria a aceitação desse sentimento.

De fato, somos sós. Apenas nós podemos viver nossas próprias vidas e experimentarmos nossas próprias vivências. Nascemos e morremos sós, e nós mesmos somos a única pessoa de quem não podemos nos separar e a única que não é transitória em nossa existência. A aceitação desse fato pode capacitar-nos a lidar com ele e a também usufruir dos encontros genuínos que existam, quando esses se apresentam, pois haveria a condição de suportar a solidão na espera de seus surgimentos (o que também aumenta a capacidade de escolha do indivíduo).

Ainda citando Bion:

> Se ver a vida como ela é dar-nos-á muito consolo, eu não sei; mas o consolo que é obtido da verdade, se é que há algum, é sólido e durável; aquele que é derivado do erro deve ser, como sua origem, falacioso e fugaz. (Carta do Dr. Johnson para Bennet Langton, citada por Bion)[22]
>
> De todas as possibilidades odiosas, crescimento e maturação são as mais frequentemente temidas e detestadas. Essa hostilidade ao processo de maturação torna-se muito marcada quando a maturação envolve a subordinação do princípio de prazer e a emergência do princípio de realidade. A mudança não pode ser percebida porque envolve a perda do prazer, visto que a atividade do princípio de prazer significa atividade da dor. Similarmente, a continuação do prazer quando a dominância do princípio de

---

21   KLEIN, M. 1975 [1963].
22   BION, 1977 [1970], p. 7. Tradução livre minha.

prazer está suspensa não é impedida pela dominância do princípio de realidade. Mas a mudança do princípio do prazer para o princípio da realidade significa o abandono do controle sobre a proporção entre dor e prazer e deixa isso para as forças que estão fora da personalidade.[23]

---

23 BION, 1977 [1970], p. 53. Tradução livre minha.

5. Reflexões finais: inconclusão

Gaston Bachelard,[1] em *La Formation de l'Esprit Scientifique*, apresenta ideias quanto ao problema de apego ao que está estabelecido, ao enrijecimento das mentes inquisidoras, chegando a citar como paradigma desse tipo de funcionamento uma *boutade* de um epistemólogo que diz que "os grandes homens são úteis à ciência na primeira metade de suas vidas, perniciosos na segunda metade". Menciona que "chega o tempo em que o espírito gosta mais do que confirma seu saber do que daquilo que o contradiz, ou gosta mais das respostas do que das perguntas. Então, o instinto conservador domina e o crescimento espiritual acaba". Bachelard considera que mais importante do que obter respostas é encontrar as perguntas certas. Apresenta uma gradação na evolução do pensamento, indo do mais concreto para a maior abstração. Considera que empirismo pueril e apego ao sensual/sensorial produzem teorias precárias e enganosas. Para se perceber aquilo que é essencial, é necessário despregar-se daquilo que está aparente e diretamente visível para

---

1   BACHELARD, G. (1938). *La Formation de l'Esprit Scientifique*. Paris: Librairie Philosophique J. Vrin, 1999.

298 REFLEXÕES FINAIS: INCONCLUSÃO

que se alcancem as abstrações que revelariam o que realmente importa verificar. Todas essas posturas são extremamente similares ao que exponho neste trabalho de pesquisa.

É extremamente ilustrativo o modelo que apresenta sobre o pensamento do alquimista, o qual já tem uma ideia estabelecida de como devem suceder os fatos ou as experiências. Se estas últimas não transcorrem do modo previsto e nem resultam naquilo que foi previsto, as ideias que nortearam a execução da experiência não são questionadas ou descartadas, e o que se questiona é a condição do alquimista (que deve fazer algo errado ou está com a alma impura, o que impede o previsto de se realizar[2]).

A diferença entre Bachelard e a abordagem que proponho, penso ocorrer quando destaca o papel da razão. Para ele, conforme minha leitura, a descoberta científica parece decorrer fundamentalmente da capacidade racional. No que tange ao que exponho, a razão serve para organizar o que foi alcançado de forma irracional (transformações em O). Quando menciono isso, não estou negando que um trabalho de observação metódica e metodológica seja dispensável ou sem importância. Considero, todavia, que não é a razão que garante o alcance do *insight*. A formulação daquilo que foi intuído precisa da razão, mas não é ela que capacita ou garante vislumbrar o que realmente importa. Tal como vimos ao longo do trabalho, a maioria das grandes descobertas ocorre de modo surpreendente e irracional para aqueles que as fazem. O trabalho que

---

2   Na experiência de consultório, vemos frequentemente pessoas que não conseguem reformular suas ideias da infância de como seria a vida adulta ou de como a vida deveria ser. Não podem conceber que a vida como ela é possa não corresponder àquilo de que estão convictas. As diferenças, segundo podemos observar nesses casos, sempre se devem a estarem fazendo algo de errado ou estarem com algo ruim que interfere na concretização de suas fantasias de como as coisas devem ser.

têm com a razão é posterior, ou seja, o de encontrar uma maneira de representar e comunicar aquilo que captaram.

Bachelard também contrapõe o erudito ao cientista.

No que tange à ideia de senso comum, conforme a proposta de Bion, há uma grande aproximação com Bachelard quando ele diz que "para confirmar cientificamente o verdadeiro, convém verificá-lo a partir de múltiplos pontos de vista. Pensar uma experiência é, então, convergir um pluralismo inicial".

Apesar de ressaltar o caráter transitório e de permanente desconhecido na atividade investigatória (*o real nunca é o que se poderia crer mas é sempre o que se deveria pensar*) e, também, a necessidade de desconstruir o conhecimento estabelecido (obstáculo epistemológico) para abrir espaço para a renovação e desenvolvimento do conhecimento científico, a postura de Bachelard parece-me padecer um tanto daquilo que critica, pois seu tom em relação às etapas anteriores do pensamento humano ou em relação aos que pensam de modo divergente do seu é bastante irônico e sarcástico, revelando alguém que se considera acima das fraquezas que atribui aos demais. Quando trata de verdadeiros valores científicos parece-me ser alguém que alcançou o verdadeiro método científico e não um método de se posicionar em ciência que considera mais relevante ou eficaz.[3] Sua postura lembra a do iluminado que ele próprio questiona. Em diversas passagens do livro, refere-se a modos como a ciência era percebida e aos usos que dela se fazia

---

3   Para André Green, em *Idées Directrices pour une Psychanalyse Contemporaine*, 2002, p. 371:

"O saber científico não é o saber sobre a realidade objetiva, mas somente o saber daquilo que se presta ao tratamento pelo método científico, diferentemente do saber sobre a psique, que deve levar em conta igualmente tanto o que é tratável pelo método científico quanto o que não o é [...]".

com comentários cheios de sarcasmo que ressaltam o "ridículo" dos envolvidos. Vejamos um exemplo:

> *Basta ler as cartas de Mme. du Châtelet para se ter mil razões de rir de suas pretensões à cultura matemática. Em Maupertuis, ao mesmo tempo que faz charme, ela faz perguntas que um jovem aluno de quarto ano primário resolve nos dias de hoje sem dificuldades. Essas matemáticas afetadas vão no caminho contrário de uma formação científica sã.*

Penso que é uma atitude preconceituosa a forma com que Bachelard trata seus antecessores, e parece-me que sempre é fácil se sentir inteligente depois que as descobertas já foram feitas. Como menciona Bion, em sua conferência de Buenos Aires, muitas coisas que hoje são resolvidas por crianças de primário tiveram que ser destrinchadas por gênios não menos significativos que Galileu ou Pitágoras. O gênio é aquele que vislumbra algo que pode se tornar banal para gerações posteriores, mas que só pôde se tornar banal porque alguém com sua capacidade conseguiu, um dia, ver o "óbvio" que ninguém percebia até então.

A proposta de Bachelard em direção ao alcance do conhecimento científico, que ele considera objetivo, exposta no final de seu livro, assemelha-se de modo considerável àquela referida por Bion em relação a afastar memória e desejo. Vejamos o que ele diz textualmente:

> *No ponto da evolução em que se encontra a ciência contemporânea, o sábio é colocado diante da necessidade, sempre renascente, da renúncia à sua própria intelec-*

tualidade. Sem essa renúncia explícita, sem esse despojamento da intuição,[4] sem o abandono das imagens favoritas, a pesquisa objetiva não tarda a perder não somente sua fecundidade, mas também o vetor mesmo da descoberta, o "élan" indutivo. Viver e reviver o instante de objetividade, estar sem cessar no estado nascente da objetivação, reclama um esforço constante de desobjetivação. Alegria suprema de oscilar da extroversão à introversão em um espírito liberado psicanaliticamente das duas escravidões do sujeito e do objeto! Uma descoberta objetiva é imediatamente uma retificação subjetiva. Se o objeto me instrui, modifica-me. Do objeto, como principal proveito, reclamo uma modificação espiritual. Uma vez bem-feita a psicanálise do pragmatismo, quero saber por saber, jamais para utilizar.

O que diferencia outros autores e o ponto de vista de Bachelard a propósito da piscanálise é a sua crença na possiblidade de supremacia do racional no homem. Ele está convicto de que, com uma pedagogia adequada, os preconceitos poderão ser superados e que se poderão formar gerações com espírito científico. Desdenha, como reacionárias, as ponderações dos psicólogos (psicanalistas) de que as mudanças de postura de um ser humano diante dos fatos costumam levar anos da vida de uma pessoa, quando vêm a ocorrer. Bachelard parece perceber a psicanálise como um modo de se verificar o mundo primitivo e dos impulsos, de maneira a exorcizá-lo. Está convicto de que, uma vez percebidas as vantagens

---

4   Considero que Bachelard usa esse termo de modo diferente de Bion. Intuição para Bachelard parece se aproximar da ideia de conjectura imaginativa consciente.

302 REFLEXÕES FINAIS: INCONCLUSÃO

de um funcionamento racional, os seres humanos abraçarão essa causa.

A experiência clínica, contudo, desde Freud, tem evidenciado quão poucos indivíduos, mesmo os que sofrem das mais atormentadoras neuroses, dispõem-se a reavaliar seu modo de encarar e perceber os fatos e muito menos de abandonar as formas animistas e mágicas de se protegerem do que os angustia. Bachelard considera a libido um propulsor e faz uma série de interpretações psicanalíticas sobre a necessidade de poder e controle dos indivíduos, muitas vezes obtidos através de pensamento mágico animista. No entanto, deixa de verificar que são modos dos quais os indivíduos se valem para se defender de angústias profundas. Abandonar tais métodos significa, para a maioria das pessoas, ficar à mercê de forças malignas e incontroláveis. Não há método pedagógico racional que possa efetivamente modificar isso. A própria postura professoral criticada por Bachelard (do professor autoridade/forte em relação aos alunos/fracos) não será alterada com a conscientização dos professores de ciência quanto aos métodos racionais a serem utilizados (de não se apegarem ao conhecido/estabelecido e perceberem o que sabem como algo transitório). Ele mesmo observa, no início de seu livro, que os mais ilustres homens de ciência tendem, na segunda metade de suas vidas, a privilegiar o que sabem ou pensam saber a tolerar questionamentos.

A observação feita pela psicanálise prática é a de que poucos toleram questionar e se aventurar pelo desconhecido. Mesmo naqueles que se dispõem a se analisar, o horror ao desconhecido e à reavaliação de suas crenças é algo extremamente profundo e difícil de levar adiante. A necessidade para tal existe (tanto que a pessoa procura a ajuda do analista), mas a resistência à tal *démarche* permanece enquanto perdurar a própria análise. No próprio meio psicanalítico, como explicitei durante todo o trabalho, a tendência à cristalização (petrificação) do conhecimento é que se torna a norma. A postura de questionamento do estabelecido sempre leva a tumultos consideráveis e a uma ameaça àquele(s) que o faz(em).

Bachelard fala como se curado de todas essas irracionalidades primitivas. Ele "psicanalisou"[5] a ciência. Verifica-se, contudo, na minha leitura, que ele incorre em diversos problemas que reprova nos alquimistas ou nos espíritos rápidos em dar respostas baseados nas aparências. A psicanálise que ele faz, porém, a meu ver, tem as mesmas qualidades de platitude e imediatismo. Ao citar o modo como Bacon propôs suas teorias, que teriam feito tanto mal por conta desse tipo de defeito, Bachelard o "psicanalisa" (com uma "verdadeira" psicanálise que atribui a Liebig) da seguinte forma: "O método de Bacon deixa de ser incompreensível quando se lembra que ele é jurista e juiz, e que, por conseguinte, aplica-se à natureza os procedimentos de uma investigação civil e criminal" (p. 58). Outras "psicanálises" dessa qualidade se sucedem.

Saliento isso para evidenciar como a aparente facilidade com que alguém pode se tornar racional e liberto pela "psicanálise" de toda maneira arcaica de funcionar parece-me algo simples de propor, mas inverossímil do ponto de vista da experiência, a começar pelo que leio do próprio autor que propõe tal condição pelas mudanças na pedagogia. Considero que a humanidade sempre esteve a se debater entre a necessidade de desenvolvimento e o horror às consequências desse debate, e não me parece, por tudo que expus nesta obra, que isso possa ser solucionado de modo tão fácil. Mesmo as pessoas que trabalham com psicanálise, que tenham apreço

---

5 Sua concepção de psicanálise sofre, de acordo com minha experiência, da mesma ingenuidade que recrimina em seus antecessores em relação às demais ciências. Considero, contudo, que essa ingenuidade faz parte do desenvolvimento do pensamento e é inexorável.

pela verdade psíquica e que se proponham a trabalhar sem memória e sem desejo, precisariam contemplar tal condição como algo que se deve trabalhar nessa direção. A resistência a isso também se verifica cotidianamente e não é à toa que, já nos tempos de Freud, ele sugeria que um analista devesse se reanalisar a cada cinco anos, pois percebia quão rapidamente uma mente tende a deteriorar se não estiver sob constantes cuidados. O mato logo toma conta de um jardim se não houver constante manutenção.

Ressalto essas contradições que vejo entre as proposições de Bachelard e a postura que ele, a meu ver, efetivamente assume para que se verifique que mesmo uma mente privilegiada como a dele oscila entre a abertura que propõe e à postura professoral que ele mesmo condena. Parece ser extremamente angustiante para os seres humanos manter o questionamento em relação a si mesmos.

Inicio, assim, minhas conclusões inconclusivas, considerando ter, durante esta investigação, apresentado um problema para o qual não proponho solução, pois parece-me que dificilmente possa se explicitar uma que não termine como outra proposta de cunho normativo e moral. Parece-me que, provavelmente, as expectativas de desenvolvimento de uma humanidade mais civilizada poderiam se apoiar em esperança na evolução do uso de sua capacidade de pensar. A humanidade ainda é um recentíssimo experimento da natureza no processo evolutivo. Será ele bem-sucedido e permanecerá ou logo perecerá, como um caminho equivocado que chega a um impasse?

Vejamos alguns outros pensadores.

Encontrei no livro *Antes e depois de Sócrates*, de F. M. Cornford,[6] a descrição da vida e das ideias desse filósofo que sintetizam de

---

6 CORNFORD, F. M. (1932). *Antes e depois de Sócrates*. São Paulo: Martins Fontes, 2001.

modo considerável a maior parte das ideias contidas neste trabalho. Dessa descrição, destaco alguns trechos que se seguem.

> *Sócrates dizia que nada sabia que pudesse ser ensinado a outra pessoa. Ao mesmo tempo, declarava que a perfeição humana está no conhecimento do bem e do mal. Por que esse conhecimento não pode ser ensinado como os conhecimentos de outros tipos? Porque tudo o que outra pessoa pode me ensinar é que tais e tais coisas são tidas como boas, que tais e tais ações são tidas como certas, por uma autoridade exterior ou pela própria sociedade. Informações desse tipo podem ser passadas por meio da instrução; na verdade, elas formam a substância total da educação moral tal como é comumente praticada. Não saberei se isto ou aquilo é bom ou certo até que possa vê-lo diretamente por mim mesmo, e, assim que eu puder ver por mim mesmo, esse conhecimento pode descartar aquilo em que, segundo me dizem, as pessoas acreditam ou pensam acreditar. O conhecimento dos valores, na verdade, é uma questão de revelação direta, como ver que o céu é azul e a grama verde. Ele não consiste de pedaços de informação que podem ser passados de uma mente para outra. Em última instância, todo indivíduo deve ver e julgar por si mesmo o que é bom fazer. O indivíduo, se deve ser um homem completo, deve tornar-se moralmente autônomo e controlar sua própria vida.*

Considero que está descrita de modo sucinto a diferença entre transformações em "O" (o conhecimento por experiência de contato direto) e transformações em K (ensinamentos). Aquilo que Sócrates chama de perfeição humana, percebo como sendo a possibilidade de uma pessoa ser ela mesma, estar em uníssono consigo mesma e, portanto, ter discernimento próprio. Este último, ou moralidade própria, corresponde àquilo que Cohen e Segre descrevem como ética, diferente da moral, que é imposta de fora.

Cornford prossegue:

> *Essa é uma responsabilidade da qual nenhum indivíduo pode escapar. Ele pode, de uma vez por todas, aceitar uma certa autoridade externa, tratando-a como responsável pelo que lhe diz para fazer. Mas continua responsável por sua escolha original de uma autoridade a ser obedecida. Sócrates afirmava que o juiz que está dentro de cada um de nós não pode delegar suas funções a outrem. Um homem perfeito em autoconhecimento pode dizer quando é clara sua própria visão do que é bom [...].*
>
> *[...] Mas quando o olho da alma vê de maneira direta e clara, não se pode apelar contra sua decisão. No campo da conduta, a educação (depois da necessária tutelagem da infância) não significa ensinar; ela é o abrir das névoas deturpadoras do preconceito, bem como do orgulho do conhecimento que, na verdade, não passa de uma opinião de segunda mão.*

O homem perfeito não é um homem moral ou socialmente admirável como se poderia pensar à primeira vista. Sócrates não propõe algo normativo, muito ao contrário.[7] Considero que

---

7   Da mesma maneira, deve ser considerado o que proponho enquanto escrevo.

se trata de um homem que pode ser completo, ou seja, integrado consigo mesmo, sendo quem ele é. Não há rachaduras, trincas ou distorções nas suas relações consigo próprio. Certamente, essa é uma idealização. Contudo, essa idealização indica uma direção de emancipação do que é, efetivamente, ser um adulto e não algo que ainda não se tornou. Mais adiante o texto diz:

> *Você encontrará a felicidade na posse de sua própria alma; mas você pode achar que fazer o que sabe ser certo pode não ser agradável, podendo custar-lhe a pobreza e o sofrimento, bem como se você não conseguir evitar o conflito com a sociedade, a prisão e a morte.*

Prosseguindo um pouco mais.

> *Não é de surpreender que os cidadãos mais velhos de Atenas, quando souberam (talvez por meio de desagradáveis conversas com seus próprios filhos adolescentes) que Sócrates incentivava os jovens a questionar todo preceito moral, não viram nenhuma diferença entre sua doutrina e a de Antífon,[8] concluindo que*

Não há qualquer intuito da minha parte de colocar parâmetros pelos quais os indivíduos devam ser medidos ou categorizados como superiores ou inferiores. Essas categorias, por sinal, estão no plano da alucinação, não dos fatos. Penso que isso ficará bem claro ao se levar em conta o que se segue do texto de Cornford. Há, certamente, diferentes níveis de desenvolvimento emocional e mental; isso, no entanto, não faz seres humanos de diferentes categorias aqueles que estão nessas diferentes condições.

8 Sofista ateniense que fazia apelo à natureza contra as convenções na moral e na política, chegando praticamente a um niilismo do caráter e destrutivo do Estado.

ele estava corrompendo os jovens. Se tomarmos nossa palavra "corromper" em seu sentido literal, a acusação era verdadeira. Dizer aos jovens que, para obter a total liberdade da idade adulta, eles devem questionar toda máxima de conduta que receberam e julgar toda questão moral por si mesmos significa corrompê-los no sentido de destruir toda a muralha com que os pais e a sociedade, de maneira tão laboriosa, cercaram-lhes a infância. Na verdade, Sócrates estava minando a moralidade da submissão social [...]. Ou melhor, ele estava indo além dessa moralidade de submissão e proibição para uma moralidade de tipo diferente [...] chamada de moralidade da aspiração à perfeição espiritual. Se a perfeição espiritual for vista como o objetivo da vida e o segredo da felicidade, então a ação não pode ser governada por nenhum código de regras imposto do exterior. Se essas regras são válidas em algum caso real, é uma questão que só pode ser decidida pelo veredicto sincero e desinteressado da alma individual.

Verificamos, no comentário de Cornford, o conflito entre o livre-pensador (como Prometeu) que, por sua vez, estimula o livre observar/pensar e o *establishment*.

Ao considerarmos o aprendizado, tal como pode acontecer na formação de um psicanalista, verificamos a diferença entre considerar a prática dessa atividade em conformidade com aquilo que disse Freud, Klein, Bion, Winnicott, Lacan etc., porque são autoridades e por isso devem ser seguidos, e aquela prática que permite tomar aquilo que eles postularam como preconcepções[9] em busca de uma experiência que possa ou não significá-las.

Considerando este trabalho, tenho a pretensão de usar as teorias de Freud, Klein e Bion a partir da minha "realização" delas com minha prática de trabalho, minha experiência – não em função da submissão religiosa a autoridades consagradas. As teorias estão sempre abertas a questionamento, caso se verifique no contato vivo com os fatos que elas não correspondem ao que eles evidenciaram. Isso vale para toda e qualquer atividade científica e para avaliação constante de tudo em que se acredita nas relações entre humanos.

Chego ao fim das citações do belo livro de Cornford com o seguinte trecho:

> *Para a perfeição do espírito, os gregos usavam a palavra comum para "bondade", areté, que não deve ser traduzida como "virtude". "Virtude", em todas as situações significa conformidade com os ideais de conduta em vigor. O homem virtuoso é aquele que faz o que é aprovado pelo resto da sociedade. A filosofia socrática rejeita essa conformidade, chamando-a de "virtude popular" [...]. Não é isso que Sócrates quer dizer com "bondade". Tudo o que ele objetivava era a substituição da moralidade*

---

9 Essas preconcepções devem permanecer afastadas de uma atividade deliberada e consciente para que, efetivamente, possam encontrar realizações por meio da experiência. Caso contrário, o desejo de encontrar a confirmação delas nos fatos passará a operar como um tipo de saturação, impedindo a livre observação e o questionamento dos postulados. O que passaria a ocorrer seria mais um funcionamento de tipo delirante no qual todo e qualquer elemento observado é utilizado para comprovar um preconceito (que substitui, neste contexto, a preconcepção que é aberta). Como vimos anteriormente, as mentiras é que precisam ser provadas.

infantil, da conformidade irrepreensível por um ideal de idade adulta espiritual, que se elevasse acima dos limites comumente reconhecidos da capacidade humana. Esse ideal deveria substituir uma moralidade da virtude atingível, que o mundo respeita e recompensa, [por] uma moralidade aspirando uma perfeição só atingível por uns poucos homens que o mundo rejeita enquanto vivos, e que só muito mais tarde aprende a venerar como heroicos ou divinos. Sócrates foi um deles.

Nesse último trecho está colocada a questão do conflito entre o narcisismo e o social-ismo e do gênio/místico veiculador de ideias que o grupo pode experimentar como diruptivas e, consequentemente, voltar-se contra ele, destruindo-o. É o mesmo grupo que anseia pelo surgimento do gênio capaz de produzir evolução e desenvolvimento. Penso que é considerável verificar que o grupo que condenou Sócrates à morte é o mesmo grupo de atenienses que nos propiciou uma expansão e reviravolta no modo de os humanos se perceberem, inigualável até nossos dias. É evidente como os pensamentos veiculados por esse gênio produzem um impacto violento ainda hoje. Ele permanece subversivo a qualquer *establishment* (interno/intrapsíquico e externo/extrapsíquico). Também é digno de nota que Sócrates, assim como Cristo ou Isaac Luria, não escreveu o que veiculou e tudo o que sabemos dele nos veio, fundamentalmente, por Platão. Estaria ele, como Luria, diante das águas do oceano cujos diques estavam de comportas abertas impedindo-o de fazer registros ou apresentá-los com representações escritas, que sempre restringem (por conta das limitações dos próprios meios que possuem para representar) e empobrecem aquilo que foi apreendido? A experiência emocional era tal que precisou de terceiros (como Cristo e Luria) que pudessem, em um momento posterior, absorvê-la e contê-la para que pudesse caber nas limitações da gramática e das folhas de papiro?

Neste trabalho de investigação, ressalto as relações do gênio com o grupo e vice-versa, baseado nas contribuições de Bion, principalmente nos seus livros *Attention and Interpretation* e *Cogitations*. Bion considera que o grupo necessita preservar sua coerência e sua identidade, e isso é feito através de convenções, leis, cultura e da língua. O grupo também necessita do indivíduo excepcional e, por conseguinte, precisa prover condições para o surgimento e desenvolvimento do indivíduo excepcional. Isso seria simples se esses indivíduos excepcionais se expressassem em termos comuns e que a natureza dos seus impactos nos grupos fosse percebida como geradora de vida e vice-versa. Tal discriminação é algo difícil, e pode ser indefinidamente debatida se esses indivíduos excepcionais são benéficos ou deletérios. A mesma coisa sucede com as ideias.

Bion considera que o indivíduo excepcional pode ser descrito como um gênio, um místico ou um messias e pode ter inúmeros ou poucos seguidores. Deve ser feita uma distinção entre o místico niilista, que se propõe a ser diruptivo em uma comunidade, e o místico criativo, que renega métodos violentos principalmente contra seu próprio grupo. Todavia, quer o místico se considere ou não diruptivo, o que o torna um místico (ou gênio) é a sua qualidade diruptiva (e das ideias que veicula), que é associada à hostilidade do grupo a ele e vice-versa.[10]

---

10 Uma mulher vem para análise sentindo-se muito debilitada. Tem intensas crises de angústia e precisa ser medicada frequentemente para conseguir suportar os estados em que entra. Sente-se no fim de suas forças, à beira de um colapso. Descreve-se como incompetente e incapaz de administrar os fatos da sua vida, a despeito de ser uma empresária que já teve muito sucesso e de viver em um meio muito abastado.

312 REFLEXÕES FINAIS: INCONCLUSÃO

A reação do *establishment* para prevenir a dirupção pode ser a

Com a evolução do trabalho, percebo essa pessoa como sendo muito diferenciada na inteligência e na capacidade intuitiva. É capaz de fazer impressionantes comentários sobre meus estados de espírito e mesmo de certas questões culturais e de condições físicas minhas sobre as quais jamais lhe informei. Ela diz que deve ser louca por ter determinados pensamentos ou avaliações apenas ao olhar-me. Todavia, verifico que a maioria delas é pertinente ou mesmo muito arguta. Constato e lhe comunico que ela deveria ser uma pessoa muito assustadora para a maioria de seus conhecidos. Mesmo não comunicando aquilo que percebia, considero que os grupos devem "perceber", mesmo que inconscientemente, essa sua capacidade, e devem se sentir ameaçados por ela. Relata um tremendo esforço para se adaptar a expectativas grupais e de amigos que considera importantes emocionalmente para ela. Vou notando, segundo seus relatos, que, em função de seu temor de rejeição, procura agradá-los de todas as formas possíveis, o que resulta em frequentes abusos por parte deles. Na experiência comigo, eram constantes vivências de terror por recear que, de alguma maneira, eu pudesse rejeitá-la ou formar um juízo desfavorável dela (e o medo de tornar-se minha escrava por conta disso).

No que diz respeito aos familiares, parece que se trata de um grupo de muitos recursos econômicos, mas com pouquíssimas condições de contato com vida psíquica. Ela, ao contrário, estaria sempre ávida por algo de natureza mental profunda, que não pode encontrar no meio em que vive. Desespera-se para tornar-se igual aos demais, levando uma vida na qual se sente aprisionada e empobrecida, sem ousar dar um passo em algum outro sentido por temer ficar isolada de vez e completamente só.

Apresento-lhe um quadro em que faço uma comparação entre ela e o pianista Nelson Freire. Nessa minha história ficcional, o pianista, muito jovem, destacou-se pelo talento e logo o meio em que ele vivia não tinha os recursos para o desenvolvimento de que necessitava e pelo qual ansiava. Todavia, segundo essa minha fábula, deve ter sido extremamente angustiante para um jovem adolescente precisar deixar tudo o que conhecia e lhe era familiar para mudar-se para Viena ou Moscou para expandir suas capacidades. Havia duas angústias: a de ficar junto ao familiar e privar-se da expansão e do talento que tinha, e a de ir embora e enfrentar a solidão e o desconhecido para atender necessidades que seriam essenciais para sua personalidade.

A análise, se não for catequese, não resolve esse conflito; ela apresenta o conflito para que a pessoa decida o que melhor lhe convém (não de acordo com os valores ou expectativas do analista). Acho também preocupante quando se apresenta como um ato moral superior a escolha do desafio e um ato de code incorporar o gênio/místico ao próprio *establishment*. Pode fazer

---

vardia ou inferioridade a possível escolha da submissão ao grupo. Cada um deve saber até onde pode, quer e consegue ir. Acho problemático quando se apresenta a opção de um indivíduo enfrentar os seus medos e se dispor a lidar com a rejeição e hostilidade de seu meio social para viver mais em conformidade consigo mesmo como sendo uma característica de elite, superior. O analisando passaria, por sua vez, a ter de corresponder a uma expectativa moral de seu analista, sentindo-se compelido a tomar a atitude que verifica ser aquela esperada e valorizada moralmente por ele. Considero que, do ponto de vista prático, poderia tornar a vida do paciente mais confortável ele poder estar em maioria consigo mesmo a despeito de estar em minoria com os grupos ou comunidade social em que vive. Porém, esse é o meu ponto de vista e, de forma alguma, deveria tampouco se converter em uma verdade moral à qual o analisando deveria submeter-se.

A analisanda sempre mencionava o seu desejo de ser uma pessoa muito inteligente, pois se achava burra (ao contrário do que eu percebia) e inadequada. Eu contraponho que todo mundo imagina que é uma maravilha ser um gênio, porém, na minha perspectiva, considero que deve ser uma experiência muito sofrida e solitária. Ele é capaz de ver, perceber, o que a maior parte dos seus contemporâneos não é. Quando comunica o que percebe também fica como a princesa Cassandra, que via no futuro, mas ninguém entendia o que ela comunicava. Por outro lado, atacar as capacidades que tem não iguala o gênio aos demais. Ele será uma criatura amputada e que percebe, de um jeito ou outro, a violência a que se submete (de si mesmo) para tentar incluir-se. Sendo, contudo, diferente, essa inclusão sempre será instável, pois nunca será mesmo "igual" aos demais. E não precisa ser gênio para viver essa situação, basta ter alguma condição diferenciada ou um genuíno interesse pelo que seria real para isso ocorrer.

Com algum tempo de análise, pôde abster-se de medicação e obter maior autonomia no seu funcionamento. Todavia, intensas angústias a invadem volta e meia, mas parece considerar que o recurso da conversa analítica tem lhe sido útil e instrumentador para lidar com elas. Timidamente também parece tornar-se, segundo seus relatos, mais capaz de frustrar os seus próximos quando se sente abusada por eles, a despeito do imenso terror de ficar só (ao que contraponho sua chance de, ao se verificar sem amigos reais naqueles meios em que convive, ter a oportunidade de encontrar outras pessoas que possam ter a capacidade real para amar, deixando de dar murro em ponta de faca). Sua impossibilidade de sofrer a dor de suas decepções também a impediria de ter acesso às satisfações reais quando encontradas, de sofrer o prazer de encontros

314 REFLEXÕES FINAIS: INCONCLUSÃO

isso prometendo recompensas e conforto para aquela mente que veicula turbulência. Isso se faz cumulando o gênio/místico com honrarias e com cargos burocráticos, afastando-o da atividade que possibilita a continuidade de seu trabalho gerador de turbulência. O conformismo pode significar a renúncia da ideia messiânica ou a aceitação do papel do Messias. O sujeito fica entronizado, mas psíquica e cientificamente morto.

Em uma comunidade, o problema de qualificação pode ser substituído pela questão de *status*. O *status* aparece como substituto para a qualificação. Há um aspecto de rivalidade que é protrusivo quando da percepção de diferença de qualificação. A matriz emocional para essa situação não é de inveja e gratidão, mas a da combinação explosiva de inveja e avidez. A ideia que tende a O é fragmentada e cindida inúmeras vezes de modo a produzir fezes mentais. Quando, em uma dupla ou em um grupo, predomina o par inveja e gratidão, estimula-se o desejo por ganhos mas também se capacita uma boa relação entre aquilo que foi ganho e aquele que possibilitou o ganho. A predominância de uma mentalidade relacionada a um superego ávido tende a levar à substituição de

---

com pessoas que possam alcançar as dimensões psíquicas que necessita ter contato, assim como de uma capacidade real para amar e considerar o outro (o que é bem mais raro, o que torna a espera desse encontro muito penosa).

O contraponto a essa situação, bastante frequente, é o de pessoas que gostariam de ter talentos excepcionais, mas que são apenas medianamente dotadas, como a maioria dos seres humanos, o que já seria mais que suficiente para que possam viver e gozar suas vidas. Porém, como não suportam ser "mais um" na multidão, funcionam como se fossem excepcionais, o que as leva a grandes equívocos e a sofrimentos inúteis e infrutíferos. O trabalho do analista seria o de ajudar a pessoa a aceitar-se como realmente é, para viver e desenvolver suas reais e alcançáveis potencialidades.

"O paciente que não aceita sofrer dor falha em 'sofrer' prazer e isso nega ao paciente o encorajamento que ele pode, por outro lado, receber do alívio acidental ou intrínseco." BION, 1977(1970), p. 9.

um vértice científico (que possibilita o conhecimento e crescimento) por um vértice de leis morais.[11]

Como será resolvido por nossa espécie é, a meu ver, uma incógnita à espera dos acontecimentos ou de alguém capaz de pensar algo até agora não vislumbrado.

Em seu comentário sobre os mitos, na tradução que fez de *Os trabalhos e os dias*, de Hesíodo, Mary Lafer escreve:

> *Parece-me adequado e mesmo esclarecedor aproximar também a noção de éris à noção de agón (disputa, conflito), por fazerem igualmente parte do mesmo universo semântico, como lembram as reflexões de Nietzsche a propósito do agón homérico. Discorrendo sobre o sentido originário do ostracismo na Grécia, o pensador alemão nos adverte sobre o fato de que, nesse contexto histórico, o agón é tido como um dos princípios vitais para o Estado grego e sua existência se vê ameaçada quando um elemento da sociedade é considerado "o melhor". Se alguém é qualificado como "o melhor", cessa, evidentemente, o agón no setor em que ele tem a excelência, pois os outros lhe são necessariamente inferiores. São suas estas palavras: "O sentido originário dessa estranha instituição (o ostracismo), porém, não é de uma válvula, mas de um estimulante: é posto de lado o indivíduo que se destaca, para que desperte outra vez o jogo agonal das forças: um pensamento que é hostil à 'exclusividade' do gênio no sentido moderno, mas pressupõe que, em uma*

---

11   Ver BION,Cogitations, p. 337-52.

ordem natural das coisas, haja sempre vários gênios, que se incitam mutuamente a agir, como também se mantêm mutuamente no limite da medida. Esse é o núcleo da representação helênica do agón: ela execra a supremacia de um só e teme seus perigos; ela deseja, como meio de proteção contra o gênio, um segundo gênio". Na reflexão que Hesíodo faz sobre as duas lutas, já aparece claramente delineada uma das características fundamentais da cultura grega, ou seja, a do cultivo do espírito agônico como forma exemplar de se atingir a sabedoria no plano artístico e no político.

Essa solução, de acordo com a teorização feita por Nietzsche, não foi, contudo, garantia de permanência da antiga Atenas nem do furor genial do século V a.C., conforme vimos anteriormente.

Encerro com uma reflexão de Bion em *Cogitations*:

Penso que pode ser errôneo assumir que, porque há um passado que parece manter uma certa semelhança com o presente, o presente, portanto, mantém uma semelhança com o futuro que pode ser descrito em termos do passado. Posso ver perfeitamente que pode haver uma crise de desenvolvimento em que o ser humano está absolutamente aterrorizado pelo fato de que o futuro é desconhecido, não pode ser conhecido por ele no tempo presente, e pode ser apenas conhecido para certas pessoas, descritas em termos de "gênio" ou "místico" que têm um relacionamento peculiar com a realidade. É possível que o ser humano esteja condenado à extinção porque é incapaz de posterior desenvolvimento; algumas espécies muito diferentes devem ser requisitadas para prosseguir do ponto em que o animal humano alcançou, à maneira que os saurianos foram substituídos pelos mamíferos. Não importa quão fracos os embriônicos mamíferos tenham sido, foram, todavia, superiores aos saurianos.

Estamos perto dessa situação? Os problemas trazidos com as possibilidades de seleção genética já nos levaram a esse ponto? Os próprios humanos estarão (já) produzindo ou gerando a pós--humanidade? Deixo essa e tantas outras questões em aberto para que outros possam trazer suas contribuições.

6. Uma transformação literária do tema

Ao iniciar este trabalho, quando cursava um dos créditos para o doutorado, precisei escrever um trabalho sobre o livro *O processo*, de Franz Kafka.[1] Estava considerando escrever um trabalho teórico. O que sucedeu foi algo, para mim, surpreendente no que diz respeito a escrever. Pela primeira vez, surgiu-me de modo completo, por inteiro, do começo até o fim e de um só jorro, uma ficção, um conto que considero totalmente relacionado ao tema desenvolvido aqui. É uma transformação em literatura. Surgiu sem que eu fizesse qualquer esforço para concebê-lo, ou me aplicasse em encontrar um modo literário de me exprimir. Simplesmente ocorreu-me já pronto. Assumo a ousadia de publicá-lo aqui, considerando ser o que se apresentou como outra maneira de discorrer sobre o mesmo assunto.

---

1   KAFKA, F. *O processo*. São Paulo: Hemus, s.d.

320 UMA TRANSFORMAÇÃO LITERÁRIA DO TEMA

Evoluções a partir da (re)leitura de *O Processo* de Franz Kafka.

6.1 O casulo

I

Havia alguns anos que F. não ia a Paris, cidade que muito estimava e na qual vivera em sua juventude. Em virtude das circunstâncias, não pudera visitá-la por um longo período. Estava radiante de se sentir naquele lugar de sua predileção. Encontrava-se em um apartamento junto com seus familiares. Não se lembrava de já haver estado nesse imóvel anteriormente. O ambiente lembrava algo de sua infância, apesar de F. já ser um homem na maturidade. Conversas entre os familiares ocorriam na sala de visitas. Recebia a visita da irmã mais nova. Muito bonita, arrumada, chique mesmo. Ela sai, em seguida, para andar pela cidade. F., paradoxalmente, percebe que não consegue sair do apartamento para ver os lugares que tanto estima. Adoraria rever o Pont-Neuf e o Sena, olhando da margem direita. Suas memórias estão, todavia, já um pouco embaçadas e a lembrança que consegue ter assemelha-se mais a uma Paris de sonhos do que àquela que se recorda ser a real, de sua experiência passada. Verifica que, efetivamente, não conseguirá sair daquele apartamento apesar de invejar a irmã, que pode se locomover pela cidade luz, qual ele, malgrado conhecer como a palma da mão, não conseguirá rever a não ser de dentro do imóvel. Resolve consolar-se convencendo-se que já era bom demais que se encontrasse em Paris, mesmo sem poder visitar a cidade.

II

F. estava na casa de praia de seus pais, que também era uma casa na montanha. Ficava na conhecida praia de P., onde um catequisador havia vivido quinhentos anos antes. Sentia-se entediado apesar de haver um clima de certo bem-estar. Seus pais decidem ir para a capital e F. informa que vai junto. Entra no banco de trás da pick-up dos pais. Provavelmente adormeceu em seguida, mas, de fato, não sabe o que sucedeu. Quando dá por si, está na estrada próximo a um posto de gasolina, desses que têm um pequeno restaurante anexo. É noite. Não há nada próximo ao posto além da estrada. Tudo em volta é ermo, uma floresta envolvendo a paisagem circundante. A pick-up prata dos pais está parada no acostamento da estrada e F. está recostado no banco atrás daquele do passageiro ao lado do motorista e, por algum motivo, está dizendo ao pai que vai trocar de lado no carro. Para isso, precisa sair para subir novamente pela porta oposta, atrás do motorista. Ao descer do carro, percebe que este não está direcionado para a capital, mas, sim, de volta para P. Quando está dando a volta por trás do veículo, tem a sensação de que seu pai esquece que ele não está no carro e vai embora deixando-o só na estrada com sua mochila.

Ao ver o carro se afastar, F., espantado, começa a correr no seu encalço, gritando: "Ei! eeeeiiiiii!!!!!". Mas o carro prossegue sem que pareçam se dar conta de sua ausência ou de o terem esquecido. Fica meio aborrecido e pensa que estava contando com uma noite agradável, na qual poderia se deitar em uma cama confortável e, no entanto, com toda certeza, teria de passá-la caminhando pela estrada os longos quilômetros que precisaria percorrer a pé até conseguir chegar à casa de P. novamente. Põe-se a caminho. Após andar um pequeno trecho, percebe que a pick-up prata havia tomado uma estrada perpendicular à direita que reconhece ser o caminho adequado para

seguir em direção à casa de praia, que também era na montanha.
Verifica isso ao acompanhar os faróis acesos do veículo e pelo reflexo
da noite na carroceria prateada. Em seguida, percebe que o carro
parou na estrada e os faróis permaneceram acesos. Teriam os pais
verificado que o tinham esquecido e o deixado no meio da estrada?
Retornariam para buscá-lo? E se o fizessem, conseguiriam percebê-lo
no meio da escuridão da noite no acostamento da estrada? Não seria
escuro demais para que pudessem vê-lo? Será que deveria voltar para
o posto e aguardar sentado na calçada do restaurante onde haveria
uma luz de mercúrio iluminando o local ou deveria prosseguir ao
encontro deles? E se os pais voltassem a toda velocidade e passassem
sem reconhecê-lo no caminho? Assim ficou um bom tempo. Era pos-
sível prosseguir caminhando no meio do escuro? Como iria enxergar
o trajeto? Verifica, após um intervalo, que está sentado na calçada do
posto. Após alguma angústia, decide se pôr em marcha pela estrada.
Não vislumbra e nem pensa mais onde possam estar os pais.

III

Em sua residência, F. prepara um medicamento que costuma
tomar frequentemente. Em vez de encomendá-lo ao laboratório de
uma grande empresa, tal como costumava fazer, resolve fabricar, em
casa mesmo, o remédio: um pó branco que vem em drágeas cor de
tijolo. Ainda está a fabricá-lo de modo artesanal quando recebe um
formulário do carteiro na porta de seu apartamento. Este último
precisaria ser preenchido por conhecidos seus. As respostas e lacunas
de um questionário decidiriam se ele era culpado ou não. Para sua
surpresa, percebe logo em seguida, entrando em sua casa, diversos
desses conhecidos. Entre eles, uma colega de muitos anos, com quem
costuma se dar bem. Uma mulher loira, de belos olhos violeta, que
estava nos seus cinquenta anos. Ela gostava de ressaltar a cor de seus
olhos com uma maquiagem pesada em torno deles. Ela sempre an-

dava de cabelos presos em um rabo de cavalo e possuía belas joias, principalmente brincos de safira (para combinar com os olhos) e um grande brilhante solitário que herdara da família. Surpreendendo-o intensamente, sua colega e amiga, é a primeira a depositar em uma espécie de urna um voto, tal como aqueles que se usava em antigas eleições, onde há dois quadrados à esquerda para serem assinalados com um X com as alternativas do referendo. No voto depositado por essa colega está marcado, de modo bastante evidente, o X sobre o quadrado que indica "Culpado".

IV

Outro dia, ou melhor, outra noite. F. está em seu apartamento. Neste, ocorre uma pequena tertúlia. Diversos colegas seus estão numa comemoração, como aquelas que ocorrem em aniversários. Todavia, F. sabe que é uma festa para celebrar o seu fim. Em um canto da sala de visitas, não muito grande e sem decoração sofisticada, com as paredes cor de rosa salmão, está uma espécie de forno enorme. O forno lembra tanto aquelas "televisões de cachorro" que servem para assar frangos em porta de padarias quanto um forno elétrico grande para assar pães, biscoitos ou pizzas. Dá para se ver bem o metal reluzente e os vidros na frente que deixam perceber seu interior. Na hora da cremação, tudo que estivesse dentro seria envolvido por uma grande bola de fogo. F. ficava se indagando se deveria se colocar deitado em uma das prateleiras, tal como alguém que se deita em um beliche, ou se deveria se sentar à maneira de alguém que está em uma sauna.

A reunião prossegue normalmente, da maneira habitual das pequenas reuniões de aniversário realizadas pelas pessoas daquele grupo. Aos poucos os convidados começam a se retirar, o que indica que a execução se aproxima. Ela ocorrerá logo no encerramento da

324 UMA TRANSFORMAÇÃO LITERÁRIA DO TEMA

festinha. A amiga de F., aquela primeira a votar "culpado", com olhos azul-violeta e cabelos presos em rabo de cavalo, vem se despedir dele e aponta para um objeto na sala, que F. não consegue distinguir direito e nem se lembrar do que se trata. Sua conhecida lembra-o de entregar o objeto para sua mãe no dia seguinte. F. fica meio perplexo e se indagando se a amiga se dava conta de que no dia seguinte ele estaria executado e, consequentemente, impossibilitado de entregar o que quer que fosse a qualquer pessoa. Indaga-se se a conhecida tinha ciência daquilo que tinha votado ou se ela estava apenas testando-o para verificar o que ele responderia de modo a saber e comunicar ao "sistema" se ele iria ou não cumprir a sina que lhe estava destinada. F. responde com uma evasiva.

Após a saída da colega, é chegada a hora do fim. F. começa a revoltar-se e pensar que era muito novo para acabar. Sentia-se com apenas 22 anos. Como iria desaparecer assim. E todo o resto que teria para viver e experimentar. Fica se imaginando consumido pelo fogo e começa a desesperar. Pensa em não cumprir sua sentença e prosseguir sua vida a despeito do julgamento alheio. Nesse momento, aproxima-se um colega de profissão mais velho e bem mais experiente. Alguém bem conceituado em sua área de trabalho, sem, contudo, deixar de ser uma pessoa polêmica. É um homem calvo, com origens no norte da Europa e no Oriente Médio, com mais de 70 anos.

Aquele senhor procura, insistentemente, convencer F. a se deixar cremar vivo, pois este último, segundo ele, não suportaria a vida que lhe estaria reservada se não cumprisse aquilo que o agrupamento lhe havia reservado. Seria uma vida de exclusão e rejeição: as dores seriam inomináveis. Era melhor que se submetesse à vontade superior que se lhe impunha.

F. não sabe o que fazer. Aflito, fica a pensar na sua decisão...

Referências bibliográficas

ANZIEU, D. (1996). Beckett et Bion. *Créer-Détruire*. Paris: Dunod, 1996.

ARENDT, H. A crise na cultura: sua importância social e política. *Entre o passado e o futuro*. São Paulo: Perspectiva, 2000.

ASSIS, M. (1896). O Espelho. *Contos Escolhidos*. São Paulo: O Estado de S. Paulo e Klick Editora, s.d.

ASSUMPÇÃO FERNANDES, M. I. (2001). *Negatividade e grupo*. Artigo apresentado no XI Encontro Nacional da ABRAPSO, *Psicologia Social e Transformação da Realidade Brasileira*, Florianópolis, 2001.

BACHELARD, G. (1938). *La Formation de l'Esprit Scientifique*. Paris: Librairie Philosophique J. Vrin, 1999.

BÉGOIN, J. Liberté et Tyranie. *W. R. Bion, une théorie pour l'avenir*. Paris: Éditions Métailié, 1991.

326 REFERÊNCIAS BIBLIOGRÁFICAS

BION, F. (Ed.) (1992). *Cogitations*: Wilfred R. Bion. London: Karnac Books, 1992.

BION, W. R. (1948-51). *Experiences in Groups*. Tavistock Publications Ltd., 1961.

_____ (1956). *On Hallucination*. Int. J. Psychoanal., 39: 341-9, 1958.

_____ (1966). *Catastrophic Change*. Scientific Bulletin of the British Psychoanalytical Society, 5: 13-24.

_____ (1967a). *Estudos psicanalíticos revisados (Second Thoughts)*. Rio de Janeiro: Imago, 1988.

_____ (1968). Conferência n. 2 del Doctor Bion: *"Sobre los objetos internos y externos: algunos modelos psicoanaliticos"*. Separata do Centro de Estudos de Psicanálise "Luiz Vizzoni". Biblioteca da Sociedade Brasileira de Psicanálise de S. Paulo.

_____ (1973). *Bion's Brazilian Lectures. 1 – São Paulo 1973*. Rio de Janeiro: Imago, 1974.

_____ (1974). *Bion's Brazilian Lectures. 2 – Rio de Janeiro/São Paulo 1974*. Rio de Janeiro: Imago, 1975.

_____ (1975). *Conferências Brasileiras 1 – São Paulo, 1973*. Rio de Janeiro: Imago, 1975.

_____ (1977). *Seven Servants, four Works by Wilfred R. Bion: (1962) Learning from Experience; (1963) Elements of Psychoanalysis; (1965) Transformations; (1970) Attention and Interpretation*. New York: Jason Aronson.

_____ (1977). *Two Papers:* The Grid and Caesura. Rio de Janeiro: Imago, 1977.

_____ (1977). "Turbulência emocional". *Revista Brasileira de Psicanálise*, 21 (1) : 121-33, 1987.

_____ (1963, 1977). *Taming Wild Thoughts*. London: Karnak Books, s.d.

_____ (1985). *All my Sins Remembered and The Other Side of Genius*. London: Karnak Books, 1991.

_____ (1990). *A Memoir of the Future*. London: Karnak Books, 1990.

_____ (1997). *War Memories*. London: Karnak Books, 1997.

BLÉANDONU, G. (1990). *Wilfred R. Bion, 1897-1979. A Vida e a Obra*. Rio de Janeiro: Imago, 1993.

BLOOM, H. (2002). *Gênio.* Rio de Janeiro: Objetiva, 2003.

BOULEZ, P. "L'Esthétique et les Fétiches". *Panorama de l'Art Musical Contemporain de Claude Samuel*. Paris: Gallimard, 1961.

BRAGA, J. C. (2003). *O alucinatório na prática clínica*: aproximando algumas questões. Trabalho apresentado em reunião científica da SBPSP, em 22 de março de 2003, em vias de publicação.

BRONOWSKI, J. (s.d.). *Arte e conhecimento – ver, imaginar, criar.* São Paulo: Martins Fontes, 1983.

328 REFERÊNCIAS BIBLIOGRÁFICAS

CASTELO FILHO, C. (2000). Os conceitos de Bion de transformações em alucinose/ transformações em 'O'. Considerações na experiência clínica e descrições no cinema e na literatura. *Psychê: Revista de Psicanálise*, ano IV, n. 6. São Paulo: Unimarco Editora, 2000, p. 17-31.

_____ (2000). Algumas considerações sobre intolerância à frustração e transformações em alucinose. *Revista de Psicanálise da Sociedade Psicanalítica de Porto Alegre/SPPA*, vol. VII, n. 2, 2000, p. 227-49.

_____ (2001). Para além da transferência – Uma reflexão sobre o uso da capacidade de alucinar. *Revista Brasileira de Psicanálise*. Associação Bras. de Psicanálise, vol. 35, n. 4, São Paulo, 2001, p. 1039-52.

CORNFORD, F. M. (1932). *Antes e depois de Sócrates*. São Paulo: Martins Fontes, 2001.

CYMROT, P. (2003). *Ninguém escapa de si mesmo – Psicanálise com humor*. São Paulo: Casa do Psicólogo, 2003.

ELIAS, N. *A sociedade de corte*: investigação sobre a sociologia da realeza e da aristocracia de corte. Rio de Janeiro: Jorge Zahar, 2001.

_____. *Mozart*: sociologia de um gênio. Rio de Janeiro: Jorge Zahar, 1995.

ÉSQUILO (525-456 a.C.). Prometeu acorrentado. *Prometeu acorrentado, Édipo Rei, Medéia*. São Paulo: Abril Cultural, 1980.

_____.Agamenon. *A trilogia de Orestes*. Rio de Janeiro: Tecnoprint, 1988.

EURÍPEDES (485-406 a.C.). *As bacantes*. São Paulo: Livraria Duas Cidades, 1974.

_____. *Electra, Alceste, Hipólito*. Rio de Janeiro: Ediouro/ Tecnoprint, s.d.

FREUD, S. *Complete Works*. Standard Edition. London: The Hogarth Press, 1978.

GAGNEBIN, M. (1978). *Fascination de la Laideur – L'en-deça Psychanalytique du Laid*. Seyssel, Éditions Champ Vallon, 1994.

GOYENA, J. L. Nouvelles idées, nouvelles téories et changement catastrophique. *W. R. Bion, une théorie pour l'avenir*. Paris: Éditions Métailié, 1991.

GREEN, A. (1992). *Revelações do Inacabado*. Rio de Janeiro: Imago, 1994.

_____ (2002). *Idées Directrices pour une Psychanalyse Contemporaine*. Vedôme: Presses Universitaires de France, 2002.

GROSSKURTH, P. (1986). *Melanie Klein, her World and her Work*. Cambridge: Harvard University Press, 1986.

HERRIGEL, E. *A arte cavalheiresca do arqueiro zen*. São Paulo: Pensamento, 1975.

HESÍODO. *Os trabalhos e os dias*. Tradução e comentários de Mary Camargo N. Lafer. São Paulo: Iluminuras, 2002.

HOMER (Séc. VIII a.C.) *Iliad*. New York: Barnes and Noble, 1995.

330 REFERÊNCIAS BIBLIOGRÁFICAS

JAMES, H. Benvolio. *Daisy Miller and other Stories* – Wordsworth Classics. UK: Hertfordshire, 1994.

JONES, E. (1961). *Vida e obra de Sigmund Freud.* Rio de Janeiro: Zahar Editores, 1975.

KAËS, R. (1994). *La parole et le lien. Processus associatifs dans les groupes.* Paris: Dunod., 1994.

_____ (2001). *A transmissão da vida psíquica entre gerações.* São Paulo: Casa do Psicólogo, 2001.

KAFKA, F. *O processo.* São Paulo: Hemus, 1969.

KLEIN, M. (1932). Early stages of the Oedipus conflict and of super ego formation. *The Psychoanalysis of children.* London: The Hogarth Press, 1975.

_____ (1935). A Contruibution to the Psychogenesis of Maniac Depressive States. *Contributions to Psychoanalysis*: 1921-1945. London: The Hogarth Press, 1950.

_____ (1946). Notes on Some Schizoid Mechanisms. *Envy and Gratitude and other Works*: 1946-1963. London: The Hogarth Press, 1980, v. 3.

_____ (1952). The Origins of Transference. *Envy and Gratitude and other Works*: 1946-1963. London: The Hogarth Press, 1980, v.3.

_____ (1955). On Identification. *Envy and Gratitude and other Works*: 1946-1963. London: The Hogarth Press, 1980, v.3.

_____ (1957). Envy and Gratitude. *Envy and Gratitude and other Works*: 1946-1963. London: The Hogarth Press, 1980, v.3.

CLAUDIO CASTELO FILHO   331

_____ (1960). On Mental Health. *Envy and Gratitude and other Works*: 1946-1963. London: The Hogarth Press, 1980, v.3.

_____ (1963). On the Sense of Loneliness. *Envy and Gratitude and other Works*: 1946-1963. London: The Hogarth Press, 1989, v.3.

KRIS, E. (1955). *Psicoanalisis del Arte y del Artista*. Buenos Aires: Editorial Paidos, 1964.

KUHN, T. (s.d.). *A estrutura das revoluções científicas*. 3.ed. São Paulo: Perspectiva, 1989.

LAMPEDUSA, G. T. *O leopardo*. São Paulo: Abril Cultural, 1979.

LONGMAN, J. (1989). Além da agressividade na teoria das neuroses. *Revista Brasileira de Psicanálise*, 23(2): 195-207.

LONGMAN, J.; REZZE, C. J. & ALVES, D. B. (1990). *Aproximação ao objeto psicanalítico*. São Paulo: SBPSP. 2 fitas. (Trabalho apresentado em Mesa-Redonda: Minha experiência na apreensão do objeto psicanalítico, 22 set. 1990).

MARTINS, J. S. A aparição do demônio na fábrica, no meio da produção. *Tempo Social*: Revista de Sociologia da USP, vol. 5 – n. 1-2, 1993 (ed. em nov. 1994), p. 1-29.

MASSON, J. M. *A correspondência completa de Sigmund Freud para Wilhelm Fliess – 1887-1904*. Rio de Janeiro: Imago, 1986.

MILLER, A. I. (1996). *Insights of Genius*. Cambridge, Massachussets/ London, England: The MIT Press, 2000.

MONEY-KYRLE, R. E. (1961). *Man's Picture of the World*. London: Gerald Ducworth & Co., 1961.

NEBBIOSI, Gianni; PETRINI, Romolo. (1997). The Concept of 'Common Sense' in Bion's Work. *W. R. Bion*: Between Past and Future. Centro Torinese di Psicoanalisi, 1997.

PAINTER, G. D. (1959). *Marcel Proust*. Rio de Janeiro: Guanabara Koogan, 1990.

PHILIPS, F. J. *Psicanálise do desconhecido*. São Paulo: Editora 34, 1997.

_____. Transferência. In: SANDLER, P. C. (Ed.). *Ensaios clínicos em psicanálise.*. Rio de Janeiro: Imago, 1997.

PIRANDELLO, L. *Kaos e outros contos sicilianos*. São Paulo: Nova Alexandria, 2001.

POPPER, K. R. (1963). *Conjecturas e refutações*. Brasília: Ed. Universidade de Brasília, 1982.

PROUST, M. *A la Recherche du Temps Perdu*. Paris: Editions Gallimard, 1954.

RESNIK, S. (1987). *The Theatre of the Dream*. London: Tavistock Publications, 1987.

REZZE, C. J. (1997). *A fresta. Panorama*. São Paulo: SBPSP, 2003.

ROUBAUD, J. *Poésie, mémoire, lecture*. Paris-Tubigen: Eggigen, Edições Isele, coleção Les conférences du Divan, 1998.

SAFRA, G. (1999). *A face estética do self*. São Paulo: Unimarco, 1999.

SAINT-EXUPÉRY, A. *Terre des Hommes*. Paris: Editions Gallimard, 1939.

SAINT-SIMON, Duque de. *Mémoires*. Paris: Editions Gallimard, 1990.

SANDLER, P. C. (1997). *O belo é eterno, v. 6 – A apreensão da realidade psíquica*. Rio de Janeiro: Imago, 2002.

SCHIDT-KÍTSIKIS, E. (1999). *Wilfred R. Bion*. Paris: Presses Universitaires de France (PUF), 1991.

SEGAL, H. (1991). *Sonho, fantasia e arte*. Rio de Janeiro: Imago, 1993.

SEGRE, M.; COHEN, C. (Orgs). *Bioética*. São Paulo: Edusp, 1995.

SÓFOCLES (496-406 a.C.). Édipo Rei. *Prometeu acorrentado/ Ésquilo. Édipo Rei/ Sófocles. Medéia/Eurípedes*. São Paulo: Abril Cultural, 1980.

———. Antigone. *The complete plays of Sophocles*. New York: Bantam Books, 1967.

SYMINGTON, J. & N. (1996). *The Clinical Thinking of Wilfred Bion*. London and New York: Routledge, 1997.

TALAMO, P. B. (1997). Laying and Saying almost Nothing. *W. R. Bion*: Between Past and Future. Centro Torinese di Psicoanalisi, 1997.

TENNYSON, A. *Idylls of the King*. London: Penguin Classics, 1983.

334 REFERÊNCIAS BIBLIOGRÁFICAS

TOYNBEE, A. *A Study of History*. London: Oxford University Press, 1948.

TRINCA, W. (1991). *A etérea leveza da experiência*. São Paulo: Edições Siciliano, 1991.

UNTERMAN, A. (1991). *Dicionário judaico de lendas e tradições*. Rio de Janeiro: Jorge Zahar, 1992.

VERNANT, J.-P. (s.d.) *As origens do pensamento grego*. São Paulo: Difel, 1981.

_____ (1999). *O universo, os deuses, os homens*. São Paulo: Companhia das Letras, 2000.

WINNICOTT, D. W. (1987). *O gesto espontâneo*. São Paulo: Martins Fontes, 1990.

GRÁFICA PAYM
Tel. [11] 4392-3344
paym@graficapaym.com.br